Tracce

BRITTNEY GRINER

CON MICHELLE BURFORD

Tornare a casa

Traduzione di
Raffaele Cardone

SOLFERINO

SOLFERINO

www.solferinolibri.it

Titolo originale:
Coming Home

ISBN 978-88-282-1577-6
Prima edizione: ottobre 2024

Tornare a casa

A RELLE
Sarai per sempre la mia casa

A MIO FIGLIO

Prego affinché tu possa imparare
dai miei momenti difficili in modo
da poter avere una vita con un po'
meno sofferenza. Ti voglio bene.

Prologo
Prima

15 febbraio 2022

Apro gli occhi. *È già martedì, cazzo.* Io e Relle siamo a letto in un groviglio di lenzuola, con il sole dell'Arizona che si insinua dalla finestra della camera. Sospiro. Questo viaggio oltreoceano, l'ultima parte della stagione sportiva, è arrivato di botto. «Ridimmi a che ora hai il volo?» chiede mia moglie. «Alle dieci e venticinque» mugugno. Do un'occhiata al telefono. *Sono le sette di mattina.* Sugli orari sono una pignola. Pap, mio padre, era un militare, un poliziotto. Così, anche se sono puntuale, mi sento comunque in ritardo. Non oggi, Pap. Non ho neppure finito di fare i bagagli e con la testa sono rimasta a ieri, a me e Relle.

Ieri. Un San Valentino con mia moglie che quasi non c'è stato. La mia stagione è stata un turbine continuo, come al solito. Gioco a basket per la Phoenix Mercury, in Texas, da maggio a ottobre, e poi in Russia da ottobre ad aprile. Tre pause di una settimana per tornare a casa e vedere il mio amore, tre viaggetti strizzati che mi fanno sentire ancor di più la sua mancanza. Prima ancora che inizino questi break mi prendo il Covid. La mia squadra russa, l'UMMC Ekaterinburg, è campione in carica dell'EuroLeague. Mi sto allenando per una partita in Spagna quando all'improvviso arriva l'esito del test e mi sento morire: sono positiva e con me anche metà della squadra. *Game over, eccolo il break.*

«Hai bisogno di un test molecolare negativo per tornare in America» mi dice il doc della squadra. Su Google trovo un'altra versione della faccenda; le regole sono cambiate e insisto per fare un test antigenico, che è meno preciso. La squadra ha le sue buone ragioni per farci restare. Metti che una volta a casa siamo troppo malate per tornare, o che non possiamo partecipare a qualche partita, o che si metta a rischio il tentativo di rivincere il campionato. Ottime ragioni, ma ne ho di migliori: la mia schiena, le mie ginocchia, le mie anche, tutte martellate da un dolore pulsante. Ma è niente a confronto di quanto soffre il mio cuore. Mi manca Relle e mi mancherà fino alla fine della stagione: e infatti ho deciso in tutta serenità che questa è l'ultima stagione in Russia.

Il nuovo test è negativo e parto per Phoenix, tossisco per tutto il viaggio, sotto alla mascherina. Sette giorni a casa, solo sei, in realtà, per via del fuso orario, e per quattro di questi mi sono sentita di merda. Finalmente mi rimetto in piedi giusto la sera prima del nostro giorno speciale: voglio fare le cose in grande quest'anno, più di quanto le abbia mai fatte da quando ci siamo conosciute. Le nostre strade si sono incrociate per la prima volta alla Baylor University di Waco, in Texas. Al secondo anno ero già una star del basket; lei era una nuova arrivata, una bellezza mozzafiato. Insomma, è andata così: sono nel seminterrato, al bar della mensa per il mio solito frullato al cioccolato e appena ce l'ho in mano sento qualcuno che mi dà un colpetto sulla spalla. Mi giro e vedo questa ragazza, carina ed elegante, con un foulard al collo e un corpo da favola.

«Scusami, credo che questo sia mio» mi dice indicando il bicchiere. Era il mio frullato, non avevo dubbi, ma bastava guardarla per lasciar perdere. «Colpa mia!» dico, e glielo porgo. Lei lo prende e sorride. «E penso che sia un po' scortese che non ti ricordi il mio nome» mi dice. La fissai. Ci eravamo già incontrate? «So come ti chiami» replico, cercando di far la furba. «E come, allora?» *Beccata.* «Ok, non me lo ricordo, ma se me lo dici, ti prometto che non lo dimenticherò mai più.» Siamo scoppiate a ridere. «In realtà non ci siamo mai incontrate» mi dice mentre mi porge la mano. «Sono Cherelle Watson.» Tredici anni di amore e amicizia dopo, Relle sostiene ancora che le abbia rubato il frullato. Non è vero. Ma non discuto, perché è chiaro che fra le due sono io che ci ho guadagnato: ho trovato, in un colpo solo, la mia anima gemella e il mio posto nella vita.

Non mi sentivo in un vero posto prima di incontrare Relle. Quando sei alta due metri e sei, metti sneakers da uomo 53, non è facile adattarsi alla vita degli altri; ai sedili delle auto, alle sedie, ai letti. Non è facile nemmeno stare in mezzo alla gente; e senz'altro non è facile in un mondo dove incarni ciò di cui la gente ha più paura: un uomo di colore. La tua presenza è una minaccia. Il tuo essere nera intimorisce. La tua altezza e la tua fierezza alzano il livello di inquietudine di chi ti sta intorno. E quando cammini nel mondo sei sempre nello stato di massima allerta, scruti con attenzione tutto ciò che ti circonda, e ti senti continuamente un po' ansiosa. Abbassa la guardia anche solo per un secondo e *boom*, potresti essere fatta fuori. È successo a molti. E a molti altri capiterà ancora. Siamo a casa nostra, ma non siamo liberi. Ci vedono, ma attraverso una lente deformante.

È per questo che ho iniziato a giocare a pallacanestro. Mi ha fatto sentire che per gli altri esistevo veramente. Mi ha anche fatto sentire meno un'emarginata, una gigantessa senza tette. Quando in terza media sei ancora piatta, la gente chiacchiera. Le ragazze negli spogliatoi ti lanciano un'occhiata e bisbigliano tra loro: «È un maschio, una lesbica, una strana? Perché ha la voce così bassa? Cos'ha lì sotto, un pene?». Gli sguardi, le prese in giro, facevano un male cane, proprio come la tristezza che mi portavo dietro: *cos'ho che non va e quando sarò una normale?*

Il basket era dove mi sentivo normale. In campo non ero un tipo strano. Ero soprattutto un'atleta, una delle migliori della squadra. Quaranta minuti di un pubblico che ti incita e approva quello che fai sono pari al cento per cento di equilibrio mentale. A quindici anni ho trovato il mio sport, la mia identità. A sedici anni sono diventata famosa grazie a un video su YouTube che era diventato virale. Per il mondo ero un enigma. Ma in campo, ero una celebrità. Mi sono librata in volo. Facevo le schiacciate, e facevo vendere biglietti. Mi battevano le mani, ero una professionista conclamata, ero una fuoriclasse. Non mi ero mai sentita a casa nella mia pelle, ma la pallacanestro mi ha avvicinato a quella sensazione.

Poi ho incontrato Relle. La libertà che provavo mentre andavo a canestro, con lei la sentivo in ogni istante. Alla Baylor University e negli anni successivi, abbiamo avuto i nostri alti e bassi, ma eravamo l'una per l'altra, la migliore amica quando le chiesi di sposarmi. Nel 2018 ci unimmo in matrimonio, senza enfasi o cerimonie particolari, solo noi due e una promessa: lo vogliamo, e così sarà, per sempre. Da allora il nostro amore è stato messo alla prova dai miei lunghi ingaggi in Cina, in Russia e in giro per il mondo. E così è andata avanti. Relle studiava legge in North Carolina e viveva un po' lì e un po' nella nostra casa a Phoenix. Zoom ci ha tenuto vicine e la distanza ha reso la nostra storia più appassionante. Questo è il lato positivo della distanza. Ogni volta che ci si incontra, c'è sempre una sensazione di novità, e quando si è lontani ci si sostiene reciprocamente nelle cose di ogni giorno. Il rovescio della medaglia è il desiderio e la mancanza di contatto. Mentre guardavamo insieme *Grey's Anatomy* su FaceTime, immaginavo di stringere Relle tra le mie braccia.

Poi la cosa mi ha stufato. Ero stanca di sentire la lontananza da casa, di non fare vacanze insieme, ero stanca della mancanza di *noi*. Ero anche, e a ragione, stremata. Questo sport chiede molto al tuo corpo, ti bastona, e lo ha fatto per quindici anni. Quando il video della schiacciata su YouTube ha fatto il botto nel 2007, anche la mia carriera è decollata. Subito dopo ho incontrato Shaq che aveva visto il video. La vita ha preso subito un'altra direzione: tre volte nella All-American; prima scelta assoluta al draft WNBA, (Women's National Basketball Association) poi l'All-Star WNBA e un contratto storico con la Nike. Due ori olimpici, quattro titoli di EuroLeague, premi a non finire, un successo dopo l'altro, ma con grandi battaglie personali dietro le quinte: una schiena distrutta, che mi faceva così male da non riuscire a dormire. La cartilagine delle ginocchia ridotta a zero. Una vita sempre sotto osservazione e sempre in viaggio, senza una casa fissa, senza alcuna stabilità. Tutti gli sport hanno una stagione di riposo, ma le giocatrici professioniste spesso lavorano tutto l'anno. Guadagniamo circa 250 volte meno dei giocatori dell'NBA (National Basketball Association) e abbiamo un tetto massimo molto basso per gli stipendi. Quell'anno nella WNBA ho guadagnato circa 220.000 dollari. All'estero guadagnavo più di un milione. Questa disparità nella retribuzione è il motivo principale per cui mi trovavo in Russia.

Qualche mese prima della mia breve pausa per San Valentino, io e la mia agente avevamo contrattato per una breve vacanza per il Giorno del Ringraziamento. Era la prima volta da anni che tornavo a casa per la festa vera e propria e mia moglie si mise ai fornelli. Prosciutto, pasta al formaggio, purè di patate e la mia torta preferita, quella al miele fatta in casa. Mia mamma e mio nipote E.J. erano arrivati in aereo da Houston. Relle, che dentro di sé ha l'anima di un piccolo predicatore dell'Arkansas, mi ha regalato la festa tradizionale che desideravo. Durante quella vacanza, qualcosa dentro di me disse: *Questa volta è l'ultima. Non posso più tornare alla vita di prima.*

Sono orgogliosa di essere una capofamiglia e ho promesso a Relle che avrei sempre fatto la mia parte. Ecco perché ho pianto quando le ho detto: «Tesoro, voglio darci un taglio». Mi ha abbracciato. Lo aveva già intuito. «Non sei l'unica fonte di reddito» mi ha ricordato. Presto si sarebbe laureata in legge. Inoltre, avremmo trovato altri modi per farmi portare a casa un po' di soldi. Avrei voluto smetterla subito, ma dovevo rispettare il contratto. Papà me l'ha inculcato fin da piccola: finisci quello che inizi. Così decidemmo che avrei portato a termine quest'ultima stagione prima di buttarmi in una nuova vita. Avremmo trovato una chiesa da frequentare. Avremmo fatto crescere una famiglia. Saremmo state insieme. Finalmente.

* * *

Per San Valentino faccio le cose in grande. Relle si era fatta un bel culo in università e la cosa ci ha reso tutte e due molto orgogliose. Così prenoto una giornata in una spa al Biltmore, un posto di lusso. Lei pensa che vada con lei, ma: sorpresa! «Questa giornata è tutta per te» le dico. «Voglio che ti faccia coccolare. Prenditi tutto il tempo che vuoi.» Le faccio da autista e la saluto con un bacio, promettendole di passare a prenderla più tardi. Mentre gioco a golf, lei si gode quell'esperienza: trattamento del viso, massaggio, il pacchetto completo. Quando torno, è raggiante, e splendida come quando ci siamo conosciute. A cena fuori, ci scambiamo parole dolci tra un boccone e l'altro di una cena a base di costata e patate. A casa tiro fuori un'ultima sorpresa:

un enorme mazzo di rose. «Tesoro, ma me l'hai tenuto nascosto!» squittisce. «Questo non è un bouquet, è *un giardino*!» Quella sera, al buio, mentre stringevo Relle, pensavo: *devo solo arrivare ad aprile.*

E poi.

Proprio come i miei primi successi sono nati dall'aver lottato, i miei *dopo* nascono dai *prima*. Prima sono BG, maglia n. 42, una figlia di papà del Texas. Prima sono fiduciosa, più che mai, con un futuro così luminoso da bruciarmi gli occhi. Sto andando in Russia, un luogo che considero la mia seconda casa. Ho giocato lì per otto stagioni, lì ho vinto, lì ho vissuto per lunghi periodi, lì avevo le mie giovanissime fan sempre in fila vicino allo spogliatoio. Ora tornerò indietro e mi farò strada nei playoff, porterò a casa quest'ultimo mucchietto di soldi per la mia famiglia. Finirò alla grande, con dignità, come mi ha insegnato Pap. Prima, non avevo deciso del mio futuro. Questo è il vero regalo di quel giorno di San Valentino.

Poco tempo più tardi e a un mondo di distanza, mi risveglio in una situazione che non augurerei a nessuno. L'orrore comincia in un Paese che pensavo di conoscere, in un viaggio che vorrei non aver mai fatto. È il ricordo di ciò che mi sono lasciata alle spalle e della realtà che mi è piombata addosso con un pugno nello stomaco. Questo è il diario della mia disperazione, dei miei dispiaceri e delle mie domande su quanto valga una vita da nera. È la mia riconoscenza verso i milioni di persone che si sono mobilitate per salvarmi. È il modo in cui ho sopportato un incubo, la prova più spaventosa della mia vita. Ed è la storia di noi, di Relle e di me, e di come il nostro amore mi abbia finalmente riportato a casa.

PARTE I
Ostaggio

Il sistema ci ha marchiato. Non sei uguale a tutti gli altri. E nessuno ci ha mai chiesto chi fossimo. In quanto neri e mulatti, è come se fossimo nati colpevoli.

Yusef Salaam degli Exonerated Five

BG

Ehi baby sono stata fermata dalla polizia alla dogana

Se non mi senti per un'ora o più chiama la mia agente al telefono

Svegliati, per favore

Cazzo

Baby mandami un messaggio, sto dando di matto

Baby

Ehi

Baby

Ciao

Sono fregata

I primi messaggi di Brittney del 17 febbraio 2022, dall'aeroporto di Mosca, a sua moglie Cherelle, che stava dormendo, alle 2.02 del mattino nella loro casa di Phoenix.

1
Un volo per l'inferno

Tutta quella giornata è stata strana. La mattina del volo per la Russia, io e mia moglie restammo a letto fino all'ultimo minuto perché c'era qualcosa che continuava a sussurrarmi: *non andare*. «Tesoro, dobbiamo andare» disse infine Relle verso le otto e mezza. *Aaarg! Mancano due ore al decollo*. Relle mi accompagnò all'aeroporto e poi andò a fare un brunch con un'amica. Si mise un prendisole mentre io mi trascinavo fuori dal letto. Da quel momento in poi, tutto è andato storto.

È Relle che di solito mi fa le valigie. Ho il record WNBA per il maggior numero di schiacciate e riesco praticamente a bloccare un tiro a occhi chiusi, ma per favore non chiedetemi di organizzare qualcosa. Non un armadio, una dispensa, degli appuntamenti. E che cazzo, di sicuro non una valigia. Questo è il territorio di mia moglie e c'è anche portata. Io mi occupo di giocare a basket, lei di pianificare. Io guido, lei fa la spesa. Io apro le porte, lei le attraversa. Le nostre attitudini e i nostri desideri sono complementari e questo ci rende una squadra perfetta. Inoltre, siamo tutt'e due del Sud, la tradizionale vecchia scuola. Alcuni mesi prima di questo viaggio, però, avevamo cambiato alcune cose. Lei era al terzo anno di giurisprudenza, si barcamenava tra due lavori ed era un po' alla frutta. «L'aiuto che ci diamo deve cambiare un po'» mi disse. *Ma certamente!* «Tesoro, non preoccuparti» le dissi. «Faccio da me.» In linea di principio non faceva una grinza, ma in pratica ero un disastro.

Nonostante il nostro nuovo patto, la mia piccola mi ha assistito anche in vista di questo viaggio. Ogni volta che tornavo a casa per un break, lei faceva una corsa da Target per fare il pieno di cose da mangiare e salse americane che non potevo trovare in Russia: caramelle, biscotti, zucchero di canna, miscele per pancake, salsa Worcestershire, salsa barbecue Sweet Baby Ray's e, naturalmente, il mio Tony Chachere's Original Creole Seasoning. Mia madre è originaria della Louisiana, il Paese dei Cajun; quindi, non scherzo quando si tratta di spezie. Adoro mangiare, l'ho sempre fatto, e il cibo deve avere il sapore giusto. Prima della nostra festa di San Valentino, Relle aveva sistemato tutte queste cose in un trolley con la scocca rigida, le mie due valigie da stiva. Mi rimaneva solo il bagaglio a mano: un piccolo trolley e il mio zainetto Louis Vuitton, nella versione fatta per l'NBA. Me lo porto dietro ovunque.

Appena mi sono alzata dal letto, ho tirato fuori il trolley. Ho infilato la Nintendo Switch, le cuffie, tutti i miei dispositivi elettronici e un'accozzaglia di cavi e cavetti. Poi ho preso lo zainetto, ho aperto la cerniera del comparto più grande e ci ho infilato il mio grosso

MacBook Pro. Non ho messo in valigia molti vestiti. Solo qualche paio di mutande, magliette e felpe. Avevo un appartamento in Russia, fornito dalla mia squadra, e la maggior parte delle mie cose era già lì. Se mia moglie mi avesse preparato il bagaglio a mano, avrebbe iniziato con l'assicurarsi che il trolley fosse completamente vuoto. Avrebbe aperto tutte le tasche, una alla volta, e svuotato tutto. Avrebbe poi arrotolato e chiuso con una fascetta tutti i cavi e li avrebbe sistemati in modo ordinato all'interno della valigia. Non ho fatto niente di tutto questo. Non ho avuto tempo. Le mie cose erano ovunque, sparse a caso nella borsa. L'unica cosa alla quale stavo attenta era il passaporto. Se qualcuno me lo avesse rubato, sarei finita nei guai. Per questo motivo lo tenevo sempre nella tasca della felpa da viaggio, quella col cappuccio. In dieci minuti netti avevo finito di fare le valigie e mi ero infilata la mia felpa Cross Colours, nella versione Black Lives Matter. «Com'è che hai fatto così in fretta?» chiese Relle. «Sì sì» risposi «sono pronta per partire.»

Ma il mio iPhone non era pronto. Mentre stavamo per uscire, non riuscivo a trovarlo da nessuna parte. Abbiamo rivoltato la casa alla ricerca del telefono, continuando a chiamarlo per capire dov'era. Niente, avevo attivato la modalità silenziosa. Sono nota per perdere le cose – portafoglio, chiavi, cuffie – e dato che ho sempre addosso abiti da palestra, le cose mi cadono dalle tasche quando mi siedo. Non è colpa mia. Qualcosa si *perde*, ma di solito non è vero, perché un minuto dopo mi dico: «Oh, ci sono seduta sopra». Quel giorno non sono stata così fortunata e non potevo andare in Russia senza il telefono. Alle 8.45 ero preoccupata. Alle 9.00 ero frenetica e sudavo; alle 9.20, un'ora prima del volo, l'abbiamo trovato dietro la testiera del letto. Ci vogliono venti minuti per arrivare all'aeroporto di Phoenix da casa nostra e ho guidato la nostra Audi bianca come se l'avessi appena rubata. Relle si è aggrappata al sedile per tutto il viaggio. Alle 9.45 dopo una bella frenata ero già sul marciapiede. Ci siamo detti «ti amo» con la macchina ancora accesa e Relle è ripartita subito.

L'assistente al check-in mi fece cenno di andare verso di lui. Normalmente non avrei potuto registrare i bagagli a così poco dalla partenza del volo, ma quel martedì non c'era nulla di normale. Anche l'itinerario del volo era diverso. Di solito volavo da Phoenix a Los Angeles e poi a Mosca, con un ultimo cambio per Ekaterinburg, detta anche Ekat, la sede della mia squadra. Questa volta, invece, sarei andata da Phoenix al JFK di New York prima di proseguire per la Russia e, se avessi perso questo primo volo, avrei perso tutte le coincidenze. Per fortuna, l'assistente ha spedito in tutta fretta le mie valigie a Ekat. Mi ha anche accompagnato, attraverso i controlli di sicurezza, al mio gate per permettermi di salire sull'aereo. Questo per dare l'idea di quanto fossi in ritardo.

Dopo che l'assistente mi ebbe lasciato, sentii qualcosa in tasca. *Mannaggia*. Ho chiamato Relle, che era a metà strada per il brunch. «Non spegnere la macchina» le dissi. «Torna subito indietro perché mi sono tenuta le chiavi.» Relle fece una risatina. Sapeva chi aveva sposato e questa era proprio una delle cose che mi distinguevano. Con l'aereo già in partenza, non potevo tornare all'ingresso. Così ho fermato un impiegato dell'aeroporto che stava passando di lì e gli ho detto: «Bro, ho assolutamente bisogno di te. Sto andando all'estero e ho fatto un pasticcio». Ho mostrato il portachiavi. «Puoi portare queste a mia moglie, per favore?» Ha subito accettato. Sono sicura che il fatto che mi abbia riconosciuta sia stato di aiuto, quanto che gli abbia messo in mano tutti i contanti che avevo, circa 250 dollari. Ho scattato una foto al tizio e l'ho inviata a Relle in modo che sapesse chi cercare. Pochi minuti dopo Relle aveva le chiavi e io ero in volo per New York.

Al JFK le cose sono andate di nuovo storte. Il mio bagaglio a mano è stato controllato, senza problemi, ma quando ho mostrato il mio test per il Covid, l'agente ha detto: «Questo non va bene». *Cosa?* Perché il risultato fosse considerato valido, mi ha spiegato, il test doveva essere effettuato entro 48 ore dal mio arrivo in Russia. In base all'orario di arrivo, ero fuori di venti minuti. Ero incazzata. Mi sono precipitata in un posto all'aeroporto per fare il test rapido, quello in cui ti infilano un tampone nel naso e ti frugano nel cranio. Ho aspettato i risultati, aggiornando ogni secondo la mail e alla fine ho chiamato Relle per dirle: «Tesoro mio, probabilmente perdo il volo». E così è stato. Grandioso. Così ho preso una stanza in un hotel dell'aeroporto e telefonato al mio team per dirglielo. Posso perdere le cose, ma non sono mai in ritardo. Di solito sono il nerd che arriva in aeroporto quattro ore prima del volo. Sono stati comprensivi, non era un problema, mi hanno prenotato per il giorno successivo un volo dell'Aeroflot, la compagnia di bandiera russa.

Mercoledì sera sono tornata al terminal internazionale, senza problemi, senza intoppi, senza bagagli con le etichette. Ho mandato un messaggio a Relle. «Ehi, tesoro, sto per decollare. Ti chiamo quando arrivo. Ti amo.» Il mio aereo è partito come previsto, alle 19.25 ora di New York. Mi sono sistemata per le nove ore di volo, ho mangiato qualcosa e ho ascoltato della musica. Più tardi ho tirato fuori il mio portatile per vedere *Grey's Anatomy*. Mi sono appisolata dopo quattro episodi e quando mi sono svegliata stavamo iniziando la discesa. Quando siamo atterrati a Mosca era mezzogiorno. Il mio volo per Ekat era alle tre. L'ultimo scalo, pensai mentre mettevo via il computer. Un breve sprint verso la fine della mia ultima stagione all'estero.

* * *

L'aria sembrava diversa. Avevo viaggiato in Russia decine di volte in otto anni e non avevo mai provato quella sensazione inquietante. Passai il controllo, timbrarono il passaporto. Dopodiché presi una scala mobile che mi portò ai controlli di sicurezza per il transito al terminal nazionale. Si aprirono due grandi porte di vetro. La scena che si presentava dall'altra parte mostrava che c'era qualcosa di strano.

Il posto era pieno di addetti alla sicurezza e poliziotti. Di solito era abbastanza vuoto, in genere non c'erano più di un paio di impiegati al controllo, e poi si andava dritti al proprio volo. In questo checkpoint la squadra di controllori era al completo: cinque o sei addetti vicino ai metal detector, un altro gruppo ai vassoi, un altro seduto dietro la macchina a raggi X. Erano tutti in uniforme e alcuni indossavano una mimetica militare blu. *Che cazzo sta succedendo?* Una poliziotta bionda e magra camminava accanto ai passeggeri con un cane che annusava ogni borsa. Il cane ha annusato il bagaglio della persona davanti a me. Tutto ok. Stessa cosa quando ha annusato le mie borse: zero reazione. Il cane si è subito spostato al passeggero successivo, ma la donna mi ha dato un colpetto sulla spalla. Ha detto qualcosa in russo, Dio solo sa cosa, e mi ha fatto cenno di farmi da parte.

Non sono stata l'unica a essere tirata fuori dalla fila. La maggior parte dei russi passava attraverso i metal detector, ma noi stranieri venivamo sottoposti a ulteriori controlli. Ho dato un'occhiata ai passaporti. C'era un ragazzo pakistano, diversi ucraini e alcuni dell'Uzbekistan. Non so cosa abbia fatto quel cane quando ha annusato le loro borse, ma sono sicura al cento per cento di come abbia reagito alla mia: assolutamente tranquillo, come durante una giornata in spiaggia; gente, qui non c'è assolutamente niente di interessante. Mio padre era un poliziotto, veterano del Vietnam, e sono cresciuta con rottweiler, malinois e ogni tipo di cane poliziotto. Conosco i segnali dei cani. Quando fiutano qualcosa di sospetto, di solito si siedono, abbaiano, fanno strani movimenti. Questo cane non ha nemmeno mugolato. Non ero nervosa quando mi hanno spinta di malagrazia fuori dalla fila, ma solo infastidita per il contrattempo. Non avevo motivo di avere paura. Il mio bagaglio a mano era «pulito».

Ho messo le mie borse sul nastro trasportatore e le ho guardate scorrere nella macchina. Prima ancora che fossero all'interno dello scanner, l'addetto al controllo si è alzato e si è sporto completamente verso la macchina. *Strano.* Ho attraversato il metal detector, e non è scattato nessun allarme, poi mi sono avvicinata alle mie borse. Lì c'era il compagno di squadra del tizio dello scanner, un agente della dogana. Calvo, sulla quarantina, con un maglione attillato e i chinos. Se fai una fila al banco di un qualsiasi servizio clienti, lui è quello da cui non vorresti finire. Nessun sorriso, nessuna espressione, niente di niente.

Mi ha fatto cenno di aprire le cerniere delle borse. Ho studiato la sua faccia per essere sicura di aver capito, dato che in America non è permesso toccare le valigie. Devi portare il tuo culo a un passo mentre l'agente ci rovista dentro. Evidentemente in Russia non funziona così, perché mi ha fatto di nuovo cenno di aprire le cerniere. Ho iniziato a tirare fuori roba a destra e a manca, mostrandogli ogni oggetto, aprendo piccoli scomparti che non sapeva nemmeno che esistessero. Volevo che questa faccenda terminasse e passare così all'ultima tratta.

Avevo controllato tutto lo zaino quando ho aperto l'ultima zip. Ho infilato la mano e ho sentito qualcosa all'interno. L'agente mi ha fissato mentre estraevo lentamente una cartuccia di olio di cannabis. *Cazzo.* Negli Stati Uniti sono legalmente autorizzata a consumare cannabis per uso medico, con regolare certificato del mio medico. Me l'ha prescritta anni fa, per aiutarmi ad affrontare le varie lesioni debilitanti che mi procuravo giocando. In Arizona la cannabis è legale. In Russia è vietata. Lo sapevo. Sinceramente, mi ero completamente dimenticata di avere vaporizzatore e cartuccia nella borsa. Nel momento in cui ho sentito la cartuccia in quella tasca, mi si è chiuso lo stomaco.

L'agente ha preso la cartuccia e l'ha tenuta in mano. «Che sostanza è questa?» ha detto in un inglese stentato. Avevo la lingua paralizzata, ma il cervello andava a mille, nel tentativo di trovare una via d'uscita. «Ehm, è CBD» ho detto alla fine. Anche se la cannabis era proibita, avevo sentito dire che il CBD era considerato un reato minore. Non era vero, ne ero consapevole già mentre lo dicevo, ma ci stavo provando. «Che cosa?» mi ha chiesto di nuovo l'agente in un inglese ancora più stentato. *Questo tizio non sa cosa sto dicendo.* Ho tirato fuori il telefono, ho digitato «CBD» su Google Translate e gli ho mostrato lo schermo. Ha guardato il telefono e poi ha guardato me. Silenzio. Un attimo dopo ha riaperto il mio trolley mentre rimanevo in piedi, con la faccia di pietra. Prima ha tirato fuori la mia Nintendo Switch. Poi ha tirato fuori il mucchio di cavi, aggrovigliati come le mie budella. Infine, ha sollevato un paio di pantaloni della tuta. Un'altra cartuccia è caduta dalla tasca sul piano del tavolo. *Merda. Merda. Merda.*

La paura ha molte forme. C'è quella che si prova quando qualcosa nella vita ti prende alla sprovvista e ti spaventa a morte. Alcune persone si paralizzano. Altre scappano. Io di solito sono quella che lotta come una furia. Quando ho visto quelle cartucce, non una ma due, sono stata percorsa da una paura di ben altro tipo.

Non ho provato né l'istinto di combattere, né quello di fuggire, né quello di sentirmi paralizzata. Il mio corpo, invece, è come se fosse stato in caduta libera, senza fine, come se fossi inciampata sull'orlo di una scogliera e precipitata nell'oceano. Mi sono sentita cadere a spirale in una profondità ignota, nel buio, e continuavo a cadere ma senza mai raggiungere il fondo. *Whoosh.* Mentre cadevo mi sentivo vuota, senza più alcuna connessione, e sola. Ero lì ma non c'ero, ero viva ma priva di sensibilità, persa in un mondo acquatico e sotterraneo.

L'agente ha preso la cartuccia e mi ha fissato. Non riuscivo a parlare, a pensare, a respirare. Stavo ancora cadendo, annaspando nel tentativo disperato di rallentare quella caduta a spirale. Anche dopo aver scoperto la seconda cartuccia, speravo che lasciasse correre, che mi desse un severo ammonimento e mi permettesse di buttare via quella roba. Entrambe le cartucce erano praticamente vuote, senza nemmeno abbastanza olio di cannabis per sballarsi. Chiaramente non ero un contrabbandiere di droga. Se avessi davvero cercato di introdurre droga di nascosto, non l'avrei messa nella tasca anteriore dello zaino. *Dài, amico.* Avevo visto troppi episodi di *Locked Up Abroad* per essere così sciocca. Inoltre, non avrei sicuramente aiutato l'agente a perquisirmi la borsa. Che diamine. Stavo letteralmente tirando fuori le cose come se gli stessi dicendo: «Vuoi vedere questo?». Ho svuotato tasche e svitato tappi di flaconi. Ovviamente non ero Pablo Escobar. Avevo solo dimenticato che le cartucce erano nella borsa, fine della storia. Eppure, quello era proprio l'inizio dell'orrore. Nel frattempo, altri stavano attraversando i controlli di sicurezza, e tutti sembravano essere russi. Siccome quel cane non aveva mugolato di fronte al mio bagaglio, iniziai a chiedermi se fossi stata presa di mira.

L'agente mi ha indicato una fila di sedie vicina. «Aspetta lì» mi ha detto, o mi sembra di aver sentito così. Mi sono accasciata sulla sedia. Quando se n'è andato con le cartucce, ho iniziato a bombardare il telefono di Relle. Erano da poco passate le due di notte a Phoenix e lei dormiva di sasso, con la suoneria spenta. «Ehi, noveuno-uno, svegliati, svegliati, svegliati, svegliati!» ho detto alla segreteria telefonica. «Ehi, piccola, ho bisogno che tu risponda.» Le ho lasciato una dozzina di messaggi del genere prima di tornare completamente con i piedi per terra. «Tesoro, credo che mi stiano per arrestare» le ho detto con la voce rotta dall'emozione. «Ho davvero bisogno che mi chiami. Per favore.» *Click*. Mi tremavano le mani così tanto che quasi non riuscivo a tenere il telefono. Ho fatto un bel respiro, ho cercato di riprendermi e ho mandato un messaggio a Relle. Poi un altro. E un altro ancora. E poi altri dieci. Una riga dopo l'altra di pura disperazione, ogni messaggio più disperato del precedente. «Sono fregata, baby» ho scritto alla fine. Non sentivo più le dita ma sono riuscita a premere invio.

Non avendo notizie di Relle, ho contattato la mia famiglia. «Ehi, ti voglio bene» ho scritto a mia madre. I miei genitori sono divorziati ma sono rimasti in contatto e vivono vicini a Houston. Sono stata intenzionalmente vaga sia con Mam che con Pap perché non volevo allarmarli. Ho fatto lo stesso con mio fratello

DeCarlo, con le mie sorelle SheKera e Pier e con mio nipote E.J., che allora era in seconda superiore. Siamo molto uniti. «Le cose sono andate storte» ho scritto «ma non posso dire molto per adesso. Non voglio che vi preoccupiate. Andrà tutto bene.» Se avessi ricevuto questo messaggio criptico da una persona cara, *come minimo* mi sarei super preoccupata, altro che messaggi tranquillizzanti. Ma non stavo veramente scrivendo, chiamando o implorando per avere aiuto. Il panico aveva preso il sopravvento. Ho anche chiamato il mio interprete locale, messo a disposizione dalla squadra. Gli ho raccontato i dettagli e gli ho detto di contattare Max Rybakov, il general manager. *Un aiuto poteva essere a portata di mano.*

Il poliziotto che mi aveva perquisito i bagagli tornò indietro. Con lui c'era un ragazzo giovane, con i capelli raccolti, che si presentò come Anton. Lo capii solo perché parlava, più o meno, inglese. Comunque, un po' meglio degli altri. Teneva in mano le cartucce. «Le portiamo alla scientifica» disse con un accento marcato. «La scientifica?» chiesi. Avevo capito perfettamente, ma ripetei la parola perché non riuscivo a crederci. «Aspetta» disse al poliziotto. Non avevo capito il nome di questo primo tizio, pensavo che fosse un semplice impiegato dell'aeroporto. Non lo era. Anton mi spiegò che stavano inviando le cartucce per i test. A quanto pare questo «selezionatore» era il supervisore di Anton, un capo del Servizio federale doganale russo (FCS). *Merda.* «Devi aspettare» disse Anton. Gli chiesi: «Quanto tempo ci vorrà?». Mi fissò con un'aria interrogativa. Alla faccia della conoscenza dell'inglese. Digitai la domanda su Google e gli mostrai la traduzione. Nessuno dei due ci fece caso. «Aspetta, aspetta, aspetta» è tutto ciò che riuscivano a dire. Mostrai di nuovo lo schermo ad Anton. Stessa reazione. Nessuna risposta. Indicarono il passaporto e me lo tolsero di mano insieme alla carta d'imbarco per Ekat e se ne andarono.

Rimasi ad aspettare. Ero preoccupata e troppo scossa per piangere. Di ora in ora ero sempre più disperata e pregavo che Relle si svegliasse presto. Le 12 sono diventate le 14, il che significava che probabilmente avrei perso il mio volo per Ekat delle 15. Mentre ero seduta lì, questi due tizi della dogana si muovevano da una parte all'altra del checkpoint, gridando in russo e tenendo in mano le cartucce, uscendo e rientrando con i vaporizzatori. *Pensavo che le portassero alla scientifica?* Non avevo idea di cosa stesse succedendo, di quando sarebbe finita, o se sarebbe finita. Mi passavano per la testa i messaggi che avevo inviato a Relle. *Sono fregata. Sono fregata. Sono fregata.* Avevo visto abbastanza documentari sulle prigioni russe per sapere come venivano trattati i detenuti. Venivano torturati. Affamati. Spogliati di tutto. Mentre scivolavo sulla sedia e immaginavo il peggio, mi batteva forte il cuore. La paura è una sensazione precisa. Ma l'incertezza, l'ignoto, la caduta senza freni in qualcosa di sconosciuto è molto più forte della paura, è terrore. La faccenda stava prendendo una pessima piega, era fuori controllo e non avevo modo di fermarla. Questo mi spaventava più di tutto.

Lo schermo del telefono si è illuminato alle 14.30. *Relle. Grazie a Dio.* Aveva puntato la sveglia alle 4.30

del mattino, ora di Phoenix, in modo da potersi preparare per una sessione giudiziaria via Zoom, più tardi, quella mattina. Si è svegliata con la mia raffica di messaggi ed è entrata subito in modalità avvocato: «Chi sono queste persone, perché ti hanno in pugno e cosa dicono esattamente?». Le ho fornito un quadro completo con una voce tremula e lei è stata determinata fin dall'inizio: non avevo nulla da nascondere. «Tesoro, non sei un trafficante di droga» mi ha detto. «Avevi due vaporizzatori nella borsa, entrambi con licenza medica e cannabis acquistata legalmente. Non spaventarti. Non hai fatto nulla di male.»

Le sue parole hanno allentato un po' la tensione. Relle lavorava in uno studio di penalisti. Lei e i suoi colleghi si occupavano spesso di casi di droga e omicidio, conoscevano bene queste faccende. Ecco perché era così convinta che avremmo dovuto tenere la bocca chiusa e lasciare che fossero i fatti a parlare. Ha promesso di chiamare la mia agente, Lindsay Kagawa Colas, che probabilmente stava ancora dormendo, nel suo letto, a Portland, in Oregon. «Non dire niente a nessuno, non firmare niente» mi ha messo in guardia Relle. «Ci pensiamo noi, tesoro. Supereremo insieme questa faccenda. Ti richiameremo presto, quindi tieni il telefono vicino. Ti amo.» Sembrava decisa, così coraggiosa nel battersi per me, ma sentivo nella sua voce la stessa paura che sentivo nella mia. Dopo la nostra telefonata, ha mandato dei messaggi a Lindz e abbiamo continuato la nostra conversazione con i messaggi. Anche in questo caso la guidava il suo istinto di avvocato.

Relle: Cosa dicono gli agenti?

Io: Niente per ora. Mi hanno detto che analizzeranno le cartucce per verificare la presenza di droga.

Relle: Anche quando arriveranno i risultati, non dire niente fino a quando non avrai parlato con un avvocato. Non hai lasciato nessuna altra cartuccia nel bagaglio da stiva, giusto?

Io: Giusto. Niente.

Relle: Potresti essere arrestata quando arrivano i risultati, amore mio. Non conosco bene le loro procedure.

Io: Sono sicura che sarò arrestata. Sapevo che avrei dovuto rimanere con te e non tornare mai più qui. Mi dispiace di averti messo in questa situazione con la mia stupidaggine. Voglio solo tornare a casa.

Relle: Va tutto bene, tesoro. Hai fatto un semplice errore. Supereremo tutto questo insieme e con discrezione. Ora ho la call su Zoom e sarò impegnata per un po', ma cercherò di essere veloce e subito pronta per te. Ti amo. Non cambia niente fra noi. Sono sempre orgogliosa di essere tua moglie. Tieni la testa alta, abbi fiducia in te stessa e fede in Dio. Anche questo passerà.

Volevo credere a Relle con tutto il cuore, pregavo che questa situazione critica finisse in qualche modo. Ma con il passare del tempo e l'assenza di comunicazioni da parte degli agenti, le speranze cominciavano a svanire. Mia moglie aveva studiato legge negli Stati Uniti, conosceva a fondo la nostra Costituzione. Però, mentre nella Terra della Libertà si può contare su un processo equo, qui eravamo in Russia. Qui c'era Putin. Qui era l'inferno.

2
Aurora

Gli agenti della dogana tornarono finalmente con entrambe le cartucce verso le 16. *Suppongo che non le abbiano mai portate alla scientifica e che sono ancora in guai seri.* Anton aveva in mano quella che sembrava una busta per le prove e una specie di documento in russo.

«Firma qui» disse, indicando una riga vicino al fondo. Studiai il foglio. «Cos'è?» chiesi.

«Firma» ripeté, spingendo il foglio verso di me.

Lo spinsi via. «Non firmo niente» dissi. «*Niet, niet, niet.*» Non avevo imparato granché di russo durante le mie permanenze in quel Paese, ma sapevo come dire no.

Nessuno dei due rispose. Rimasero lì a fissarmi, come se non avessero idea di cosa stessi dicendo. Cercai «avvocato» su Google Translate. «*Advocat*» ripetei più volte. Anton spinse di nuovo il documento verso di me e ripeté: «Firma qui!» con le narici dilatate. Risposi «Non so cosa sia» in tutti i modi che mi venivano in mente, in russo, a gesti, inarcando le spalle. Dovevano sapere cosa diavolo intendessi, perché un'alzata di spalle è universale. Il loro silenzio, a quanto pare, era un palese rifiuto di darmi una risposta, e un minaccioso ammonimento che mi sbattevano in faccia.

Questo tira e molla è continuato fino a quando hanno fatto venire una signora da un negozio duty-free lì vicino. Le hanno parlato in russo prima che si rivolgesse a me dicendo: «Vogliono che firmi». *Stiamo scherzando? Questa è una cassiera, non un'interprete!* «Non so cosa sia questo documento» dissi «e non ho intenzione di firmarlo.» Avevo ben chiaro l'avvertimento di Relle e continuai a opporre un netto rifiuto, mentre la signora e i due uomini diventavano sempre più insistenti. Continuammo così per diversi minuti finché alla fine, sotto pressione, cedetti. *Sia come sia. Forse, se firmo, mi lasciano andare.* L'agente mise poi i vaporizzatori nella busta delle prove, la ripiegò, sigillò e mi lasciò lì con lo stesso stupido ordine: «Aspetta». Sembrava che avessero bisogno della mia firma per mettere ufficialmente le penne da svapo tra le prove. *Non ne ero sicura.*

Mezz'ora dopo gli agenti tornarono. Mi alzai in piedi quando li vidi, scrutai i loro volti alla ricerca di un segno che fossero venuti a liberarmi. «Vieni con noi» disse Anton. *Con voi dove?* «Andiamo in ufficio» disse. *Che ufficio?* Esitai un attimo, pensai di fare resistenza, ma in effetti che scelta avevo? Mi avevano già spinto a firmare un documento che non sapevo nemmeno leggere, tanto meno capire. La questione non era cambiata. Dovevo seguirli, anche se non avevo idea di dove mi stessero portando. Il capo indicò un corridoio vicino e iniziò a camminare. Mi misi lo zaino in spalla, afferrai il manico del trolley e lo seguii. Non mi ammanettarono. Non ne avevano bisogno. Mi avevano sequestrato il passaporto. Il mio volo per Ekat era già partito da tempo. Ero già loro prigioniera. Le manette non erano necessarie.

Il corridoio portava a un'uscita. Quando la porta si aprì, una sferzata di freddo mi colpì il viso. Febbraio in Russia non è uno scherzo, spesso è sotto zero. Non avevo messo un giaccone nel bagaglio a mano, non pensavo di averne bisogno. Se la giornata fosse andata come previsto, l'autista sarebbe venuto a prendermi e mi avrebbe portato direttamente al mio appartamento. *Se. Se. Se.* Gli agenti si diressero verso un parcheggio. Mi fermai un attimo per tirare su il cappuccio e guardai il cielo di Mosca. Grigio come sempre, più grigio che mai in quella serata, con la luce del sole che si sbiadiva sempre di più all'imbrunire. Passammo in mezzo a diverse auto fino a quando il capo si fermò e aprì un bagagliaio. *Di chi è questa macchina?* Era una berlina scassata, la versione russa di una Honda Civic del '98, e sicuramente non aveva un aspetto ufficiale. Sollevò il bagagliaio e mi fece cenno di metterci il trolley, cosa che feci. Poi aprì la portiera posteriore e si girò per vedere la mia espressione dubbiosa: *dove mi stai portando con la tua schifosa auto personale?* «Sali» fu la sua unica risposta. Mi infilai nel sedile posteriore, abbassando la testa per far entrare le mie gambe lunghe. Sbatté la mia portiera e poi lui e Anton salirono davanti.

Girammo intorno a un'area recintata vicino all'aeroporto. Quando ci avvicinammo, i cancelli si aprirono per svelare un edificio in mattoni rossi che sembrava una prigione in miniatura. *Poteva essere la sede della dogana*. C'era una guardia armata davanti a noi. Lui e Anton gli parlarono brevemente prima che la guardia ci facesse cenno di entrare. Salimmo al piano superiore fino a un ufficio, con degli agenti seduti dietro una scrivania di fronte a me. Entrò un altro uomo, in uniforme mimetica blu, che non parlò e si sedette vicino alla porta, forse era una guardia. Nel frattempo, Anton iniziò a parlarmi a voce alta. Nel periodo trascorso tra il nostro confronto con la tizia del duty-free e adesso, il suo inglese era magicamente migliorato. Ma guarda un po'!

«Allora, cosa ne pensi di LeBron?» mi chiese con un sorriso. «È bravo come Michael Jordan?» «Non ne ho idea» borbottai. Continuò a parlare con un'aria leggera, senza curarsi del fatto che avevo chiaramente capito la sua tattica. Il tizio stava cercando di mettermi a mio agio per farmi sbagliare e dire qualcosa che mi avrebbe incastrato. Tirò fuori argomenti a caso per vedere se avrei abboccato all'amo. «Cosa ne pensi di Trump?» mi chiese. Invertii le parti. Gli chiesi: «Cosa ne pensi *tu* di Trump?». Lui e gli altri si misero a ridere. «Penso che sia fantastico» disse. Anton continuò a chiedermi di sport, politica e persino del mio stipendio nella WNBA, che aveva trovato su Internet. Rispondevo lo stretto necessario e per lo più fissavo il cellulare. Ogni tanto mi faceva una domanda del tipo: «Anche le tue compagne di squadra fumano erba?». Scrollai le spalle. «Non so cosa facciano» dissi. «Non stavi portando della droga a qualcuno?» mi chiese. Ripetei la verità: «Non sapevo di avere i vaporizzatori». «Quindi non conosci nessuno spacciatore qui?» incalzava. «*Av-*

vocato» ripetei più e più volte. Dato che era diventato un interrogatorio, avevo bisogno di un avvocato, uno qualsiasi, al mio fianco. Pregavo che arrivassero notizie da casa.

Il cielo deve avermi sentito perché lo schermo del cellulare si illuminò. Era Lindsay, la mia agente, che mi contattava su WhatsApp. Era a Portland, e si era svegliata con una chiamata della sua collega Tracy, anche lei in copia nel messaggio inviato da Relle. Ho scelto Lindz come agente da subito, da quando sono diventata la prima scelta del draft WNBA nel 2013. Una scelta facile, visto che è agente di molte grandi giocatrici, tra le quali Sue Bird, Diana Taurasi, Maya Moore e Seimone Augustus. Il mondo la conosce come vicepresidente esecutivo di Wasserman, un'enorme agenzia dedicata ai nuovi talenti con uffici in sei continenti. La conosco come una donna tosta che mi ha sempre protetto.

Su WhatsApp, Lindz ha creato un thread di messaggi per me, lei e la squadra. Mi ha poi chiesto di attivare i messaggi a scomparsa per mantenere la nostra conversazione privata. Come Relle, è andata dritta al punto. «Dove sei esattamente?» mi ha chiesto. «Ho bisogno che tu metta un pin.» Mentre lo facevo, lei ha aperto Google Maps e ha individuato l'edificio in mattoni rossi. Prima ancora che Lindz mi contattasse, aveva iniziato a radunare le truppe di Wasserman e non solo. Aveva coinvolto il consulente legale capo di Wasserman, Mike Pickles, che parlava correntemente il russo e aveva lavorato come legale a Mosca. Aveva anche chiamato i suoi numerosi contatti a Ekat, alla Federazione russa di pallacanestro, alla USA Basketball, alla

WNBA e alla NBA. Aveva anche creato una rete di contatti con Alex Boykov, un avvocato di Mosca che era pronto ad aiutarmi. «Alex sta venendo da te» mi scrisse, mentre aggiungeva il suo numero al nostro scambio di messaggi e gli inviava il mio pin. *Ho tirato un sospirone di sollievo.*

Alex mi ha chiamato quando è arrivato. La guardia non gli permetteva di salire per vedermi, mi disse, quindi mi stava aspettando all'ingresso, al freddo. Su Google Translate ho digitato «Il mio avvocato è qui» e ho mostrato ad Anton la schermata. Si è stropicciato il viso. «Aspetta» ha detto. «Perché?» gli ho risposto. Ha alzato le spalle. Ho continuato a insistere e alla fine sono riuscita a capire il motivo del ritardo. Le mie cartucce erano state portate alla scientifica per essere analizzate. L'«indagine» – qualunque cosa significhi in un Paese in cui una cassiera del duty-free può fungere da interprete per la dogana – era ancora in corso. Alex avrebbe potuto incontrarmi solo se e quando fossi stata accusata di qualcosa. Traduzione: aspetta, aspetta, aspetta. La mia vescica, tuttavia, non ce la faceva ad aspettare.

«Gabinetto» dissi ad alta voce. Anton fece cenno alla guardia di accompagnarmi alla toilette. Pensavo che si sarebbe limitato a stare sulla porta esterna, ma quel tizio si piazzò proprio accanto al box e mi ascoltava mentre pisciavo. *Davvero? Dài, amico.* Non c'era bisogno di tutta questa invadenza. Avevo solo bisogno di un minuto da sola per concentrarmi sull'incubo che stavo vivendo. Quando tornai, chiesi di nuovo del mio avvocato. Anton rifiutò, così cambiai richiesta: «Ehi, posso avere una sigaretta?». Con mia grande sorpresa mi rispose «Certo» e me ne passò una dal suo pacchetto. Non sono mai stata un gran fumatrice, ma non ero nemmeno mai stata così nervosa. «Puoi andare a fumare in bagno» mi disse mentre mi dava un accendino. Questa volta la guardia non mi scortò, non so perché. *Quindi posso fumare da sola ma non pisciare da sola? Cercai di riavvolgere il nastro fino all'inizio.* Mi appoggiai alla parete del bagno e scivolai seduta sui talloni. Ogni parte di me si sentiva a pezzi. La schiena. Le ginocchia. Le mani. Il mio spirito. Accesi la sigaretta, inspirai profondamente e iniziai a tossire di brutto. Erano passati cinque o sei mesi dall'ultima volta che avevo fumato, quindi il primo tiro mi aveva quasi uccisa. Non sarebbe servito a nulla. A livello interiore mi sentivo come morta. Quarantotto ore prima ero stata con Relle, facendole la sorpresa del bouquet di rose il giorno di San Valentino. Ora mi sembrava una vita fa, in un luogo che stava in un'altra galassia.

Alle 20 Anton iniziò a discutere al telefono in russo. Riattaccò e si girò verso di me. «Hai fatto il check-in delle valigie?» disse. «Sì, due» risposi. Si erano appena accorti che avevo altri bagagli, il che era da scemi visto che era scritto sulla carta d'imbarco. Risalimmo tutti e tre in macchina e ci recammo al check point dove era iniziato questo gran casino. Descrissi ad Anton il mio bagaglio: due trolley neri, guscio rigido, con il nome sulla targhetta. Un'ora più tardi questo stupido tornò con una borsa di tela verde da quattro soldi. Non era la mia. «Aprila» ordinò. Feci marcia indietro. «Non ci metterò le mie impronte» dissi. Se ne andò e rimase via abbastanza a lungo perché l'altro agente ci provasse con una assistente di volo che passava di lì: aveva le labbra così grosse che sembrava l'avessero punte delle api... Le donne russe adorano le iniezioni alle labbra. L'agente le fece gli occhi dolci e iniziò a chiacchierare. Mi veniva da dirgli: *Ehi, puoi smetterla di fare il cascamorto mentre stai cercando di fottermi?* Pazzesco.

Anton tornò con le valigie giuste. Quando aprii la prima, diede un'occhiata alla mia sfilza di recipienti ma non ne ispezionò nemmeno uno. Inoltre, non aprì nemmeno il secondo trolley. Spinse solo un documento verso di me e mi disse: «Firma qui». Ero troppo esausta per resistere. Avrei potuto nascondere chili di droga in quei contenitori, come fanno i veri contrabbandieri che nascondono la cocaina nelle bottiglie di shampoo. Ma a questi agenti non importava cosa potesse esserci mescolato alla mia salsa barbecue. Avevano già tutte le prove necessarie per la loro cosiddetta indagine.

* * *

Nel purgatorio di mattoni rossi, un investigatore della dogana arrivò finalmente con i risultati della scientifica ore dopo che ero seduta lì a sudare freddo. Diedi un'occhiata al telefono. Erano le due di notte. Lesse da un documento, mentre Anton traduceva, che i vaporizzatori contenevano olio di cannabis. Non c'era da sorprendersi. Il vero colpo arrivò quando sentii il mio capo d'accusa, l'articolo 229.1, comma 2 del Codice penale russo. Ero stato accusata di aver contrabbandato una quantità significativa di narcotici nel Paese.

Quantità significativa? Avevano trovato 0,2 grammi in una cartuccia e 0,5 nell'altra, per un totale di 0,7 grammi, un quantitativo di olio così basso che sarebbe sparito non appena le penne si fossero scaldate. In America, un simile quantitativo non è sufficiente neppure a far sollevare un sopracciglio, nemmeno nei pochi Stati che ancora non l'hanno legalizzata. Ma in Russia è considerata una «quantità significativa», punibile con una pena da cinque a dieci anni e una multa fino a un milione di rubli, poco più di diecimila dollari americani. E questa era solo l'accusa iniziale. Con il progredire dell'indagine, si sarebbero potute aggiungere altre accuse. Mentre Anton parlava, tornavo con la mente a quel controllo di sicurezza. *Perché ero stata fermata? E ora, tutto d'un colpo, potrei rischiare dieci anni di prigione?* Forse quella perquisizione non era casuale. Forse ero stata presa di mira.

Alla fine, verso le 3 del mattino, lasciarono salire Alex. Quando sento le parole «avvocato russo», mi viene in mente una persona vecchia, austera e stoica. Alex invece era l'opposto: giovane, cool, capelli lunghi fino alle spalle, un hippie russo col rocker Gregg Allman come foto profilo di WhatsApp. Mi salutò calorosamente ed entrammo nell'atrio per parlare in privato, con franchezza, finalmente.

Avevo mille domande e ancora più paure, ma il cuore mi batteva così forte che non riuscivo quasi a tirarle fuori. «Ehi, l'ipotesi peggiore qual è?» gli chiesi. Si schiarì la gola. «Dunque, al momento si tratta solo di un'accusa» disse. «Dobbiamo aspettare che si concluda l'indagine». *Non voglio nemmeno parlarne.* «Ma...

dico per davvero, quanti anni potrei prendere?» chiesi. Lui fece un respiro. «Potrebbe essere un anno o due.» Fece una pausa. «Oppure potrebbero essere tutti e dieci.» *Whoosh. Whoosh. Whoosh.*

Alex non sembrava sorpreso che mi fosse stato chiesto di firmare un documento prima di vedere un avvocato; non era una cosa insolita nel losco sistema giudiziario russo. Sembrava comunque fiducioso che non avrei avuto una condanna vicina al massimo della pena perché non avevo precedenti penali. In seguito, avrei appreso che in Russia nel 2021, l'anno precedente la mia detenzione, trentasei persone erano state condannate con la mia stessa accusa. In dieci di questi casi, gli imputati avevano ricevuto meno di tre anni di carcere; in cinque, fino a cinque anni; e in due casi, da cinque a otto anni. I restanti diciannove dei trentasei imputati – più della metà – avevano ottenuto la sospensione della pena. Con questi numeri, le probabilità sembravano a mio favore. Ma in quel momento mi sentivo spacciata.

Una volta tornata dentro, l'investigatore capo della dogana aumentò la pressione dell'interrogatorio. Perché ero in Russia? A chi stavo portando la droga? Perché le cartucce erano nel mio bagaglio? Alex si sedette accanto a me e mi guidò nell'interrogatorio. Risposi in modo robotico, come avevo fatto nelle ultime dieci ore: «Non sapevo di avere i vaporizzatori». *Punto. Fine. Per favore, lasciatemi tornare a casa da mia moglie.* Sembravano decisi a farmi ammettere che ero un contrabbandiere, un signore della droga sotto copertura che riforniva mezzo Paese. Ridicolo. Ero inchiodata su una sedia e insistevo sulla mia versione dei fatti, ma con la testa in balia degli eventi. Pensavo alle mie compagne di squadra, alla mia famiglia e ai miei amici, immaginavo come avrebbero reagito una volta saputo dell'accusa. Pensavo soprattutto a Relle, ai grandi progetti che avevamo fatto e che ora erano finiti in un limbo. Quella sera sentii davvero che la mia vita era finita. Se solo avessi saputo che cosa mi aspettava.

Dopo che mi avevano torchiato, io e Alex ci incontrammo di nuovo nell'atrio. Mi disse: «Sarai portata alla stazione di polizia della città di Khimki» un centro di detenzione temporaneo, come le prigioni di contea in America. Mi venne da piangere. «Andrà tutto bene» mi disse quando si accorse che stavo piangendo. *Andrà bene?* Alex stava cercando di confortarmi, in un momento in cui nessuno avrebbe potuto farlo. Per quanto sperassi che avesse ragione, il mio cuore diceva che non era così. Mi trovavo in un Paese straniero, agli arresti, in piena notte. Stavo andando in prigione senza sapere quanto tempo ci sarei rimasta o quali condizioni avrei dovuto affrontare. Anche se tutto fosse andato bene, di sicuro non sarebbe stato quello che pensavo mentre piangevo in quel corridoio. «Verrò a trovarti non appena me lo permetteranno» mi disse Alex. Su questo gli credetti.

Gli agenti requisirono la maggior parte dei miei effetti personali. Lo zainetto, il trolley del bagaglio a mano e i due trolley grandi. Consegnarono tutto ad Alex, che promise di spedire tutto al mio appartamento di Ekat. Sequestrarono anche il mio bene più prezioso in assoluto: il telefono, la mia ancora di salvezza, il mio unico collegamento con casa. Non lo diedero ad Alex. Avevano bisogno di tenerlo come parte della loro «indagine». Relle e Lindz erano rimasti in contatto costante man mano che questa orrenda storia prendeva forma. L'ultima telefonata con mia moglie risaliva a qualche ora prima, al mio incontro col destino ai controlli di sicurezza. Io e il mio amore ci eravamo scambiati emozioni e sentimenti, io piangendo, lei consolandomi. Dalla sede della dogana usai il telefono di Alex per chiamare Lindz, che mi mise in contatto con Relle. «Ti amo» mi disse. Anch'io. Sempre.

Verso le 6 del mattino arrivarono due poliziotti, uno dei quali aveva in mano delle manette. Sono cresciuta giocando con le manette di mio padre, in acciaio lucido a doppia chiusura. Le manette di questo poliziotto non assomigliavano affatto a quelle di Pap. Erano ammaccate e arrugginite, con una sola serratura, che si apriva con una chiave passe-partout di un'altra epoca. L'agente mi fece cenno di tenere le mani unite per ammanettarmi sul davanti. *Click*. Quando girò la chiave e strinse le manette, il metallo mi incise la carne. Una cosa da brividi. Alex notò che le manette stavano ferendo i miei grossi polsi e si intromise. «Devi allentarle» disse. Il poliziotto alzò gli occhi al cielo e mi ammanettò di nuovo, mentre guardavo fisso davanti a me. Ancora più giù nella spirale, ancora più inebetita. Più veloce, più a fondo, senza vedere la fine.

Il 15 febbraio avevo lasciato Phoenix in preda alla frenesia, con il cuore pieno di Relle e le borse piene di salse e leccornie. Tre infernali giorni dopo, poco prima dell'alba, avevo perso la libertà, la pace, la vita come l'avevo conosciuta fino a quel momento. Mentre i poliziotti mi portavano via in manette nell'aria frizzante del mattino, Alex mi camminava accanto. Aveva con sé una piccola borsa di plastica con i pochi oggetti che mi era stato concesso di portare: tre paia di mutande, un paio di magliette e pantaloni della tuta, una felpa di flanella col cappuccio e un libro di sudoku nascosto tra le pieghe dei vestiti. Erano all'incirca le sette di mattina. Il futuro era inimmaginabile.

3
In gabbia

Non sono andata all'inferno per la via più breve. I poliziotti in borghese mi hanno portato in giro per la città con la loro macchina personale, senza sirena, lampeggiante, paratie divisorie e spazio per mettere le gambe. Abbiamo fatto tre soste.

Nella tenue luce dell'alba, abbiamo lasciato l'edificio di mattoni rossi per imboccare un viale. Mosca era già animata. Mentre dal sedile posteriore guardavo il mondo scorrere attraverso il finestrino, la realtà mi sprofondava sotto i piedi. *Sono una detenuta*. La gente del posto girava per strada, chiacchierava al telefono e fumava. Quarantotto ore prima ero io che camminavo senza preoccupazioni, dando per scontata la mia libertà. Le persone mi guardavano mentre passavamo. Non è normale vedere una persona straniera di due metri e sei, con i dreadlocks, accartocciata in un'utilitaria. Una volta in macchina, i poliziotti mi avevano tolto le manette, ma il viaggio era stato comunque angosciante. Quando mi incrinai la schiena al liceo, il dolore era tale che mi portarono fuori dal campo. Il giorno dopo feci per mettermi i calzini e crollai. Il dolore si attenuò un po', ma la mia schiena non si riprese mai del tutto e le fitte tornarono durante quel viaggio in macchina. Con la testa che sfiorava il soffitto, avevo le ginocchia quasi sotto al mento e non le potevo muovere. I poliziotti parlavano in russo mentre fumavano sigarette una via l'altra e mi ignoravano. *Mi chiedevo se le persone che mi fissavano sapessero che ero una detenuta. Mi chiedevo quando sarebbe finito questo viaggio.*

Un'ora dopo ci fermammo in un ambulatorio malmesso. I poliziotti mi hanno ammanettato per attraversare il parcheggio. L'atrio dell'ambulatorio era ancora più fatiscente dell'esterno. Una luce in alto sfarfallava. Alcuni uomini dall'aspetto poco raccomandabile aspettavano su sedie rotte. Gli cascò la mascella mentre gli agenti mi portavano lungo un corridoio fino a uno spazio chiuso da una tenda macchiata. Un uomo anziano, il dottore, credo, entrò con un bicchiere di carta. Mi squadrò da cima a fondo. «Sei una tossicodipendente?» disse in un inglese stentato. «No» sbottai «*non sono* una tossicodipendente.» Si mise a ridere. «Sì, sì, sì... sei una tossicodipendente» disse, mettendomi in mano un bicchiere di carta. Pensai che volesse farmi pisciare per un test antidroga, cosa che feci accovacciandomi su un gabinetto alla turca. Pochi minuti dopo ero di nuovo in macchina per un altro lungo viaggio, sempre con il timore di quello che sarebbe potuto succedere.

La seconda fermata fu per un test rapido del Covid, con un cotton fioc infilato nel naso. Per l'ultima sosta ci misero un'eternità perché sembrava che i poliziotti avessero l'indirizzo sbagliato. Si fermavano in un parcheggio, discutevano al telefono e ripartivano. Girammo tre ospedali prima di trovare quello giusto; il viaggio durò tre o quattro ore.

La schiena mi faceva così male che camminavo ingobbita e mi veniva da piangere quando siamo entrati. Mi hanno tenuto ammanettata nell'atrio, pieno di gente. Sembrava che questa fosse la regola: manette quando c'erano altri, senza in macchina. Il primo *click* di quelle manette dà un nuovo ordine al mondo, divide innocenti e detenuti, i liberi da quelli da cui è meglio stare alla larga. Di tanto in tanto qualcuno superava quel limite, come ha fatto una signora nella sala d'attesa dell'ospedale. Si era accorta che stavo piangendo e mi si è avvicinata, mi ha dato una pacca sulla spalla e mi ha sussurrato: «Ok, ok». La sua gentilezza mi ha sorpreso e le lacrime sono scese ancora più copiose. Ha detto qualcosa al poliziotto, che le ha abbaiato contro e le ha fatto cenno di andarsene. Dopo una lunga attesa mi hanno fatto una radiografia al torace, qualche secondo davanti a un macchinario arrugginito, con i vestiti addosso. La tubercolosi è molto diffusa da quelle parti e immagino che dovessero assicurarsi che fossi sana.

Dopodiché, i poliziotti si sono messi a fumare davanti all'ospedale, con me in piedi ammanettata. Tutti quelli che passavano mi guardavano perplessi, con la stessa domanda che avevo in testa: *ma che diavolo sta succedendo?* Il terreno era ricoperto di ghiaccio. Espirai e vidi il mio respiro. La testa mi girava. Quando l'avvocato mi disse che sarei stata portata a Khimki, o alla contea, come la chiamo io, non conoscevo la differenza tra questa e la *prigione*-prigione, i campi di prigionia russi di cui avevo sentito parlare. La contea era una prigione mista, maschi e femmine, aveva detto Alex. E se mi avessero sbattuto in una cella con tutti uomini, scambiandomi per maschio come succedeva di solito? Il mio passaporto diceva «femmina», ma se mi avessero fatto uno scherzo? E se qualcuno mi avesse aggredito, come avrei reagito? Mi sarei difesa? *Avrei potuto* difendermi? Quando sei alta si pensa che tu sia senza paura e quando sei nera si pensa che tu abbia la pelle spessa, ma la mia taglia e il mio colore non potevano proteggermi più di quanto non potesse fare la mia sottile felpa con il cappuccio quando faceva freddo. Ero tanto terrorizzata quanto congelata.

Dopo un altro lungo viaggio, con le ginocchia che ancora mi toccavano le spalle, ci fermammo alla contea. Avevo perso la cognizione del tempo, ma doveva essere all'imbrunire. Attraversammo due serie di alti cancelli, poi uscimmo nei pressi di un cortile recintato da inferriate fatiscenti. I poliziotti mi condussero in una sala d'attesa e mi fecero sedere vicino a due donne, giovani, dai capelli scuri, ammanettate. Ci scambiammo degli sguardi ma nessuna parola. Infine, arrivò una guardia che mi portò su per tre rampe di scale e in un corridoio di celle chiuse da sbarre d'acciaio, ognuna con uno spioncino coperto e una luce sulla porta. Non potevo vedere le facce dei prigionieri, ma potevo sentirli battere sulle pareti. Premere i pulsanti interni per accendere le luci esterne. Aprire gli spioncini, tossire e lamentarsi. Fare un casino infernale per attirare l'attenzione del personale. La guardia non si scompose mentre mi accompagnava dentro all'interno. Ci fermammo davanti a una gabbia vuota e mi fece cenno di entrare. Mi consegnò un cuscino, delle lenzuola e un materasso arrotolato, oltre alla borsa con i miei oggetti. Mi chiuse dentro e se ne andò. *Click*.

Con lo sguardo esaminai quella gelida cella. Era piccola ma più grande di quanto avessi immaginato, due metri per due circa. In alto pendeva una lampadina fioca. E anche una telecamera. Le pareti erano scrostate e piene di incisioni, un lato con le sbarre a vista, un altro dipinto e ridipinto in tre colori, ragnatele in ogni angolo. Sembrava che il posto fosse stato bombardato e abbandonato. La rete di un letto a due piazze con la testiera di metallo era contro una parete. Di fronte al letto c'erano un tavolo e una sedia sgangherati. Mi avvicinai alla finestra con le sbarre e guardai fuori, ma c'era uno strato di polvere così spesso che non riuscivo a vedere niente. C'era un piccolo lavandino e un «gabinetto», ovvero un buco nell'impiantito macchiato di merda e piscio. Puzzava. Sul lavandino c'era una piccola saponetta. C'era anche un bicchiere di carta.

Poi un secondino mi portò un pasto: noodles affogati in una densa brodaglia al latte, con un pezzo di pesce puzzolente. Assaggiai il pesce e lo sputai. *Faceva schifo*. Non sono una che storce il naso davanti a tutto. Mi piace troppo mangiare per essere schizzinosa, ma quella roba era davvero immangiabile. Il pesce era andato a male. Il latte sembrava fanghiglia. Eppure, mangiai quella zuppa perché stavo morendo di fame. Il mio ultimo vero pasto era stato sul volo per Mosca. Lavai via il pessimo umore con il tè caldo che una guardia mi portò quella sera (e che avrebbe portato tre volte al giorno fino a quando rimasi lì). A questo serviva il bicchiere di carta. Stavo quasi per rifiutare l'acqua quando vidi il bollitore calcificato da cui proveniva. Ma l'acqua bollita era acqua semi-pulita in un posto dove questa era una rarità.

Dopo cena tirai fuori la borsa con gli oggetti personali. Avevo preso la borsa di plastica in un duty-free dell'aeroporto. Poco prima di essere arrestata, avevo buttato le patatine che c'erano dentro e ci avevo infilato tutto quello che potevo. *Non molto*. A un primo esame delle mie cose, notai che mancava qualcosa. Nello stress, avevo dimenticato di prendere lo spazzolino da denti dal mio bagaglio a mano. *Vabbè*. Grazie a Dio, avevo messo una biro insieme al libro di sudoku. Srotolai il materasso bianco, che era coperto di macchie marroni. Lo stesso valeva per il cuscino. L'imbottitura di entrambi era qualcosa che assomigliava a della lana appiccicosa. Con i vestiti ancora addosso, mi sedetti sul materasso e cercai di non toccarlo con la pelle. Impossibile. Quando mi distesi, la struttura scricchiolò sotto il mio peso. I miei polpacci sporgevano attraverso le guide della rete e penzolavano oltre il bordo. Quando affondai nelle doghe di metallo, la mia schiena ebbe un altro spasmo. Mi venne da piangere, ma non mi scesero le lacrime. Al di là del dolore c'è la paralisi.

Per quanto fossi stanca, non riuscivo a dormire. Durante il viaggio in auto per tutta Mosca, l'essere sempre in continuo movimento era stato uno strano dono. Il tempo trascorso ripiegata sul sedile posteriore, gli esami e le radiografie, erano state un'esperienza infernale ma almeno mi ero distratta. Nella solitudine della cella, le paure e i «se» pretendevano la mia attenzione. E se non avessi mai fatto questo stupido viaggio, se fossi rimasta a Phoenix come volevo? Se non avessi perso il primo volo o se avessi fatto il mio solito tragitto attraverso Los Angeles? Se fossi arrivata a Mosca come da programma, il checkpoint di sicurezza sarebbe stato pieno di personale? E perché non ho alzato il culo prima, il giorno della partenza, così da avere abbastanza tempo per trovare quelle cartucce da svapo? Perché non volevo che il mio tempo con Relle finisse. Perché il mio spirito mi ha detto di restare, mentre il mio senso del dovere e la mia etica del lavoro mi hanno fatto alzare da quel letto. Ora stavo in un altro letto, a diecimila chilometri di distanza da quello nel quale sarei dovuta stare.

La prigione era vicina a una fermata della ferrovia, con treni che passavano dalle 5.30 del mattino fino a mezzanotte inoltrata. In questo modo sapevo che era un nuovo giorno, grazie allo sferragliare dei convogli e allo stridere dei freni. Feci scivolare il mio corpo dolorante dal letto al pavimento, strisciai fino allo spioncino e guardai fuori. Non riuscivo a vedere molto, ma il casino ritmato fatto dai detenuti continuava, come era stato per tutta la notte. Schiacciai il campanello.

Attraverso lo spioncino e le bocchette di ventilazione, sentii le guardie riunite lungo il corridoio, che sparavano musica a tutto volume, ignorando noi prigionieri. Alla fine, il mio spioncino si aprì, *click*, e una guardia gridò qualcosa in russo. «Doccia!» urlai. Per quanto avessi un disperato bisogno di pulirmi, volevo soprattutto uscire da quella gabbia. «*Niet!*» mi rispose, e poi sentii delle risate. Iniziai a sentire delle voci maschili, tutte parole straniere, finché non ne arrivò una chiara. «American.» Di nuovo parole incomprensibili. «Basketball» disse qualcuno. Un'altra esplosione di risate. Il mio spioncino si aprì e due bulbi oculari mi fissarono, seguiti da una seconda e una terza coppia. Mentre strisciavo sul letto, contorcendomi dal dolore, capii esattamente a cosa avessi appena assistito. Ero diventata uno spettacolo, il divertimento delle guardie, un fenomeno da baraccone per movimentare il loro turno.

***

Alle elementari abbiamo visitato l'acquario di Houston, dove sono esposte le tigri bianche del Bengala. Non ho idea del motivo per cui si trovino in un acquario, ma so che le persone accorrono a fiotti per vederle. Ricorderò sempre quello che ho provato quando finalmente ne ho vista una dietro una barriera di vetro: tristezza. Centinaia di persone erano venute ad ammirare lo straordinario colore della tigre, risultato di una rara mutazione genetica. Mentre il pubblico guardava e scattava foto, la tigre era distesa e triste. Nessuno può leggere la mente di un animale, ma in qualche modo sentivo di poterlo fare. Ho conosciuto gabbie come quella della tigre, e anche la mia vita è stata come la sua.

Sono uscita dal grembo materno con gambe e braccia lunghissime e le stranezze sono continuate. Alle elementari ero sempre qualche centimetro più alta delle altre ragazze della mia classe. Alle scuole medie dominavo dall'alto la maggior parte delle mie compagne. Mentre le ragazze avevano le tette gonfie e ridacchiavano con un tono acuto, la mia voce diventava più profonda di anno in anno. Mia madre insisteva perché mettessi il reggiseno, per «essere pronta» quando sarebbe stato necessario. Ho trent'anni passati e sto ancora aspettando. Le prese in giro a scuola erano crudeli e incessanti, una vera sequenza di umiliazioni. C'è stato un giorno, in prima media, in cui ho attraversato il corridoio e ho notato delle ragazze raggruppate intorno a quella più carina. Quando mi avvicinai, smisero tutte di parlare fino a quando «Figa d'oro» si precipitò verso di me e mi diede una manata sul petto. «Visto?!» gridò. «Ve l'avevo detto che non aveva seno! È un *ragazzo*!» Tutte scoppiarono a ridere e io indietreggiai, in parte per lo shock ma soprattutto perché quelle risate mi avevano fatto male nel profondo.

I miei continuavano a pensare che avrei smesso di crescere con l'acceleratore, ma invece diventavo sempre più alta. Mi portarono dai medici di tutta Houston. Mi fecero il test per i tumori alla ghiandola pituitaria, mi fecero lo screening per ogni tipo di cancro e malattia immaginabile. Finché tutto fu chiaro: una dottoressa stabilì che il colpevole era l'atletica. Avevo iniziato a giocare a pallavolo in seconda media e lei sosteneva che i colpi e le botte avevano ritardato la mia pubertà; diceva che questo poteva essere il motivo per cui ero senza seno. Un altro dottore concluse: «È solo una fase». I miei genitori non erano convinti e chi può biasimarli? In quegli anni un giocatore di football del liceo fece notizia perché morì per un problema cardiaco. Anche altri atleti adolescenti avevano avuto dei collassi. Così mi sottoposi a un'altra serie di test assurdi, tra cui uno in cui mi iniettarono una sorta di colorante. Quella roba faceva male. «Basta, per favore» dissi ai miei genitori quando ero in prima superiore. Hanno lasciato che crescessi così. Mentre tutti gli altri erano perplessi, io ormai avevo le idee chiare. Era una mia caratteristica, ero nata così, proprio come quelle tigri bianche.

Questa presa di coscienza non mise fine alla sensazione di vergogna. Anche se le cose sono migliorate quando ho iniziato a giocare, gli sguardi attoniti mi hanno seguito fino all'età adulta. Qualche anno fa, in un aeroporto degli Stati Uniti, qualcuno mi vide entrare nel bagno delle donne e lo riferì a un paio di addette. Entrarono e bussarono alla porta del bagno. «Signore, deve uscire» gridò una di loro. «Questo è il bagno delle donne.» Finii di fare le mie cose e aprendo la porta gli dissi, con voce cigolante, che *ero* una donna. Mi guardarono tutt'e due in su e in giù, con un «ma-che-cazzo» stampato in fronte. Avevo visto questo film molte volte e sapevo come farlo finire in fretta. Mi abbassai la tuta e mostrai loro le mie parti intime – *voilà!* – in un lampo la questione era risolta «Ci dispiace davvero tanto» disse una signora, mentre l'altra si metteva una mano sulla bocca. Tutti sono «così dispiaciuti». Questo non serve a placare il mio disagio. Nel corso degli anni ho sopportato di tutto: far vedere il petto e l'inguine, dover mostrare la carta d'identità, subire le invasive perquisizioni aeroportuali, le perquisizioni riservate agli uomini. Vengo scambiata per un uomo così spesso che ho imparato a tirar dritto per la mia strada. I miei sentimenti, però, non sempre ci riescono.

La mia statura non mi rende solo un'attrazione. Mi mette anche in pericolo. Molti genitori neri fanno ai loro figli *Il Discorso* per antonomasia, per metterli in guardia che il colore della loro pelle e il loro sesso li rendono un bersaglio. Più alto sei, più sei percepito come minaccioso, soprattutto per un poliziotto spaventato e col grilletto facile. Anni fa, avevo superato il limite di velocità e sono stato fermata. Colpa mia. Quando ho visto le luci e ho sentito le sirene, sono andata nel panico e ho sterzato sulla corsia riservata agli autobus invece che sul ciglio della strada. L'agente era furioso quando si è avvicinato al finestrino. Mi ha parlato con molta durezza mentre Relle guardava, aggrappandosi al sedile mentre il tizio continuava ad alzare la voce e Relle temeva che la situazione potesse degenerare. Continuava a chiamarmi «amico mio» e «paparino», scambiandomi chiaramente per un uomo. Alla fine, mi chiese la carta d'identità, la guardò e poi tornò a fissarmi. Il suo atteggiamento era completamente cambiato. «Signora» mi disse «la prossima volta faccia attenzione alla velocità.» Per ore, dopo quell'incidente, io e Relle rimanemmo scosse perché sapevamo quanto ero andata vicina a prendermi una pallottola. Se avessi cercato la carta d'identità e lui avesse pensato che si fosse trattato di una pistola, quell'incontro sarebbe potuto finire in un bagno di sangue. Alcuni potrebbero definirla un'esagerazione. Io lo chiamo «respirare da Nero». Non è necessario che tu stia andando troppo veloce, come stavo facendo io. Se sei un nero in particolare e una persona di colore in generale, il tuo aspetto ti rende vulnerabile. Non è un'affermazione esagerata. È una verità che è stata dimostrata più e più volte, con titoli e titoli di giornale che raccontavano scene strazianti.

Nel sistema carcerario russo, sono stata marchiata per un'altra ragione. In una nazione da tempo ai ferri corti con la mia patria e con l'Occidente, ero, con loro disgusto, un'americana.

* * *

La mattina dopo essere stata sbattuta in prigione, Alex non era ancora arrivato. Con il passare delle ore, mi sentivo sempre più debole fisicamente. Cercavo di mangiare, ma non ci riuscivo. Qualsiasi cosa mangiassi mi mandava in tilt lo stomaco. Ma se rifiutavo il cibo, sarei rimasta lì a morire di fame, letteralmente. Avevo una tale fame che mi ingozzavo e mi andava di traverso tutto ciò che le guardie mi portavano: cereali che avevano la consistenza della ghiaia, ancora quel pesce squisito della prima sera, ciotole di *grechka*, una varietà di grano saraceno che abbondava da quelle parti. Mangiare estingueva la fame ma creava un altro problema: ero sempre accovacciata sul cesso. Strappai la mia maglietta Van e ne usai una parte come asciugamano per il viso, l'altra come spugna per lavarmi il corpo. Avevo solo quel piccolo sapone e non avevo accesso a una doccia. Ce n'era una sul posto, ma le guardie si rifiutarono di portarmi. Non mi ero mai sentita così sporca.

Avevo il libro di sudoku sempre a portata di mano. Senza telefono né visite, risolvere i puzzle mi impediva di impazzire. Non ti rendi conto di quanto fai affidamento sul contatto umano finché non lo perdi. Sai che hai bisogno di amore e amicizia, ma puoi dimenticare che hai bisogno anche di brevi interazioni: il sorriso di una cassiera, le chiacchiere con i vicini di casa. Queste persone non sono la prima scelta delle tue relazioni, ma fanno comunque parte di ciò che ti mantiene sano di mente. Ti dimostrano che sei importante perché è come se si illuminassero quando ti vedono. Ti fanno sentire meno sola. Mi mancava sentire qualcuno parlare in inglese e soprattutto mi mancava Relle. Nei nostri anni insieme ci siamo sentite ogni giorno, e con FaceTime siamo state l'una nel mondo dell'altra. Guardavo Relle alla scrivania, mentre studiava per gli esami, e a un certo punto mi congedavo con un «Buonanotte, tesoro». Ci salutavamo con un bacio e ci promettevamo di rivederci la mattina dopo. Ormai avevo passato parecchi giorni strazianti senza di lei.

Ho aperto il mio libro di sudoku. Ho sempre amato i numeri, a scuola ero piuttosto brava in matematica e scienze. Sono curiosa di sapere come funzionano le cose, mi piace tutto ciò che si può fare con le mani. Ho provato il sudoku quando è scoppiata la moda e mi sono subito appassionata. Da quel momento in poi ho sempre viaggiato con i sudoku, soprattutto durante i voli più lunghi. Avevo comprato questa raccolta all'aeroporto di New York, poco prima che la vita si trasformasse in un incubo. Se iniziavo a iperventilare nella mia cella, fare un sudoku mi calmava. Durante i primi due giorni ne ho fatti parecchi, poi al terzo giorno ho cambiato le abitudini. Ho letto ogni singola parola del libro, fino al copyright, e poi ho iniziato a contare i quadrati. Se avessi perso il conto, avrei ricominciato da capo, trasformando il tutto in un gioco. Finché contavo, leggevo, o facevo qualsiasi altra cosa, era un minuto sottratto alla consapevolezza di dove mi trovavo.

Ogni giorno scrivevo sui margini, scarabocchiavo i miei pensieri e riportavo la data. Alcune pagine sono piene di annotazioni, altre ne hanno solo un paio. «È presto o tardi» scrissi in una annotazione del 19 febbraio. «Mio amore, sto cercando di essere forte per te.» Più in basso su quella stessa pagina, con una calligrafia disordinata, ho aggiunto un post-scriptum che mi fa rabbrividire: «Sono in prigione a Mosca e sto perdendo la testa. Non so se sopravviverò». Il mio libro aveva cinquecento griglie di gioco. Pregai di riuscire a tornare a casa prima di terminare l'ultima.

4
Pap

Alex mi ha fatto visita verso mezzogiorno del 19 febbraio, un sabato. Quando l'ho visto ho pianto per il sollievo e perché ero spossata. Mi ha portato alcuni oggetti personali, tra cui degli snack presi dal mio bagaglio e uno spazzolino da denti. Non ero mai stata così felice di ricevere uno spazzolino da denti. La notte precedente ero rimasta al buio, pensando: *Cazzo, non ho un'arma. Non posso costruire un'arma, come facevano in* Orange Is the New Black. *Non ho nemmeno una graffetta. Tutto quello che ho sono delle braghe strappate, una camicia che ho fatto a pezzi e i miei pugni.* Non avevo idea di dove sarei finita dopo la contea, ma se fossi finita in un tank, ovvero in uno di quei campi di prigionia russi infestati dai topi che avevo visto su Netflix, dovevo essere pronta a combattere. *E* – ho pensato – *senza nemmeno parlare il russo? Oh, capiterà che dovrò fare il culo a qualcuno.* Grazie ad Alex, ero armata.

Lo spazzolino da denti è stato il primo dei regali di Alex. Il secondo è stata la sua preparazione. Con l'aiuto della squadra che Lindz aveva messo velocemente insieme, Alex aveva già completato le pratiche per richiedere l'uscita su cauzione e gli arresti domiciliari. La mia squadra, l'UMMC Ekat, era pronta ad affittare un appartamento vicino alla sede del tribunale. Avevano anche accettato di pagare l'affitto, impegno che avevano messo per iscritto per l'udienza. Poco dopo l'arrivo di Alex, una guardia mi ha ammanettato e siamo entrati in una stanza non molto più grande della mia cella per l'udienza formale di arresto. Una donna di mezza età con una toga nera, la giudice, sedeva su una pedana piuttosto alta. Una guardia mi ha portato in una piccola gabbia in un angolo. È così che si svolgono i procedimenti giudiziari in Russia, con l'accusato già in carcere. Alex si è seduto vicino a me, su una panca dall'altra parte delle sbarre. L'investigatrice, una donna bassa e tarchiata con i capelli neri e un'espressione accigliata, si è seduta su un'altra panca. Nei tribunali russi, i casi vengono prima assegnati a un investigatore, non a un pubblico ministero come in America. È l'investigatore a chiedere al giudice di arrestare un imputato. Può anche chiedere che la detenzione sia prolungata in modo da avere più tempo per le indagini. Solo al termine di questo percorso, il tuo fascicolo passa all'ufficio del pubblico ministero.

La giudice parlò per prima, seguita dall'investigatrice. Alex si alzò e rispose. Io rimasi lì, persa in un vortice di parole russe, a studiare i volti in cerca di qualche segno che mi desse un po' di speranza. Pochi istanti dopo, Alex mi sussurrò il verdetto. I miei avvocati avevano chiesto una cauzione di 7 milioni di rubli, circa

75.000 dollari americani, ma il giudice l'aveva negata. Dopo il primo colpo ne arrivò uno più duro. «Niente arresti domiciliari» disse Alex. L'inquirente aveva sostenuto che ero a rischio di fuga, che probabilmente sarei fuggita dal Paese se mi avessero lasciato uscire di prigione. Questo significava che anche se mi fosse stata concessa la cauzione, pagarla sarebbe stato inutile. A prescindere dal denaro, sarei dovuta rimanere in carcere per almeno trenta giorni.

Trenta giorni. Quando Alex pronunciò quelle parole, quasi svenni nella gabbia. *Perché dovevo essere considerata a rischio di fuga?* Non ero mica Arturo Castro con un aereo privato, capace di svignarsela in Colombia. Inoltre, mi avevano confiscato il passaporto. Dove diavolo avrei potuto andare, e *come*? E se il giudice era così preoccupato che potessi scappare, perché non mi metteva un braccialetto alla caviglia? Perché aveva altri piani. Per suo ordine quel pomeriggio sarei stata rinchiusa di nuovo per un breve periodo nella contea e poi trasferita in un centro di detenzione femminile. Alex mi abbracciò e mi promise che ci saremmo opposti alla sentenza. Borbottai «ok» con gli occhi fissi sul pavimento. Tornata nella mia cella, crollai sul letto. Il mio sudoku-diario era aperto là dove l'avevo lasciato qualche ora prima. «Sto per andare al match con la corte» avevo scritto. «Ti prego, Dio, fammi uscire da qui.» Anche se il cielo avesse risposto, non sarebbe stato veloce. Questo era chiaro. Poche altre cose lo erano.

Il rumore del treno mi svegliò il mattino dopo, non che avessi dormito davvero. Quando ti trovi tra *un prima* e un domani lungo un mese, non riesci a chiudere occhio. L'incertezza tiene le palpebre in allerta. Qualche giorno in questo buco è una cosa; trenta giorni significa che devi sistemarti al meglio. Significa avere a disposizione un'ora dopo l'altra per ritornare sul come hai fatto a fare quella cazzata. Significa rivedere tutti i come e i perché dei tuoi fallimenti: con te stessa, con la famiglia, con la squadra. Significa immaginare la delusione di tuo padre quando saprà dove sei. Alex mi aveva portato dei fogli bianchi per scrivere delle lettere e tirai fuori un foglio. Mi avvicinai alla finestra in cerca di luce, ma non la trovai. «Ehi papà» scrissi in cima alla pagina. Non sono riuscita a scrivere altro prima di crollare.

***

Non puoi iniziare a farti un'idea di chi sono se prima non conosci Raymond Griner. Vi ho già detto che sono una figlia di papà, ma sono più che altro *un* figlio di papà. Io e mio padre scherziamo sempre su questo argomento. Quell'uomo non è solo il mio Pap. In tutto il periodo nel quale diventavo grande, lui era il mio eroe.

Mio padre è un duro, probabilmente perché la vita lo ha reso così. Non parla molto dei suoi primi anni di vita, ma ne ho sentite abbastanza per sapere che sono stati molto difficili. È il più giovane di tre figli, il piccolino della famiglia, come me. Mia zia Doris era la più grande. Il fratello di mio padre, Lemar, annegò da piccolo, verso la fine degli anni Cinquanta. Lui e mio padre stavano nuotando nei boschi vicino alla loro casa di Jasper, in Texas, quando Lemar saltò in un torrente profondo, andò a sbattere contro qualcosa sott'acqua e non tornò più a galla. Quando alla fine riemerse, papà lo trascinò fuori dall'acqua, se lo caricò sulla schiena e portò il suo corpo inanimato attraverso il bosco, verso casa. Riesco solo a immaginare la paura che deve aver attraversato, e l'enorme sforzo di portare il fratello morto sulle sue piccole spalle di ragazzino. In quel periodo avvenne un'altra tragedia, quando il cuore di sua madre non ce la fece e lei morì. Era giovane, una donna di appena trent'anni. Entrambi i lutti segnarono la fine dell'innocenza di mio padre e l'inizio di un nuovo capitolo della sua vita.

Dopo la morte della nonna, Pap e sua sorella si trasferirono a Watts, in California, per vivere con gli zii. Non so perché mio nonno li abbia mandati lì. Forse era distrutto dal dolore per la perdita della giovane moglie. O forse voleva che i suoi figli, senza più una madre, crescessero con la presenza protettiva della sorella. Siamo nel 1960, più o meno. Papà aveva circa dieci anni. Si era ambientato in un mondo diverso, quello di una piccola città rispetto a quello della West Coast o, in altre parole, il mondo rurale dove c'era il Ku Klux Klan rispetto alla vita in un centro urbano. Pochi anni dopo il suo arrivo, il quartiere dove viveva andò in fiamme. In quell'umido giorno d'agosto del 1965, un poliziotto bianco fermò Marquette Frye, un giovane nero, per guida in un presunto stato di ebbrezza. Quel brutto scontro ne scatenò uno molto più ampio, che durò sei lunghi giorni e causò trentaquattro morti. Passò alla storia con il nome di Watts Riots, la più grande ribellione dell'era dei diritti civili. Mio padre la ricordava semplicemente come un altro episodio doloroso in un'infanzia che ne aveva avuti in abbondanza.

Dopo essersi diplomato alla Fremont High School, Pap si trasferì di nuovo a Jasper, dove i Griner possedevano un'impresa funebre e un cimitero per gente di colore; a quei tempi, anche la morte era sottoposta a segregazione. Lavorò nell'impresa per un certo periodo, finché la sua famiglia non cercò di convincerlo a restare. Pap non ci stette e si arruolò nell'esercito. Poco dopo fu mandato in Vietnam, dove fu testimone di altre tragedie. Quando Pap parla del suo arruolamento, dice che è stata la cosa più stupida e allo stesso tempo più intelligente che abbia mai fatto. Non riusciva a non vedere gli orrori del Vietnam. Eppure, la vita militare gli diede disciplina e carattere. E fece affidamento su entrambi quando tornò in Texas all'inizio degli anni Settanta.

A Huntsville entrò nelle forze dell'ordine, una squadra a cavallo che pattugliava una prigione statale. Poi lavorò come vigile urbano a Humble, una piccola città nei dintorni di Houston. Ed eccolo lì, un poliziotto di colore, con la tempra per vigilare su un'area che all'epoca era completamente bianca. Le minacce di stampo razziale iniziarono subito e crebbero di giorno in giorno. Alla fine, il suo capitano gli disse: «Ray, puoi pattugliare in questa zona, ma probabilmente non dovresti vivere qui». Troppo pericoloso. Papà si limitò a fissarlo. «Possono provare a darmi la caccia» disse «ma finirebbe in un omicidio.» Questo è Raymond Griner in poche parole: tosto come pochi e testardo fino al midollo. Non se ne andò.

In quel periodo papà sposò la sua prima moglie, la signorina Flo. Ebbero due figli: mio fratello DeCarlo e mia sorella SheKera. Dopo che papà e Flo si separarono, Pap conobbe mia madre, Sandra, in un negozio di alimentari. Papà stava facendo un secondo lavoro come guardia giurata per il negozio quando mia madre, che faceva la cassiera, catturò la sua attenzione. Mamma era timida e viveva ancora con i genitori. Papà era un tipo deciso e aveva diversi anni in più. Per quanto fossero di caratteri molto diversi, in qualche modo entrarono in sintonia; forse era proprio questo il motivo della loro reciproca attrazione. Venivano anche da mondi diversi. La mamma era cresciuta a Houston, figlia di mezzo di sei figli, cinque femmine e un maschio. I suoi genitori erano originari della Louisiana, la terra dei Bayou. Suo padre era intelligente, bravo con i soldi. Utilizzò i suoi modesti guadagni come impiegato in un negozio per comprare tutte le case dell'isolato e affittarle. I guadagni di quegli investimenti permettevano una vita comoda per tutta la famiglia.

La mamma è cresciuta con una rigida educazione cattolica. Quando non era a casa, era a messa o a studiare la Bibbia una sera sì e una no. Una brava ragazza cattolica, ecco chi è mia madre: premurosa e super-sensibile, ti darebbe la camicia. Anche sua madre, mia nonna, era così. Come loro, anche papà è cresciuto in chiesa, la Southern Baptist Church. Legge la Bibbia e crede in Dio, ancora oggi. Probabilmente fu questo il motivo per cui ebbe una chance con la mamma. Alla fine, si sposarono e si stabilirono a Houston. I primi due figli di papà, SheKera e DeCarlo, vivevano tra la casa di papà e quella della mamma. Nel 1985 i miei genitori ebbero mia sorella maggiore Pier. Cinque anni più tardi arrivò il mio culo allampanato.

Mamma ha due soprannomi per me: Britt e Coccinella. Il secondo chiaramente non mi si addice. Se alzo le braccia passo i due metri e 23: sono una cazzo di giraffa, non un piccolo insetto carino. Ma ogni tanto mi chiama ancora Coccinella. Oh Signore Gesù, mi fa sentire come una bambina. La mamma è così dolce che non puoi scocciarti; puoi solo sorridere. Il mio lato tenero viene da lei. È il motivo per cui non ho messo in guardia tutti i secondini in Russia. È anche il motivo per cui, per quanto sia alta e robusta, a volte mi viene da piangere. Mi ha cresciuta con la sensazione che al mondo ci siano sempre persone buone, e lei è sicuramente una di queste. A casa, ha continuato a fare quello che sua madre le aveva lasciato, sempre pronta a dare. Un esempio perfetto: Io e Pier eravamo dei mangioni difficili. A me piaceva solo carne e patate. Pier era incerto sulle sue preferenze, ma di sicuro non mangiava carne rossa, ma solo pollo e pesce. Come me, papà mangiava solo carne e patate, di solito con un contorno di fagioli borlotti, che io non sopporto. Quindi, la maggior parte delle sere, la mamma preparava tre pasti separati. Se tutti mangiavano le verdure (che non mi piacciono), lei mi preparava dei tacos di manzo come contorno. Oppure se papà voleva del riso con quei cacchio di borlotti, lei si metteva a cucinare. Finché noi eravamo felici, lo era anche lei.

Per quanto amassi la mamma, ero l'ombra di mio padre. Se usciva da una stanza, io gli stavo alle costole; non poteva nemmeno sgattaiolare fuori di casa senza che lo seguissi. Tutto quello che faceva lui, lo volevo fare anch'io. Amava le auto e la vita all'aria aperta, e io pure. Non ha mai lesinato nell'insegnarmi tutto quel che sapeva. Mi ha messo con la testa sotto il cofano della macchina a cambiare l'olio. Alla mamma non piaceva affatto che stessi là fuori. Mi voleva in casa, con bei vestitini e calzette di pizzo. Io mi toglievo quella roba, mi mettevo dei pantaloncini e andavo a correre all'aperto con papà. Con lui non dovevo mai essere una piccola principessa. Ero a torso nudo in giardino anche a dieci, undici, dodici anni, senza tette da scuotere e far ballonzolare. La maggior parte della gente mi scambiava comunque per un ragazzo. Questo vi dà l'idea di quanto sia sempre stata piatta.

Mentre ero con la testa nel motore, papà mi dava delle piccole lezioni. «Questi meccanici sono dei truffatori» diceva. «Cercano di fregarti, soprattutto se sei una donna. Non voglio che tu sia una di quelle che va a cambiare l'olio e si ritrova con un conto salato perché dicono che c'era bisogno di cambiare l'alternatore.» Mi ha insegnato come suona un alternatore che sta per mollarti. Mi ha insegnato a cambiare una gomma. In realtà, mi ha insegnato tutto ciò che è importante per farcela in questo mondo. «Non voglio che ti sbatta, cercando di sopravvivere tra uno stipendio e l'altro» mi diceva. «Devi pagare le bollette in tempo e saldare puntualmente i debiti.» Il giorno dopo si sarebbe dedicato a un'altra lezione di vita. Io e i miei fratelli possiamo recitare tutte le sue massime. «Non puoi fidarti di nessuno» diceva. «Tieni tutto per te. Non hai molti amici nella vita. Forse uno o due, ma devi comunque tenerli d'occhio.» E anche quando si trattava di poliziotti, non si sbilanciava. «Ce ne sono di bravi» diceva «ma devi stare attento con alcuni di loro. Ti spareranno solo perché sei nero. A seconda di come ti comporti, ti tratteranno bene o male.» Ecco perché sapevo di dover tenere la testa bassa in prigione. Non avevo bisogno di altri guai.

Io e papà avevamo le nostre tradizioni. Una era che, nei fine settimana estivi, andavamo a Jasper insieme, solo noi due. La sua famiglia aveva ancora un terreno lì e noi tagliavamo l'erba. Andavamo anche a trovare la mia prozia, un'insegnante in pensione. Ricorderò per sempre un viaggio che facemmo nel 1998. Quel giugno, Jasper era salita alla ribalta delle cronache nazionali per l'omicidio di James Byrd Jr., un uomo di colore, da parte di tre bianchi. Per noi non si trattava di una storia qualsiasi: era una questione personale. James era il cugino di terzo grado di mio padre. La nostra famiglia era ancora scossa da quell'assassinio, scioccata da quanto fosse stato orrendo. James stava tornando a casa a piedi quando questi tizi su un pick-up gli hanno offerto un passaggio. Invece di portarlo a casa, andarono a Huff Creek Road, una pista, uno sterrato a senso unico che attraversa il bosco. Picchiarono James a sangue, gli spruzzarono della vernice in faccia e lo incatenarono per le caviglie al retro del pick-up. Lo trascinarono per tre miglia su quella strada, la testa si staccò lungo il percorso. Il busto, le gambe e le braccia furono poi ritrovati vicino a un cimitero per persone di colore.

Due degli uomini erano dei dichiarati suprematisti bianchi. Alla fine, tutti e tre furono condannati. Uno si prese l'ergastolo; gli altri furono giustiziati. La legislazione del Texas ha approvato la legge sui crimini d'odio, la James Byrd Jr. Hate Crimes Act, qualche anno dopo l'omicidio. Fu una vittoria, ma so che non si può legiferare sull'odio che certe persone hanno nel cuore. L'ho visto di persona poche settimane dopo l'omicidio di James.

Quando arrivammo a Jasper quel fine settimana, papà si fermò al tribunale. Vidi diversi uomini con la tunica e i cappelli bianchi a punta. «Che cos'è?» chiesi a mio padre. «È il Ku Klux Klan» mi rispose seccamente. Mi aveva già parlato del Klan. A otto anni sapevo l'unica cosa che ogni bambino nero sa: il Klan ci odia. Quel giorno, davanti al tribunale, stavano protestando per l'arresto degli uomini che avevano trascinato James fino a farlo morire. La voce di Pap non si incrinò quando me lo spiegò. I fatti erano fatti, non c'era bisogno di commuoversi. Molto tempo fa, la vita ha costruito una gabbia intorno al cuore di mio padre, il giorno in cui il corpo di suo fratello è venuto a galla dal torrente in cui era caduto e quando ha perso la sua adorata madre. La gabbia si rafforzò quando Watts andò in fiamme e quando vide i suoi amici morire in Vietnam. Pap non si lamentò né si mise a piangere. Si fece forza e andò avanti.

Questa è la durezza che ho preso da mio padre, addolcita un po' dalla mamma. Ho anche la vena ribelle di papà, che l'ha presto riconosciuta anche in me. Non mi piaceva la scuola. Era difficile concentrarmi se non facevo qualcosa di concreto. Per questo ero un po' il clown della classe, facevo battute invece di finire i compiti. Adoravo l'attenzione degli altri. Quando gli altri bambini ridevano, mi sentivo finalmente a mio agio, perché Dio sa che in tutti gli altri casi non lo ero. Un giorno, in quarta elementare, mi sono fatta coraggio. L'insegnante mi aveva detto di smettere di scherzare, ma io avevo continuato. «Chiamerò a casa» mi avvertì. «Ok» risposi «allora chiami a casa.» Fu la cosa peggiore che potessi fare, perché chiamò il cellulare di mio padre mentre era di pattuglia. E gli riferì quello che avevo detto.

Papà era incazzato a mille quando tornò a casa quella sera. «Vuoi comportarti come una teppista a scuola?» urlò. «Allora ti tratterò come tale. Andrai in prigione.» Svuotò la mia camera da letto, portò via la TV, il comò, persino i miei vestiti e i miei peluche. Rimasero solo il letto e le lenzuola, con una pila di compiti sopra. Per i tre giorni successivi decise come dovevo vestirmi. Dovevo anche cenare a una certa ora. E infine, come colpo di fortuna, la mamma preparò il suo piatto preferito. «Mangerai questi fagioli» mi ordinò. Pensava che avrei ceduto, ma non fu così. Ho ereditato la sua testa dura. Così evitai i fagioli, mangiai qualche boccone di riso e andai in camera mia mezzo affamata. Potevo anche aver vinto quella battaglia, ma Pap vinse la guerra, perché a scuola rigai dritto fin da subito. O quello o i fagioli e una prigione casalinga.

A posteriori, i metodi di mio padre possono sembrare duri, ma non è così. Erano il suo modo di proteggermi, di darmi qualcosa di meglio di quello che aveva ricevuto lui, di mettermi sulla strada giusta. Papà non era super affettuoso, ma sapevo che mi voleva bene. Lo vedevo nel modo in cui si occupava di me. Lo sentivo quando eravamo insieme, sotto il cofano della macchina o mentre andavamo a Jasper. Mi amava insegnandomi che potevo sopravvivere a tutto. Dal modo in cui mi sono comportata durante l'isolamento in camera da letto, avresti pensato che mi avesse mandato a Pelican Bay. Niente di simile. E anche se nessuno di noi due avrebbe mai potuto immaginare dove sarei finita, papà mi aveva preparato per il più grande degli incubi.

Se non hai altro in questa vita, hai il tuo buon nome, la tua reputazione. Il nome di mio padre è sinonimo di orgoglio. Rispetto. Arrivare presto e rimanere fino a tardi. Papà non faceva tutto alla perfezione. Nessuno lo fa. Ma si comportava con dignità. E grazie a lui, il nome dei Griner non ha una sola macchia. Ecco perché quando ho scritto «Ehi, Pap» su quel foglio, all'inizio non riuscivo a continuare. Come si fa a spiegare al proprio eroe che lo hai deluso? Non lo fai. Invece, ti addormenti all'alba e piangi in silenzio, sperando che quel che è successo non si venga mai a sapere.

5
Nella zona grigia

Mentre pensavo a Pap, Lindz cercava di riportarmi a casa. I miei primi tre giorni in prigione coincidevano con il weekend dell'NBA All-Star, l'evento visto ogni volta da milioni di persone, che quell'anno era ospitato a Cleveland. I massimi dirigenti della pallacanestro, il commissario della NBA Adam Silver e la commissaria della WNBA Cathy Engelbert, erano lì per l'occasione. Lindz ha smorzato il tono della festa con la notizia che ero stata arrestata.

Anche se la situazione era pessima, speravano che potesse essere risolta. Probabilmente sarei stata cacciata dalla Russia e dunque tagliata fuori dalla squadra. O forse avrei dovuto pagare un'enorme sanzione. Qualunque fosse la pena, Lindz e tutti quelli con cui aveva parlato all'inizio pensavano che l'avremmo superata, dovevamo solo capire come. Dopo tutto, avevo giocato in Russia per otto stagioni, pagato le tasse, non avevo precedenti, e non avevo nemmeno mai fatto niente di sconveniente. In tutta onestà, avevo il profilo di un angelo. Inoltre – e non lo dico per fare la spaccona – ero una delle stelle del basket più importanti del Paese e il club per cui giocavo era molto influente. Quindi sembrava che la Russia avesse buone ragioni per risolvere la questione senza scalpore e lasciarmi tornare a giocare. Io e un gruppetto di altre americane siamo state protagoniste del loro campionato per più di un decennio. In quel periodo, il basket professionale femminile era diventato un grande business.

Tutto merito di Shabtai Kalmanovich: un uomo d'affari con un sacco di soldi, una passione per la pallacanestro e un passato molto originale. Cresciuto in Lituania, ed emigrato in Israele, dopo aver accumulato una fortuna commerciando con il Sudafrica, si scoprì che Kalmanovich era una spia del KGB e fu condannato per spionaggio da un tribunale israeliano. Dopo aver scontato qualche anno di prigione, Kalmanovich si è reinventato una nuova carriera a Mosca, dove si trasferì all'inizio degli anni Novanta. Ebbe successo in diverse attività e si innamorò di una stella della nazionale russa di basket femminile; la sposò e in seguito investì milioni nello sport della moglie. Sponsorizzò tre club femminili e divenne anche direttore generale della nazionale russa. Kalmanovich non si limitò a investire nel basket femminile, ma trasformò i suoi club in alcuni dei più noti della pallacanestro russa, ingaggiando alcune giocatrici leggendarie e trasformando le squadre in alcune delle più importanti al mondo. Lisa Leslie è stata una dei suoi primi grandi acquisti in America. Poi sono arrivate Tina Thompson, Lauren Jackson e la mia amica e compagna di squadra dei Phoenix Mercury Diana «Dee» Taurasi, oltre a Sue Bird. Quando Dee e Sue sono arrivate al suo club, lo Spartak Mosca, intorno al 2006, avevano sentito parlare del suo passato ma non sapevano a cosa credere. Una cosa però era certa: avrebbero guadagnato una fortuna. Oltre a offrire alle giocatrici americane un compenso molto più elevato di quello che potevano guadagnare nella WNBA, Kalmanovich le viziava con bonus sostanziosi, l'autista personale, jet privati, hotel di lusso e shopping sfrenato. I soldi erano una delle attrattive principali. Un'altra era la fama. In patria, le giocatrici della WNBA erano spesso considerate a un livello inferiore dei giocatori dell'NBA. In Russia, invece, eravamo le regine del basket.

Quando ho iniziato a giocare a Ekat nel 2014, Kalmanovich non c'era più. Cinque anni prima era stato ucciso a colpi di pistola nella sua Mercedes. Ci sono state molte ipotesi sul perché sia stato assassinato, ma la ragione ufficiale rimane ancora un mistero. Comunque sia andata, gli stipendi senza precedenti che aveva messo a disposizione delle star continuarono a rimanere alti. Così come l'enorme base di fan che aveva costruito. Aveva guidato lo Spartak alla vittoria nella EuroLeague per tre volte consecutive (e Dee l'aveva portata alla quarta vittoria poco dopo la morte di Kalmanovich). Durante il suo regno, i russi erano impazziti per il basket femminile. Gli oligarchi avevano acquistato club sportivi come se fossero giocattoli, sia per investimento che per darsi lustro. Quando firmai con l'Ekat, quello spirito si era ormai imposto. Dee e Sue alla fine lasciarono lo Spartak ma tornarono in Russia per giocare con l'Ekat, rivale dello Spartak e primo investimento di Kalmanovich, due anni prima del mio arrivo. La nostra squadra era molto forte e aveva le caratteristiche per dimostrarlo. Abbiamo vinto due campionati di fila nei miei primi due anni nella squadra, e icone come Maya Moore, Candace Parker e Breanna Stewart si sono aggiunte in seguito. Eravamo anche pagate meglio della squadra maschile dell'Ekat. Ecco quanto era importante il basket professionale femminile in quel Paese.

Per quanto adesso possa sembrare assurdo, mi è piaciuto molto giocare in Russia. I fan mi riconoscevano per strada ma mi lasciavano comunque in pace. Mi sentivo al sicuro: nonostante le preoccupazioni che avevamo in America su come erano considerati i diritti LGBTQ+ in Russia, avevo persino un mercato preferito dietro l'angolo di casa mia, dove mi intrufolavo per comprare degli spuntini. Sentivo la Russia come una seconda casa, ma solo perché non ci ero mai veramente entrata. Dalla mia prospettiva protetta, non potevo vedere la politica sporca, la corruzione, e la considerazione maschilista e vecchio stampo che avevano delle donne. Il club si occupava di tutto ciò di cui avevo bisogno e creava una bolla intorno alle giocatrici in modo da nascondere la Russia vera e propria. Ho riso delle signore che indossavano pellicce al supermercato, vestite Versace, tacchi rossi, e labbra rimpolpate, che cercavano di accalappiare uomini per potersi sposare presto. Ho avuto a che fare con i VIP ultraricchi che hanno investito nella nostra lega. Ho visto anche gente normale, famiglie con bambini e operai che venivano in autobus per le partite. Erano sugli spalti, a fare il tifo per noi, o in fila davanti al mio spogliatoio dopo le partite. Ma quella era la Russia dall'esterno, non da dentro. Cosa era dentro, lo stavo imparando, era tutta un'altra storia.

La mia agente stava iniziando a capirlo, una conversazione alla volta. Se Kalmanovich fosse stato ancora vivo quando sono stata arrestata, Lindz lo avrebbe chiamato per primo. Ecco quanto era importante per il basket femminile e quanto era legato alla classe dirigente russa. Sembrava conoscere tutti, dal Cremlino in giù, e il mio calvario sarebbe potuto andare ben diversamente se Kalmanovich avesse potuto intervenire. Lindz ha invece chiamato Max Rybakov, il general manager della mia squadra, e una lunga lista di altre persone, tra le quali Casey Wasserman, che è proprietario e direttore dell'agenzia Wasserman, oltre a essere a capo delle Olimpiadi di Los Angeles 2028 e molto legato all'ambiente politico. Lindz ha chiamato anche Travis Murphy, un ex funzionario del Foreign Service che supervisiona i rapporti dell'NBA con il Dipartimento di Stato, oltre a vari esperti di Russia e di negoziazione per liberare ostaggi. La mia agente si è sentita dare lo stesso consiglio da tutti gli esperti: mantenere il silenzio sull'arresto. Perché se avessimo fatto uscire la notizia, la situazione poteva montare e sarebbe stato più difficile trovare un accordo per riportarmi a casa. A quel punto non sapeva nemmeno se Putin fosse a conoscenza dell'incidente, quindi era meglio non attirare l'attenzione. Era la nostra unica possibilità di risolvere le cose in modo discreto. Come? Forse come una questione di diplomazia sportiva, separata dalla politica, un favore concesso in nome dello spirito olimpico. Oppure avremmo potuto giocare la carta della star del basket russo, ricordando ai russi quanto sia stato un vantaggio avermi nel loro campionato e, a livello di immagine, col ruolo che avevo avuto nella vittoria dell'Ekat nell'EuroLeague. C'erano anche altre possibili strategie. A quel punto, Lindz e Relle avevano fatto ricerche sui miei capi d'imputazione e sul Codice penale russo. L'articolo 229.1 prevede che chiunque venga sorpreso a trasportare una qualsiasi quantità di droga possa essere accusato. In Russia, quell'articolo era legittimo e portava a un tasso di condanne del 99,9 per cento. Questa non è giustizia, è tirannia. E quando ti trovi in un sistema senza una vera giustizia, ti trovi anche in un sistema con molte zone grigie. Per esempio, se hai un milione di rubli puoi pagare per uscire. Oppure puoi fare qualche telefonata a contatti ben piazzati e, *voilà*, quei vaporizzatori sparirebbero magicamente. Dunque, il piano della mia agente era quello di rimanere nella zona grigia. Saremmo entrati in una piega di questa zona per cercare di riportarmi a casa. Lindz non sapeva esattamente come, ma era ottimista sul fatto che sarebbe stata in grado di farlo.

Poi arrivò il 24 febbraio. Esattamente una settimana dopo che un cane aveva annusato la mia valigia, la Russia invase l'Ucraina. Milioni di persone hanno assistito sgomente e confuse all'irruzione delle truppe attraverso il confine. Putin la definì «un'operazione militare» per «denazificare» il suo vicino stato sovrano. L'Occidente l'intese come una dichiarazione di guerra. Putin avvertì l'America, l'Europa e la NATO di non fornire assistenza all'Ucraina. Se lo avessero fatto, minacciava delle serie reazioni. Mentre il mondo vacillava verso una crisi globale, mi trovavo in piena solitudine ad affrontare una crisi personale. L'invasione dell'Ucraina cambiò radicalmente la mia situazione. All'improvviso, quello che avevo subito non era un semplice arresto e io non ero una prigioniera qualsiasi, ma una possibile pedina sulla scacchiera dove le superpotenze erano impegnate in una resa dei conti. Non poteva esserci peggior tempismo per quello che mi era successo. Avevano appena alzato la posta in gioco.

In quel periodo, Lindz ricevette una notizia che aggravò ulteriormente i suoi timori. Si era messa in contatto con un agente di basket che conosceva il sindaco di Mosca. Sperava che il sindaco potesse tirare qualche filo, visto che ero nella sua giurisdizione, ma lui non ci sentì: «Non posso aiutarla» disse il sindaco. «Questa cosa non è di mia competenza.» La risposta fu un no, e fine della discussione. A leggere tra le righe, la deduzione era chiara: il mio caso era già in mano al Cremlino.

***

Da sola nella mia cella, sapevo poco. Alex mi parlò dell'invasione e convenne che rendeva la faccenda molto più complessa. Mi aggiornava verbalmente sugli sforzi fatti per riportarmi a casa ma, francamente, ero troppo depressa per cogliere i dettagli. Inoltre, non potendo accedere alla TV o alla radio, non potevo guardare i bollettini di guerra. E senza telefono, non potevo parlare con Lindz o Relle. Mia moglie mi aveva scritto, quindi sapevo che lei e il mio agente stavano lavorando 24 ore su 24. La prima lettera di Relle era datata 19 febbraio, ma ci volle un po' prima che mi arrivasse. Relle aveva inviato la lettera via e-mail ad Alex, che l'aveva stampata. Ma non poteva venire a trovarmi tutte le volte che voleva; quindi, l'aveva conservata fino al momento di consegnarmela. Quando Alex me l'ha finalmente data, ho pianto solo a vederla.

«Ehi, tesoro» iniziava Relle. «Sono io, via carta ma sempre io. Ti amo e mi manchi così tanto. GRAZIE A DIO per tutti i memo vocali che mi hai mandato negli ultimi mesi! Grazie per essere la migliore moglie del mondo e per avermi dato la possibilità di ascoltarti senza parlarti letteralmente ogni giorno. Stiamo davvero lavorando sodo per riportarti a casa. Prego affinché il tuo stato psicologico sia buono. Sappi che PUOI fare ogni cosa con l'aiuto di Cristo, che ti dà forza. Non abbatterti per il fatto di essere in questa situazione. Tutti noi ti vogliamo bene e siamo ancora il Team BG. Io sto bene, amore mio, quindi stai serena nel sapere che qui è tutto okay. Ti sei comportata in modo tale che questo periodo di lontananza non mi farà soffrire, né ci farà soffrire. Sto soffrendo solo perché mi manchi tremendamente. Ricordo che scherzavi e dicevi che ti avrei lasciata se fossi finita in prigione perché non c'entro nulla con quella vita. Be', è chiaro che ti sbagli, lol. Per te, qualsiasi cosa. Ti amo, pasticcino mio. Smack.»

Ho letto quella lettera più e più volte, e ogni volta piangevo. Relle non aveva scritto nulla sul caso o sulla Russia, né mi aveva aggiornato su tutti gli sforzi che lei e Lindz stavano facendo per cercare di riportarmi a casa. Alex si era assicurato che sapesse che la lettera sarebbe stata controllata, e che non poteva essere totalmente sincera in quello che scriveva. Avrei dovuto leggere tra le righe, eccetto quando si trattava del suo amore. Questo emergeva in ogni frase. Sapevo che stava facendo il tifo per me e questo era tutto ciò che avevo bisogno di sapere. Era una fortuna essere tagliata fuori dalle notizie peggiori. Mi sarei resa conto solo molto più tardi di quanto le cose stessero diventando fosche.

Alcuni giorni dopo il primo interrogatorio, il mondo era diventato ancora più deprimente. Durante l'udienza preliminare del 24 febbraio, il giudice disse che sarei stata trasferita a breve, per scontare altrove il mese fino all'udienza successiva. Secondo la legge russa, potevo essere trattenuta nella contea per un massimo di dieci giorni prima di essere trasferita in un centro di detenzione femminile. Ero già detenuta da diversi giorni, e non c'era alcun segnale di trasferimento. In America, trattenermi anche solo un minuto oltre la scadenza sarebbe stato sufficiente per far decadere il caso. Dio, quanto mi mancava la mia patria. Il motivo del ritardo: la mia radiografia al torace. I risultati mostravano segni di danni ai polmoni causati dal Covid. Ho detto loro che l'avevo superato qualche settimana prima. Tuttavia, i funzionari del centro di detenzione chiesero che venissi sottoposta a nuovi esami per essere sicuri che non avessi il Covid. Non potevano rischiare un'epidemia in prigione. Così tornai dal medico per un'altra radiografia, seguita da giorni di silenzio.

Be', non vero e proprio silenzio. C'era una guardia che faceva un bel casino, mentre camminava per i corridoi durante il turno serale. Dopo la cena e il tè da quel bollitore arrugginito, faceva il controllo notturno delle celle, che consiste nel farti restare nella tua mentre altre guardie e un cane annusano il posto. Nessuno doveva dirmi di rispettare le regole. Pap mi aveva messo in guardia anni fa. Poi si spegnevano le luci, presumibilmente per dormire, ma a questo secondino non è mai arrivato il messaggio. Non lo sopportavo proprio. Sembrava che si facesse di meth. Viso scavato, denti che gli mancavano. E riuscivo a sentirlo prima di vederlo, grazie al tono della voce. Sbatteva i piccoli spioncini di metallo per tutta la notte, e chiacchierava con le altre guardie come se fosse mezzogiorno. Mi sdraiavo pensando *Dài, amico, devo provare a dormire*. Poi, proprio mentre mi appisolavo, sentivo quello stronzo rumoroso che diceva a qualcuno: «L'americana è là dentro».

Ho cercato dei modi per distrarmi. Il terzo giorno ho deciso di diventare vegana. Perché no? Se aveste visto cosa mi portavano da mangiare, sareste diventati vegani anche voi. A un tratto volevo salvare i pesci, i polli, le mucche e l'intero pianeta. Ma l'esperimento è finito presto perché dovevo salvare me stessa. Senza carne e senza latticini, in pratica mi rimaneva solo un cucchiaio di cereali. Avevo così tanta fame che ho dovuto cedere. Quando non ti resta altro che il silenzio, non puoi far finta di ignorare i brontolii dello stomaco. E quando non hai altro che ore che si trascinano una dopo l'altra, non puoi fare altro che pensare a casa. Questa è la cosa strana del tempo. La maggior parte di noi ne vuole di più perché la nostra vita scorre veloce. Ma se il tempo è una benedizione, troppo può diventare un peso.

I minuti sembrano ore, le ore giorni. Ti senti bloccato, immobilizzato, invisibile. Il tuo mondo è fatto di quattro pareti, il soffitto è il tuo cielo.

Mentre fissavo il pavimento, pensavo soprattutto a Relle. *Cosa starà facendo? Come sta affrontando veramente la situazione?* Sapevo cosa aveva scritto. Conoscevo anche il carattere della mia ragazza: farsi vedere coraggiosa anche quando si scatenava l'inferno. Inoltre, ero sicura che volesse proteggere la mia psiche, voleva essere sicura che restassi forte. Di solito ci sentivamo più volte al giorno ed era così strano non sentire la sua voce. Non avevo una sua foto. Potevo immaginare il suo viso, le battute che ci scambiavamo, il modo in cui i suoi occhi si erano illuminati quel giorno di San Valentino.

Pensavo anche alla mia famiglia. Pap stava affrontando alcuni problemi di salute che speravo non peggiorassero. Per quanto fossi molto dispiaciuta per il fatto che sapesse che ero in prigione, ero altrettanto preoccupata di come mamma avrebbe potuto prendere la notizia. Era un fiore così delicato che temevo l'avrebbe distrutta. Sia lei che papà sapevano che ero stata fermata all'aeroporto, ma non che mi avevano portata in prigione. Nell'ultima telefonata con Relle, mi aveva chiesto cosa potesse dire, a mia madre in particolare. Eravamo d'accordo che non avrebbe dovuto dirle tutto. «Vediamo che piega prende la situazione» le ho detto. «Non c'è bisogno di farla preoccupare inutilmente.» A volte, amare una persona significa dirle tutto. Altre volte significa lasciarle una speranza.

Man mano che i giorni passavano, mi sentivo sempre più infelice. La guerra è scoppiata di giovedì. *Che giorno è oggi, venerdì? Sabato? Lunedì? Non ne ero sicura.* Ma sapevo di essere stata in prigione per più di una settimana, dal numero delle note che avevo scritto sui margini del sudoku. In tutta sincerità, mi sentivo senza speranza.

Avevo avuto a che fare con pensieri suicidi ai tempi della Baylor. Ero cresciuta con la fede, una ragione per continuare a vivere, ma poi, a mano a mano che diventavo più grande, me ne sono allontanata. Detestavo quando le persone cercavano di impormi le idee religiose e, quando le tiravano in ballo, era sempre qualcosa che riguardava l'essere gay. Rispondevo: «No, grazie, sono a posto così». Inoltre, ero super appassionata di scienza e quindi esigevo delle prove. *Come possiamo essere sicuri che esista un Dio?* Relle, figlia di un predicatore, è cresciuta con un carattere solido credendo in Dio. Quando ci siamo incontrate al college, le facevo qualche domanda occasionale, niente di più. Ma anche se avevo dei dubbi, ero comunque incuriosita. Abbastanza curiosa da mettere una Bibbia in valigia quando sono partita per la Cina nel 2013. Prima della Russia, ho giocato lì per una stagione. Continuavo a pensare: *Deve esserci qualcosa di più grande, non può esserci solo questo.* Con «solo questo» intendevo il nostro tempo sulla terra. Non sapevo se esistesse un paradiso o un Dio, ma ho pensato che lo avrei scoperto da sola. Ho iniziato dalla Genesi. Verso il Levitico mi sono addormentata.

Le domande rimanevano senza risposta, ma continuavano anche gli attacchi di panico. Ci ho lottato contro durante tutti i miei vent'anni. Quando ero stanca o stressata, mi sentivo sopraffatta dal pensiero che questa vita fosse tutto ciò che c'era. Ricordo la notte nella quale, al college, ho chiamato Relle e le ho detto che stavo per farla finita. Ero stremata: la pallacanestro, le questioni familiari, tutto quanto. «Ehi, non ce la faccio più» le dissi con le lacrime agli occhi. È arrivata in meno di dieci minuti. Ero a letto, tremavo e sudavo. Relle mi ha avvolto con le sue braccia finché non ho smesso di tremare. Sapeva sempre come tranquillizzarmi. Possedeva anche ciò che io stavo ancora mettendo in dubbio: una speranza senza limiti alla quale aggrapparmi.

Ora, sola nella mia cella, a una distanza enorme, la immaginavo accanto a me, come quella sera nel mio appartamento. Non potevo ancora finire la lettera a papà, così ne iniziai una per lei: «A mia moglie e unico amore della mia vita. Ti amo con ogni centimetro della mia anima. Quando succederà, tieniti pronta perché ti tirerò su di peso dal pavimento e ti abbraccerò fortissimo. Sei l'unica ragione per cui riesco a resistere. La tua fede si è indubbiamente trasmessa a questa ragazzina. Grazie per avermi fatto vedere il modo in cui dovrei amare Dio».

È stata la forza di Relle che ho preso in prestito quando la mia si è esaurita. Ho pensato di togliermi la vita più di una volta in quelle prime settimane, vivere in quel modo era troppo. In quella cella non mi importava più se ci fosse un aldilà. Volevo solo che finisse tutto; suicidarsi sarebbe stato facile. Avrei potuto rompere un pezzo di metallo arrugginito e tagliarmi i polsi. Oppure avrei potuto trovare una vite allentata, perché non c'era niente di avvitato bene. Ma quando ho pensato al suicidio, ho immaginato la faccia di mia madre, il modo in cui avrebbe ululato e si sarebbe piegata in due dal dolore alla notizia che sua figlia era morta. In più non sapevo cosa avrebbe fatto la Russia dei miei resti; avrebbero potuto rifiutarsi di restituire il corpo. Non potevo far vivere alla mia famiglia quell'incubo e soprattutto non potevo fare questo a mia mamma. Tutto questo, insieme alla fede di Relle, è ciò che mi ha permesso di restare su questa terra.

PARTE II
Lockdown

Una volta perso il linguaggio, l'isolamento diventa assoluto.

Andrea Dworkin, *Life and Death*

24 febbraio 2022

Ciao Pap,

Voglio ringraziarti per essere stato un padre fantastico, che mi ha insegnato molto e mi ha mostrato la strada giusta. Non mi hai mai deluso, nemmeno una volta. Sono io ad averti deluso, finendo dove sono. Ma non ti deluderò mai più in questo modo. Mi dispiace tanto per lo stress che ho provocato a quel vecchio corpaccione, lol... veramente papà, mi dispiace tantissimo.

Ti ho sognato la scorsa notte. Eravamo in macchina e parlavamo come quando ero piccola. Mi mancano quei giorni. Mi manca anche parlare con te al telefono, così tanto che a pensarci mi viene da piangere. Quando tornerò a casa ti prometto che ci sentiremo tutti i giorni.

Voglio che tu sappia che mi sto comportando bene e sto seguendo le regole. Mi trasferiranno presto nella prigione grande. Sono contenta perché potrò fare la doccia e stare in cortile. Inoltre, posso comprare cose con i soldi che ho sul conto. Il lato negativo è che sarò in una cella con da 6 a 8 ragazze! Non preoccuparti, sarò al sicuro.

Prego che tu sia tranquillo, papà. Per favore, stai accanto a mamma. Avrà bisogno della tua solida presenza per poter superare questo periodo. Stanno per fare il controllo delle celle, poi spengono le luci. Ti voglio bene fino alla luna e ritorno, granduomo. Smack.

Con amore,

Britt❤

6
Il manuale della prigione

Non ricordo quando sono stata trasferita nel vero carcere. Secondo i miei calcoli, è stato qualche giorno dopo lo scoppio della guerra. Secondo Alex, è stato prima. Quello che conta è ciò che vidi quando arrivai lì: un enorme coltello.

Alex mi aveva dato le informazioni principali sulla Colonia Penale N.1, o IK-1, come era conosciuta. Si trattava di un ex orfanotrofio che i russi avevano trasformato in un enorme carcere femminile. Ci finivano due tipi di detenute: quelle già condannate e che stavano scontando la pena e altre, come me, in attesa del processo. Stessa struttura, ma edifici separati. La IK-1 si trovava a una cinquantina di chilometri dal centro di Mosca. Alex mi spiegò che avrei trascorso i primi otto giorni in quarantena con altre appena arrivate, per smaltire eventuali residui infettivi da Covid. Il giorno del mio trasferimento, una guardia della contea mi ammanettò e mi spinse in una gabbia d'acciaio nel retro di un furgoncino squadrato. La gabbia era così piccola che ho dovuto sedermi di lato con le ginocchia tirate al petto. Mi sentivo come in un trasporto bestiame. Dopo due ore di viaggio con un traffico intenso, arrivammo finalmente davanti ad alti muri grigi bordati di filo spinato. All'interno, nel cortile, un monumento a Vladimir Lenin. Entrammo in un edificio che sembrava una baracca.

Due donne della polizia penitenziaria, una bionda e l'altra corvina, mi esaminarono meticolosamente. Mi condussero in una stanza vicina e mi fecero cenno di stare lì. Non so perché dovessi aspettare. Un paio d'ore dopo, la guardia con i capelli neri tornò, indicò una stanza vicina e disse: «Vai». All'interno, la Bionda prese la mia piccola borsa, riempita con le poche cose che mi aveva portato Alex, e rovesciò tutto su un tavolo. Frugò tra gli oggetti, tolse i lacci delle scarpe e le coulisse della tuta. *Un possibile cappio o un'arma.* Tenne la mia roba, credo per ulteriori ispezioni, e mi mandò in un'altra stanza per le pratiche sanitarie. Dio solo sa cosa scrisse il medico della prigione su quei fogli. Controllò un mucchio di faldoni mentre ero seduta con una faccia impassibile ma con il cuore che batteva all'impazzata, chiedendomi quale sarebbe stato il prossimo passo. Poco dopo mi furono consegnati un materasso e una coperta, oltre a una tazza di alluminio, un cucchiaio e una ciotola di plastica verde.

Con la Bionda alla mia destra e la Nera alla mia sinistra, camminai per un lungo corridoio. Il corridoio aveva porte d'acciaio su entrambi i lati, una ventina più o meno. Ogni porta aveva uno spioncino rettangolare all'altezza degli occhi e un secondo sportello più ampio per la consegna del cibo all'altezza dell'ombelico. Ci fermammo. La Bionda aprì la porta con un passe-partout. Subito dopo c'era una seconda porta, una gabbia stile *Le ali della libertà* con le sbarre che la attraversavano. Aprì la gabbia e mi fece segno di fare un passo avanti.

Quando entrai, sette paia di occhi mi fissarono. La maggior parte delle donne era sulle brande. Due erano sedute a un tavolo al centro di quel locale freddo, una stanza minuscola con un'unica finestra polverosa. Tutte mi guardavano con un'espressione attonita, come se fossi un animale esotico, una tigre del Bengala in libertà. Sul tavolo c'era un coltello gigantesco. Strabuzzai gli occhi. *A cosa cazzo può servire?* Una ragazza si alzò dal tavolo e mi venne incontro. «Sono Olya» disse con un accento marcato. Non so cosa mi abbia scioccato di più, vedere quel coltello o sentire delle parole in inglese. «Sono BG» borbottai. «Dammi» disse lei, prendendo le mie lenzuola. «Ti aiuto io.»

Quella fu la mia intro al lockdown, in stile centro di detenzione. Regola numero uno: chi è in quarantena da più tempo istruisce i nuovi arrivati. Questo significa che Olya era il capo. Regola numero due: fai esattamente quello che ti dice Olya, compreso come fare correttamente la branda. Regola numero tre: in cella ci sono solo calzini o ciabatte, motivo per cui mi sono tolta le Jordans. E regola numero quattro: ogni giorno a pranzo le guardie portano un coltello per permetterti di tagliare la tua frutta e la tua verdura. Una cosa simile succedeva nelle Domeniche delle Forbici, quando venivano consegnati tagliaunghie e tagliacapelli per la toelettatura. Si suppone che le guardie debbano raccogliere gli oggetti taglienti. Quel giorno se ne erano dimenticate. *Non puoi avere i lacci delle scarpe, ma puoi avere un coltello? Che fesseria.* Come avrei imparato, all'IK-1 le cose andavano così. Olya mi disse che alcune guardie erano uomini, ma la maggior parte erano donne. La Nera era una praticante di arti marziali miste.

Col mio materasso infilato sotto il braccio, Olya mi condusse in giro per la cella e mi presentò le donne, dandomi informazioni su ognuna di loro. Alcune erano più anziane, forse cinquantenni. Diverse avevano più o meno la mia età. Olya, con i suoi capelli castani lisci e il viso pallido, era la più giovane, aveva ventun anni. Tutte eravamo alla prima esperienza in prigione. La stanza era affollata, con tre gruppi di letti a castello contro una parete. Altri due letti singoli si trovavano lungo un'altra parete. In un angolo, al di fuori della visuale della telecamera, c'era una toilette di plastica da quattro soldi, di quelle sulle quali ci si può sedere. C'era anche un lavandino. Olya mise le mie cose su una cuccetta superiore e srotolò il materasso.

«Rifai il letto appena ti alzi» mi disse. «Deve essere rifatto così.» Mise un lenzuolo sopra il materasso e lo rimboccò su tutti i lati. Poi prese la mia coperta di lana, del tipo che pizzica, come quella delle nonne, e la stese. Poi piegò la coperta per il lungo su ogni lato, come un hot-dog, in modo che sembrasse una striscia che correva lungo il centro.

Con i calzini ai piedi, scivolai verso il tavolo e mi sedetti. Anche altre si sedettero. Abbiamo chiacchierato tutte, be', in realtà solo io e Olya, e anche un'altra ragazza, Tanya. Parlava un po' d'inglese e rideva molto, sembrava la simpatica del gruppo. Sono subito entrata in sintonia con lei. Aveva una corporatura da giocatrice di softball, bassa e tozza, con un taglio a spazzola e gli occhi ballerini.

«Perché sei qui?» mi chiese Tanya attraverso Olya. L'inglese di Tanya non era abbastanza buono per chiedermelo di persona.

«Droga» risposi. Olya mi disse che tutti erano lì per la droga.

«E come è successo?» chiese Olya.

Feci un sospiro. «Ho semplicemente dimenticato dei cazzo di vaporizzatori nei miei bagagli» dissi.

Olya annuì. «Sai che non possono spararti se scappi» disse.

Studiai il suo viso per capire cosa intendesse.

«Le guardie» disse. «Se cerchi di scappare, non possono spararti perché non sei ancora stata condannata. Deve esserci una sentenza perché ti possano sparare.»

Mi misi a ridere. Che fosse vero o che fosse una stronzata, dove potevo andare? Da nessuna parte, cazzo. Non avevo un telefono, non avevo parenti vicini, non avevo un'auto per la fuga. Con i miei due metri e sei di altezza, i tatuaggi e i dreads, non sono esattamente una tipa che si confonde tra la gente. Non appena avessi chiesto di usare il cellulare di qualcuno, mi avrebbero detto: «Aspetta, non sei tu quella ragazzona americana che gioca a pallacanestro?». Poi mi avrebbero trascinato nel seminterrato del Cremlino e mi avrebbero blindato per sempre. «Olya, non sto cercando di scappare, quindi sono a posto» dissi. Dovevo spegnere quella voce prima ancora che iniziasse.

Olya poi mi spiegò il resto del manuale della prigione. Due perquisizioni in cella ogni giorno, alle 6 del mattino prima delle docce, alle 9 di sera, prima che spengano le luci alle 10. Avevi un'ora al giorno «all'aria aperta», in uno spazio ingabbiato chiamato cortile. Le altre ventitré ore le trascorrevi in cella, annoiandoti a morte su quel letto. Non si poteva sonnecchiare, però. Immagino che ti volessero abbastanza sveglia per farti ricordare la tua pena o abbastanza stanca per dormire la notte. Ogni stanza aveva una piccola TV, controllata dalle guardie. Per lo più rimaneva accesa sul canale di propaganda russa, tranne nei fine settimana, quando potevamo guardare qualsiasi cosa. C'erano tre pasti al giorno, preparati dai detenuti dei vari edifici vicini al nostro. Per quanto riguarda il cibo, si trattava della stessa granaglia ghiaiosa della contea, ma in questo posto c'era un vantaggio: i familiari potevano lasciare del cibo, una quantità limitata di chili, anche se il personale non li pesava mai, disse Olya. Il nostro mini-frigo in camera era pieno di pollo, insaccati e frutta. Una volta al mese ricevevi un singolo rotolo di carta igienica e buona fortuna se lo finivi. Appena ti pulivi, si strappava. Potevi comprarne altra in quello che era conosciuto come il Market (pensate a un camioncino come quello della prigione, non a un vero supermarket).

Ah, e portavi i tuoi vestiti. Niente uniformi fino alla condanna.

La Bionda interruppe la conversazione quando portò le mie cose, tranne le stringhe delle scarpe. Mi diede anche la carta igienica e un piccolo tubetto di dentifricio. Avvicinai il tubetto agli occhi e lessi le parole sul retro: «Da consumarsi preferibilmente entro settembre 2007». *Porca puttana.* Se non fossi morta di crepacuore prima, sarei stata uccisa da una pasta bianca ammuffita. Poco dopo la Bionda tornò e disse qualcosa a Olya. «Ora ti accompagnerà in bagno» mi tradusse Olya. I nuovi detenuti dovevano fare la doccia all'arrivo. Per il momento, mi disse di tenere i miei vestiti sporchi e di portare con me quelli puliti per cambiarmi. Nella mia borsa non c'era nulla di pulito. Avevo ancora la felpa con il cappuccio con cui ero stata arrestata, muffosa come me. In una lettera a Relle avevo scritto: «Non posso credere di non essermi fatta la doccia da più di una settimana. Tutto quello che ho fatto è stato lavarmi a pezzi in un lavandino». Questo succedeva alla contea. A questo punto potevo sentire l'odore della mia depressione. Tirai fuori una maglietta e della biancheria intima, le buttai in una busta di plastica e seguii la Bionda.

Percorremmo un lungo corridoio e ci fermammo davanti a una porta. Mi fece cenno di entrare e mi chiuse dentro con un *click*. Mi guardai intorno. Nella WNBA, io e le mie compagne di squadra scherzavamo sulle nostre cosiddette docce da prigione, un grande spazio con i soffioni sparsi ovunque. Questa era la versione vera e propria, ed era orrenda: tubi a vista su ogni parete; lunghi capelli sparsi sul pavimento di piastrelle e raccolti negli scarichi; un assorbente insanguinato infilato tra due tubi. Per quanto quella scena facesse veramente schifo, ero altrettanto disgustata dalla mia puzza. Mi spogliai, cercai la parte più pulita del pavimento e aprii un rubinetto. Uscì dell'acqua marrone di ruggine. Lì per lì feci un salto indietro, ma poi mi esposi al getto d'acqua, perché l'alternativa era continuare a puzzare. In verità, una volta ignorato il colore, l'acqua calda era davvero piacevole sulla pelle. Chiusi gli occhi, cercando di dimenticare dove mi trovavo, pensando a Relle, a casa e a tutto ciò che mi ero lasciata alle spalle. L'acqua scivolava dai miei dreads sul pavimento, lavando via lo schifo che avevo sopportato. Rimasi lì dentro per una mezz'oretta, finché non battei alla porta perché la guardia mi facesse uscire. È stata la doccia più tremenda che abbia mai fatto, e al tempo stesso la migliore.

Nella contea ero rimasta sveglia ininterrottamente, mentre facevo l'elenco dei modi possibili per mettere fine alla mia infelicità. Ma quella notte, ragazzi, andai ko. Non mi importava che le mie gambe penzolassero dal materasso. Non mi importava che la rete del letto mi scavasse la schiena. Non mi importava che si congelasse, anche sotto quella fottuta coperta che pungeva. Ero un vero e proprio zombie. Eppure, tenevo sempre un occhio aperto, come mi aveva insegnato papà, perché non ci si può mai fidare di nessuno. Soprattutto quando sei una nuova arrivata. Soprattutto quando c'è un coltello ancora sul tavolo. Soprattutto quando in quella stanza sei l'unica che di sicuro non è un assassino. Ogni volta che sentivo un rumore, i miei occhi si spalancavano di botto.

La mattina dopo le luci si accesero prima dell'appello e della perquisizione della stanza. Era anche il momento in cui le secondine distribuivano le medicine. Uscimmo dalla cella e ci mettemmo in fila di fronte al muro finché non ci chiamarono per nome. «Griner!» urlò la guardia. «Brittney Yevette!» risposi, come mi aveva detto Olya. Yevette è il mio secondo nome, non il cognome, ma le guardie hanno insistito perché lo usassi. Questo perché i russi è come se avessero due cognomi, uno dei quali è il nome e il cognome del padre messi insieme. Perciò sarei Brittney Yevette Raymondovna Griner, con l'aggiunta di *ovna* al nome di mio padre. Ma durante l'appello dovetti urlare entrambi i miei nomi perché non capivano la faccenda del secondo nome. «Brittney Yevette!» gridai di nuovo, per essere sicura che la guardia mi sentisse. «Niente medicine!» aggiunsi, e Olya tradusse. La guardia passò poi alle altre ragazze.

Dopo l'appello si faceva la doccia, un gruppo alla volta. Non tutti i giorni, ma solo due volte alla settimana, e solo con le compagne di cella. Le guardie portavano un gruppo alla doccia, tornavano all'appello, prendevano un altro gruppo e così via. Guadagnare le prime posizioni nell'accesso alle docce era un'opportunità non da poco. La sera precedente, le ragazze nelle varie celle avevano chiesto di essere portate per prime, perché prima si entrava e più a lungo si poteva restare, fino a mezz'ora. Inoltre, la stanza delle docce era più sporca alla fine. Se eri l'ultima all'appello *e* alla doccia, la guardia ti diceva: «Hai dieci minuti. Fatteli bastare».

Quella mattina non ebbi bisogno nemmeno di dieci minuti. Entrai e uscii da quella schifezza in cinque minuti netti, ero già abbastanza pulita. Avevo verificato il giorno prima. Inoltre, beccai un paio di ragazze che mi guardavano il petto, alla ricerca di tette che non avevo mai avuto.

* * *

Verso la fine della quarantena ho pregato di essere messa in cella con Olya. Lo stesso valeva per Tanya. Stavo insegnando a Tanya un po' di inglese e in cambio lei mi insegnava a dire parolacce. *Pizdets* era quella più versatile: significa *fuori di testa*, ma si può usare anche solo per dire *Cazzo!* se qualcuno ti infastidisce. Quando Tanya me lo spiegò, pensai: *Mi tornerà utile.*

Avevo bisogno che proprio Olya fosse nella mia cella perché parlava l'inglese meglio di tutte. In prigione non si tratta di trovare la Migliore Amica ma di sopravvivere per tornare a casa da quella che esiste veramente. Le guardie mi tennero con Olya, ma non con Tanya. Anzi, si assicurarono che io e Tanya non fossimo mai vicine. Accorciarono la quarantena di un paio di giorni e la spostarono in un'altra cella. Avevano notato dei possibili problemi.

Tanya fece un bel casino in quarantena. Se le guardie le dicevano di andare a sinistra, lei andava a destra. Tanya faceva tutto quello che voleva, compreso mangiare a mezzanotte. Anche dopo che avevano spento le luci, perché ne rimaneva una fioca, in modo che le guardie potessero osservarci dalle loro telecamere. Be', nel bel mezzo della notte, Tanya tirò fuori una coscia di pollo, scartò rumorosamente l'involucro e iniziò a mangiare. Un attimo dopo, le guardie battevano alla porta e urlavano «Dormi!». Il trambusto, ovviamente, svegliò il mio corpo all'erta. Tanya continuò a masticare. In qualche modo mi riaddormentai, ma la mattina dopo seppi come erano andate le cose. Tanya aveva offerto alla guardia un pezzo di pollo se le avesse permesso di restare sveglia a mangiare. Il tipo aveva accettato per davvero. Era entrato, ne aveva preso un paio di pezzi attraverso le sbarre, era tornato alla sua postazione e l'aveva lasciata in pace. Questa era la vita nella zona grigia. Quasi tutto era negoziabile, bastava trovare il prezzo giusto.

Fu così che le guardie non persero tempo a dividerci, perché non volevano scenate nemmeno nella mia cerchia. Era Tanya la scassacazzi, non tanto io, ma si accorsero che trovavo divertenti le sue bravate. La storia del pollo mi fa ancora ridere. Diciamo la verità: insieme, io e Tanya avremmo mandato a fuoco quel centro di detenzione. Se ci avessero messo nella stessa cella, le mie risate avrebbero potuto fare da combustibile. Anch'io, se fossi stata una guardia, ci avrei separate. Così spostarono me e Olya in una piccola cella per tre persone, con una ragazza russa di nome Alena. È stata la cosa migliore che mi potesse capitare.

Prima le buone notizie: Alena era più che fantastica. Non solo parlava inglese, ma lo parlava anche meglio di Olya. Anni prima era stata una exchange student a Londra; era alta, almeno un metro e ottanta e una volta giocava a pallavolo.

Ventisette anni, più giovane di me, con i capelli castani lisci fino al sedere, quando arrivai era dentro già da un anno, il che significava che conosceva bene la situazione. Stava aspettando l'inizio del processo. Lei e suo marito erano stati arrestati per spaccio di droga. Lui era un lottatore di MMA, arti marziali miste, insegnava ai bambini in una palestra e lei, per vivere, guidava camion. Quando il Covid ha colpito e i loro soldi sono diventati pochi, lei ha iniziato a spacciare metadone, come in *Breaking Bad* nella vita reale. Ora, il metadone non è metanfetamina. Non si può «cucinare» in casa. È una polvere sintetica, prodotta in laboratorio, ed è piuttosto diffusa in Russia. Lì adorano le sostanze sintetiche. Alena ha iniziato a venderla, poi il marito l'ha aiutata. Sono stati accusati tutti e due e ora lui era in attesa di giudizio in un altro carcere.

«Ti piace *Transformers*?» Alena me lo chiese la prima sera che ci siamo conosciute.

«Certo che sì» risposi, mentre pensavo: «Questa è proprio il mio tipo».

Non riesco ancora a credere a quello che Alena riuscì a fare dopo. Quella sera la nostra guardia mise *Transformers* sul televisore e Alena, per due ore di fila, me lo tradusse battuta per battuta.

E quello fu solo l'inizio. Alena mi ha fornito i sottotitoli necessari per sopravvivere lì, dallo scoprire cosa si sussurravano le guardie al come fare gli ordini al «Market» della prigione. Mi ha aiutato moltissimo e ancora oggi le sono grata. In un attimo ha sostituito Olya, che mi innervosiva. Perché? Non teneva abbastanza pulito e ordinato.

Chiunque abbia avuto dei coinquilini può dirvi il primo comandamento del vivere in comune: bisogna tenere la roba in ordine. Io sono ordinata all'ennesima potenza. Mr. Clean non ha nulla da invidiarmi. Alena e io eravamo in perfetta sintonia anche su questo e, dunque, ci siamo messe d'accordo su un programma di pulizie. La nostra stanza era più piccola rispetto a quella in cui ero stata in quarantena, ma era organizzata in modo simile. All'inizio stavo su un letto a castello in alto, proprio sotto la telecamera. Olya era sotto, Alena in un letto a due piazze. La domenica ognuna di noi aveva un compito. Alena puliva la toilette e il piccolo bagno, che aveva un muretto per garantire un po' di privacy. Io iniziai come lavapavimenti, il che significava inginocchiarsi e pulire l'impiantito con un asciugamano.

«Fermati, BG» disse Alena quando mi vide ingobbita, con la schiena contratta. «Sei troppo grossa per fare questo lavoro.» Così lei passava lo straccio, io spazzavo. La nostra «scopa» era fatta di ramaglie che avevamo trovato in cortile e che avevamo legato insieme. Io pulivo anche tutto ciò che era in alto, come le sbarre della nostra unica finestra. Poi sollevavo il frigorifero in modo che potesse passarci lo straccio sotto. Olya non sapeva pulire un cazzo. Le davamo un lavoretto, come strofinare il lavandino, e dovevamo comunque starle dietro. Io e Alena volevamo che la nostra cella fosse immacolata. Olya era quella strana.

E strano era anche il cosiddetto Market, in realtà nient'altro che una frenetica bottega da galera. Si vede che qualcuno è entrato in buoni rapporti con chi comanda e ha fatto un accordo per spillare soldi ai detenuti. Più o meno una volta al mese arrivava un tizio con un camion pieno di prodotti di prima necessità: sapone per lavare i piatti, prodotti per la pulizia, articoli da toilette, acqua in bottiglia, snack, persino bollitori elettrici. La famiglia e gli amici potevano aggiungere denaro al conto personale e quello che si ordinava veniva addebitato. Sono molto grata a Relle per aver rifornito in continuazione il mio conto tramite Alex. Era l'unico collegamento con casa mia e il modo in cui mi tenevo in contatto con tutti. Il mio primo ordine rivelava le mie priorità: carta igienica, sapone per piatti al limone e sei litri d'acqua. Gli articoli, tutti di marche russe, cambiavano continuamente. Si ordinava solo ciò che era disponibile. Era qui che entrava in gioco il cosiddetto «modulo». Ogni giorno, quando la guardia gridava «Mercato!» le ragazze iniziavano a gridare: «Da questa parte, ci serve la lista!». Le guardie portavano un elenco di ciò che era disponibile. Queste liste erano spesso stampate sul retro di vecchie pratiche, con i nomi dei detenuti e i crimini scritti chiari in bella evidenza. Immagino che nelle prigioni russe la carta straccia contasse più della privacy. Si strappava quindi un foglio di carta, si scrivevano gli articoli che si volevano e si dava l'ordine alle guardie. Tutto era in russo, quindi era Alena a scrivere la mia lista. Quando i nostri prodotti arrivarono un paio di giorni dopo, lei e io ci dividemmo tutto quello che avevamo comprato.

Quello di Olya era un approccio completamente differente. «Ti do un po' di salame se mi dai una bottiglia d'acqua» diceva. Ha funzionato fino a quando i suoi parametri commerciali sono andati fuori fase. Già non era in grado di fare un minimo di pulizia, poi cominciò a non farsi alcuno scrupolo riguardo alla mia scorta d'acqua. Io e Alena non funzionavamo così. Se lei era a corto di cibo, le offrivo un grosso pezzo di insaccato. La carne affumicata era popolare in prigione perché durava anche quando il frigorifero si spegneva, e in più tutta la fottuta Russia era di per sé una ghiacciaia.

«Ne prenderò solo un pezzetto» diceva Alena. «Prendi quel cazzo di salame» insistevo io, ridendo. «Mi hai dato tre pacchi di noodles proprio l'altra settimana.»

Con Olya non funzionava così. In quarantena sembrava tranquilla e sono contenta che mi abbia aiutata. Ma mi dava sempre più sui nervi, al punto che cercavo di evitarla. Ma non c'era modo di farlo, visto che facevi tutto con le tue compagne di cella. Vedevi le ragazze delle altre celle solo raramente, poteva capitare di intravedere qualcuna che le guardie stavano spostando. Il carcere aveva due piani e io ero al primo, non avevo ancora visto il secondo. Alena l'aveva visto e mi aveva detto che aveva tante celle quante il primo, almeno venti. La maggior parte delle celle aveva cinque o sei ragazze, e alcune grandi ne ospitavano addirittura trenta. Non so quante detenute ci fossero durante il periodo che ho passato lì, ma dovevano essere qualche centinaio.

Il mio piccolo mondo era fatto solo di noi tre. Facevamo la doccia insieme ogni mercoledì e domenica, i nostri giorni stabiliti. Tre volte al giorno le guardie arrivavano con pentoloni di cereali, noodles e quel pesce strano. Le guardie stavano in disparte mentre le detenute degli altri edifici versavano il cibo nelle nostre ciotole, una alla volta. Poi la facevano scivolare di nuovo attraverso quella piccola porticina sudicia, su cui c'era del cibo vecchio e rinsecchito a causa di anni di gesti approssimativi. Mangiavamo insieme, guardavamo la TV insieme, pisciavamo persino nello stesso bagno schifoso. Per quanto volessi mollare Olya, sinceramente non mi dispiaceva avere delle compagne di cella. Quando vieni sbattuta in prigione, il tuo mondo si restringe di colpo, ma il mio si era anche esteso. Alla contea non c'ero che io, sola con i miei pensieri morbosi. Almeno qui potevo distrarmi con le chiacchiere. Quando passi ventitré ore al giorno al chiuso, la compagnia diventa la tua salute mentale.

Il cortile era uno scherzo. Non so nemmeno perché si chiamasse cortile. Non c'era un filo d'erba, era solo una grande scatola divisa da tre muri di cemento, ogni sezione era all'incirca di dieci per dieci. I divisori dovevano impedire ai detenuti di mescolarsi. Spesso nel cortile c'erano due o tre gruppi contemporaneamente, ma in sezioni differenti. Non si potevano vedere le altre ragazze, ma le si poteva sentire. Gridavamo continuamente cose attraverso il divisorio. Era come il nostro social media, un Facebook in stile carcerario senza le facce. In ogni sezione, tre pareti erano di cemento, una di sbarre d'acciaio e il soffitto era di tondini d'acciaio malmessi. Il lato con le barre d'acciaio si affacciava su un edificio. Su una parete c'era un canestro, a un metro e mezzo di altezza, ma non avevo alcun interesse per il basket. Mi faceva pensare a ciò che avevo perso e a dove mi trovavo. Inoltre, ero già fuori forma.

Nel tempo che trascorrevo in cortile guardavo sempre in alto. Vivevo per vedere il cielo, anche se attraverso le sbarre. Era la mia unica finestra sul mondo esterno, un promemoria per tenere duro. Le guardie ci portavano nel cortile ogni volta che ne avevano voglia, cosa che in alcuni giorni non succedeva per niente. E d'inverno la nostra ora d'aria era più vicino a cinque minuti, visto che di solito si gelava. Inoltre, le guardie erano pigre e volevano stare al chiuso. Non posso fargliene una colpa. Il freddo russo penetra fin nelle ossa, ed è così feroce che ti morde il culo. Eppure, non vedevo l'ora di andare in cortile per cambiare scenario e, soprattutto, per quel cielo. Perdipiù, nel cortile fumavo come una pazza. Lo faceva anche Alena. Ogni volta che potevamo, compravamo le sigarette al Market.

Tecnicamente, potevamo fumare solo nel cortile, non al chiuso.

La nostra cella era per non fumatori dato che era stata la stanza destinata al personale di passaggio: ispettori, ex poliziotti, funzionari governativi. Ma le guardie ci hanno messo lì dentro sapendo che eravamo delle forti fumatrici, e non si sono mai lamentate quando fumavamo. Che cavolo, ci davano anche i fiammiferi, visto che gli accendini non erano permessi. Come in ogni altra cosa in Russia, le regole erano per lo più raccomandazioni. L'intera struttura era una grande fumeria. Il fumo fluttuava anche attraverso le nostre bocchette di aerazione, per via delle donne che fumavano al piano di sopra. Olya non fumava, quindi si lamentava quando lo facevamo. «Sei giovane» le dissi mentre tiravo fuori un'altra sigaretta. «I tuoi polmoni possono sopportarlo.» In realtà volevo farla fuori a colpi di sigaretta.

Era raro che a casa fumassi sigarette, ma lì ne accendevo in continuazione. Mi svegliavo, mi facevo una sigaretta. Facevo colazione, e fumavo una sigaretta. E se io e Alena ci annoiavamo, cosa che accadeva costantemente, tiravamo fuori un altro pacchetto. Probabilmente fumavo dodici, tredici sigarette al giorno. Dipendeva dallo stress, da quanto mi mancava la mia vecchia vita.

Adoravo le Philip Morris, le Kent, le Marlboro rosse, e andavo matta per le Camel, che il Market offriva in quantità. Alena mi disse cosa dicevano di me le guardie: «Wow, fuma sigarette da uomo». Sì, e allora? Sono sicura che, come tutti, pensavano che fossi un uomo. Tanto valeva fumare come un uomo. Fumavo così tanto che l'odore mi usciva dai pori della pelle.

Tutto il tempo passato a fumare era anche dedicato ai pettegolezzi. Alena era stata dentro così a lungo che sapeva un sacco di cose. Era stata spostata da una cella all'altra. Tipico della prigione. Le guardie non volevano che i detenuti diventassero troppo intimi. Poteva portare guai. L'unico motivo per cui non ero stata spostata era che avevano bisogno di Alena e Olya come interpreti. «Non toccare le tavolette del water se ti mettono in un'altra cella» mi avvertì Alena. Quel posto era pieno di malattie. Attraverso i vari spostamenti aveva capito chi portasse malattie e quali, dall'herpes alla clamidia, fino all'HIV e all'AIDS. In Russia l'HIV si chiama spid, pronunciato come *speed*; Dio solo sa perché. Ma secondo Alena, durante la detenzione si diffondeva un sacco di spid. Lo stesso valeva per l'herpes, che era super comune. All'appello, quando venivano distribuite le medicine, si poteva vedere chi riceveva iniezioni, pillole o altro. Il suo consiglio è stato quello di non dare nell'occhio, di pulire tutto in continuazione e di indossare sempre i guanti.

Alena aveva anche capito come fare il bucato. Il giorno del bucato era uno dei nostri giorni per la doccia, la domenica. Dovevamo lavare a mano i vestiti nel lavandino e farli asciugare sopra il piccolo termosifone della nostra cella. Appendere la roba era contro le regole. Ma su quel termosifone qualsiasi cosa ci mettessi non si asciugava mai bene, e in più potevi stendere solo un paio di capi alla volta. Alena aveva trovato una soluzione. Aveva fatto amicizia con una rossa, una delle detenute che stavano scontando la pena in un'altra parte della prigione. Non ci mischiavamo molto con le detenute, tutte già condannate e con imputazioni più gravi, ma di tanto in tanto le vedevamo. Erano loro a mandare avanti quel posto: cucivano le uniformi, lavavano i materassi bitorzoluti su cui dormivamo, consegnavano gli articoli che ordinavamo al Market.

Alena si accordò con la rossa perché ritirasse il nostro sacco della biancheria la domenica. All'appello del mattino lo portavamo nel corridoio e lo lasciavamo lì. La rossa avrebbe poi ritirato il sacco, lavato i vestiti in una lavatrice nella sua parte del carcere e restituito tutto il giorno dopo, più o meno. Io e Alena la pagammo in sigarette, un pacchetto a testa infilato tra i vestiti. Olya non aveva messo le sigarette nei vestiti, e probabilmente era per questo che il suo bucato era tornato sgualcito. Il nostro era ben piegato. Questi affari erano ovviamente contrari alle regole, ma alle guardie non importava. Quando passò la rossa, si limitarono a guardare dall'altra parte.

Alena è stata la cosa migliore che mi sia capitata durante la reclusione. Se ci fossimo conosciute fuori, sarebbe scattato comunque qualcosa tra noi. Lì dentro, la nostra amicizia si è consolidata velocemente, per necessità. Conosceva le persone. Conosceva il sistema. E soprattutto parlava inglese. Da un appello all'altro spettegolavamo in continuazione, senza sapere che giorno fosse o se saremmo mai riuscite a uscire di prigione. La mia vita divenne un qualcosa di indistinto, di sfuocato: spazzavo e spolveravo, pulivo e pregavo, sperando di poter tornare a casa in qualche modo. Quella speranza si affievolì una mattina di marzo, quando si accese la TV.

7
La pedina di Putin

Dopo l'appello, la guardia accese la nostra TV, sempre lo stesso cazzo di canale. Non importava. Tanto non riuscivo a capire niente, a parte i passaggi che traduceva Alena: bastavano quelli per aver chiaro che si trattava di propaganda 24/7. In tutta onestà, quando sento la parola *propaganda* penso a un'epoca passata, con i nazisti che diffondono bugie sugli ebrei. Ebbene, il passato è molto presente sulla TV russa, dove Putin sostiene che i nazisti controllano gli Stati Uniti. Una volta vidi un filmato con il presidente Joe Biden, su un podio alla Casa Bianca, con due bandiere americane dietro. Subito dopo capii che quelle bandiere erano state trasformate in bandiere naziste da qualche trucco di regia. La voce di Biden era persino distorta per farlo sembrare Hitler. Rimasi attonita, *ma che cazzo!*

Comunque, quel giorno in particolare la mia reazione fu in due tempi: *Sono io quella?* Sì, sono io. Ero lì, in un'immagine sgranata, mentre attraversavo il checkpoint della security dove era iniziato il mio inferno.

Alena mi vide con la bocca aperta e iniziò a tradurre. «Dicono che un'americana è stata arrestata con l'accusa di contrabbando di droga.» Non era stato fatto il mio nome, ma non ce n'era bisogno. Non era difficile riconoscermi. Rimasi a fissare le immagini di quel cane che annusava il mio trolley, di me che frugavo nella borsa mentre il tizio della dogana guardava. A volte ci vuole un po' per capire che ti hanno fottuto. Io lo capii in quel momento. Mi buttai sul letto e fissai il soffitto mentre una forte ondata di emozioni mi attraversava dalla testa ai piedi. Ora so che quel sabato Alex entrò in azione. Non appena vide il servizio, mandò un messaggio a Relle e Lindz per avvisare che avevano diffuso la notizia. «La notizia è appena uscita qui in Russia» aggiunse al filmato allegato. Poche ore dopo, quel filmato era ovunque, ovviamente con la mia identità in bell'evidenza. Il «New York Times» ha riassunto la notizia in questo modo: «Sabato la Russia ha dichiarato di aver arrestato una giocatrice di basket americana, subito identificata come la pivot delle Phoenix Mercury Brittney Griner, con l'accusa di contrabbando di droga; il destino di una cittadina statunitense è in questo modo entrato a far parte del pericoloso confronto tra la Russia e l'Occidente sull'Ucraina». Quando la Russia ha pubblicato il filmato, il mio primo pensiero è stato: «Sono finita». Il mio secondo pensiero è stato: «Oh Dio, la mia famiglia».

A questo punto Relle aveva detto a papà che ero in prigione da almeno un mese. Doveva farlo. Era l'unico modo per spiegare quel messaggio fuori dal mondo che avevo inviato dall'aeroporto e il motivo del mio silenzio. Non si può evitare Raymond Griner, un ex poliziotto addestrato a riconoscere al volo i problemi. Il giorno del mio arresto papà era alle prese con questioni di salute; quindi, all'inizio Relle non gli raccontò molto. Aveva paura di peggiorare la situazione. Ebbene, successe esattamente il contrario, perché quel vecchio è un Terminator. Quando Relle gli diede la notizia, lui era ovviamente preoccupato, ma subito si riprese. «Non è il momento di ammalarsi» disse. Alla maniera di papà, era deciso a dimostrarsi forte per me.

Ma Pap non conosceva ancora tutti gli aspetti principali della situazione. E noi continuammo a tenere nascosta a mia madre un'altra parte della storia. Per la mamma non era strano che non mi fossi fatta sentire. La mia famiglia era abituata a vedermi andare all'estero e in posti poco raggiungibili. Quando partivo in aereo, dicevo: «Vi chiamo quando arrivo». Settimane dopo, chiamavo: «Ciao» senza ricordare che avevo detto che li avrei chiamati subito. «Che fine ha fatto la tua telefonata?» diceva la mamma, ridendo. *Colpa mia.* In questo caso, ovviamente, sapeva che ero nei guai. Il mio messaggio dall'aeroporto lo diceva chiaramente. Ma Relle fece come le avevo chiesto e minimizzò la faccenda. Il resto della famiglia fece lo stesso. Meno mamma sapeva, più poteva stare tranquilla.

Ero anche preoccupata per mio nipote E.J., il figlio di mia sorella Pier, che allora aveva quattordici anni. È il mio figlioccio. Lui e tutti i miei nipoti mi chiamano Nene (pronunciato *nii-nii*). E.J. ha iniziato a chiamarmi così quando era piccolo, probabilmente perché vedeva solo due ginocchia quando stavo in piedi. Sono molto legata a E.J., come lo eravamo io e mio fratello DeCarlo quando ero giovane. Mio fratello e io siamo molto distanti per età (ha diciassette anni più di me), ma è il mio migliore amico. Ci scriviamo cinque o sei volte alla settimana. Vive a Houston e lavora come meccanico. Da bambina, sentivo la sua moto fermarsi nel nostro vialetto e correvo fuori urlando: «Carlo sono qui! Sono qui!».

Io sono il Carlo di E.J. Io e mio nipote siamo diventati inseparabili dal primo momento in cui l'ho tenuto in braccio, dagli anni in cui ci davamo dentro con la PlayStation. Temevo che la notizia lo avrebbe distrutto. E ora, prima ancora che potessi parlare con E.J., i media russi avevano infamato sua zia con tre pessime definizioni. Contrabbandiera. Criminale. Detenuta.

Era in gioco anche una quarta descrizione: nera. La mia faccia in quel filmato ha fatto rivivere una «narrative» antica: i neri sono trasgressori della legge. I neri sono delinquenti. I neri sono selvaggi che dovrebbero essere rinchiusi. Putin non aveva bisogno di dire quelle parole perché la Storia si era già espressa così. Conosciamo le storie di neri picchiati a morte, sia con le fruste dei padroni, quando erano schiavi, sia con le ginocchia dei poliziotti. Abbiamo visto le immagini di *The Birth of a Nation*, un film del 1915 che ritrae noi come scimmie e quelli del Ku Klux Klan come eroi. Ai tempi, il presidente Woodrow Wilson proiettò davvero quella schifezza alla Casa Bianca. Siamo stati picchiati, linciati e trascinati nella tomba, come James Byrd su quella strada sterrata a Jasper. Conosciamo tutti i loro nomi, da Emmett a Breonna, e ci vengono i brividi quando sentiamo parlare di omicidi senza senso. È chiaro come il mondo vede in media le persone nere, e soprattutto come non le vede. Quando gli altri ci guardano, spesso è per confermare uno stereotipo: siamo ignoranti, incivili, aggressivi. Putin non ha creato questo stereotipo. Si stava solo attrezzando per sfruttarlo.

L'essere nero non ti fa sentire inferiore, ma condiziona i tuoi comportamenti in modo da definire tutta la tua esistenza. Quando entri in una stanza, lo fa anche la tua razza: diciamolo chiaro, si manifesta prima ancora della tua personalità. Dà un certo taglio a qualsiasi conversazione, modella il modo in cui si viene visti, determina persino se è il caso di starti ad ascoltare. Dal giorno in cui arrivate su questo mondo, l'essere neri predomina su tutto, dai commenti sui vostri capelli («Posso toccarli?») fino ad affermare che certe persone di colore sono «brillanti» (perché si presume che siamo stupide). Il messaggio arriva forte e chiaro: non sei uno di noi, sei meno. Le vite dei neri contano. Lo sentiamo dire nelle strade, ma quanto vale davvero la vita di un nero? A giudicare dalla nostra storia, non sembra molto, e ancora meno se sei gay. Per Putin, il mio valore era quello di una pedina. Il mio arresto gli ha permesso di sfruttarmi nello scontro con l'Occidente. Conosceva bene la lunga storia di tensioni razziali dell'America e sapeva come usarla a suo vantaggio.

Quella mattina, mentre la notizia si diffondeva, mi misi a piangere perché avevo deluso mio padre. Il nome dei Griner era ormai macchiato ovunque nel mondo: drogata, spacciatrice, stupida. Soffrivo perché sapevo di aver consegnato al mondo un'arma per ferirmi. Quando sei un nero, il tuo comportamento non riguarda mai solo te, ma l'intera comunità. Sei consapevole che devi rappresentare il meglio di noi e dimostrare che chi odia la gente di colore si sbaglia. Non importa se vuoi davvero farti carico di questo compito; il tuo comportamento sarà visto comunque attraverso questa lente. Se un bianco fa un errore, la maggior parte delle persone si limita a scuotere la testa. Ma se un nero fa lo stesso errore, si dice: «Vedi, te l'avevo detto che non valgono niente». Porto il mio essere nera con orgoglio, proprio come i miei genitori. Ho pianto non solo perché avevo deluso mamma e papà, ma anche perché sentivo di aver disonorato la mia gente.

* * *

Alex è venuto a trovarmi subito dopo che ero finita nelle news. Una volta arrivata in prigione, iniziammo a incontrarci ogni martedì e giovedì in una stanza con divisori in plexiglass. I divisori erano da quattro soldi, come quelli di plastica leggera che si usavano nei ristoranti durante il Covid. Una volta sono inciampata in uno di questi ed è crollato tutto. Alex era seduto da un lato, io dall'altro, con le guardie che giravano intorno alle dieci postazioni. Non davano molto peso alle regole sulla sicurezza, però. Per esempio, era contro le regole toccarsi, ma Alex poteva aggirare il divisorio e passarmi delle cose, come le lettere, che per me erano vitali. Le lettere rappresentavano il mio unico collegamento con il mondo esterno, dato che non avevo accesso a un computer o alla posta elettronica. Le sedie erano assurde, soprattutto per una persona della mia taglia. Erano dei mini sgabelli, così piccoli e traballanti che per poco non cadevo il primo pomeriggio in cui ho incontrato Alex.

«Be', è successo» dissi. «Mi sono vista in TV.»

«Hai visto la clip?» mi chiese.

«Già» risposi, sospirando. «Mi sono sentita diffamata a livello mondiale.»

«Almeno era corto» commentò. Il filmato diffuso dai russi era di neanche un minuto, senza audio.

«Già» dissi, fissando il pavimento.

Alex non era sorpreso che avessero trasmesso quel filmato. Dopo l'invasione dell'Ucraina sembrava inevitabile. Ma la notizia era arrivata prima di quanto si aspettasse. Quando negli scacchi si ha un pezzo potente, può essere utile aspettare prima di giocarlo. Ma la decisione di diffondere subito la notizia aveva senso, era come partire subito all'attacco, appena iniziata la partita. In questo caso, la partita era quella delle elezioni americane di metà novembre, quindi la tempistica non era una coincidenza. L'FSB manipola da sempre la politica razziale degli Stati Uniti, si intromette nelle nostre elezioni per ottenere i propri vantaggi. A mio avviso, la diffusione del filmato è stato il modo in cui Putin ha detto: «Inizia il gioco, Biden. Tocca a te». Era anche un segno che i russi intendevano controllare la narrazione, volevano raccontare la guerra a modo loro. Lindz sperava che potessimo risolvere la questione in modo tranquillo. Il Cremlino voleva chiaramente fare la voce grossa.

«Per certi versi potrebbe essere una buona cosa» disse Alex.

«Come?» chiesi.

«Perché fa in modo che si possa negoziare fra i due Paesi» disse.

Qualunque cosa volesse Putin, ora eravamo molto più vicini a un compromesso. La pubblicazione anticipata del video avrebbe potuto significare che sarei tornata a casa prima.

«Ma non possiamo farci troppe illusioni. Questa è la Russia.»

Questa è la Russia. Alex l'ha detto spesso in quelle prime settimane, credo per ridimensionare le mie aspettative. Conosceva bene il suo Paese e capiva che raramente le cose andavano come si pensava. Potevi essere sul punto di tornare a casa, diceva, e poi, *ops*, finire a marcire in prigione. Nella zona grigia non c'è mai nulla di certo. Niente poteva considerarsi concluso fino a quando non lo era davvero.

Alex mi aggiornò tramite Lindz e Relle su ciò che stava accadendo nel mondo. Quando il 24 febbraio era scoppiata la guerra, i voli tra la Russia e gli Stati Uniti avevano iniziato a ridursi. FedEx, UPS e altre società avevano sospeso i servizi in entrata e in uscita dal Paese. Poi, lo stesso giorno in cui il filmato è stato diffuso, il Dipartimento di Stato ha invitato gli americani a lasciare immediatamente la Russia. Le mie compagne di squadra dell'Ekat, quelle americane, erano già partite. Lindz era l'agente delle giocatrici dell'Ekat e di altre squadre russe e si è affrettata a riportarle a casa. Era così preoccupata che ha chiesto ad Alex di scortare le sue giocatrici fino alla dogana, per essere sicura che ce la facessero. Perché una volta che mi hanno preso all'aeroporto, non sapeva se il mio arresto facesse parte di una strategia coordinata. Quando Alex si è presentato per accompagnare le giocatrici ai controlli di sicurezza, non sapevano che fosse il mio avvocato. Non sapevano nemmeno che ero in prigione, perché senza telefono non potevo rispondere alle loro chiamate perse. La vera storia doveva rimanere riservata. Ora, sia loro sia tutto il mondo sapevano tutto.

Nel frattempo, Lindz stava ancora lavorando con i suoi contatti, cercando di riportarmi a casa con tutta la forza che aveva. Aveva incontrato diverse persone legate allo sport russo. Quando aveva chiesto il loro aiuto, o non avevano la possibilità di darglielo o sembrava che non volessero rischiare di essere coinvolti. Il massimo che fecero fu di metterla in contatto con altre persone che forse potevano darle qualche informazione. Non fecero altro, ma mi mandarono in prigione prodotti per la toeletta e sono grata che alcuni dei suoi contatti me li abbiano consegnati. Con la chiusura dei servizi di FedEx, Lindz e Relle non potevano inviarmi pacchi ma solo lettere che, francamente, era quello che desideravo di più.

Alex mi portò delle pile di lettere. In cima ce n'era una del figlio della mia agente, Drew, che aveva cinque anni. Aveva disegnato un dinosauro che tirava a canestro, con cinque parole accanto al suo disegno: «Tieni duro, non dire niente». Mi ha fatto sorridere. L'ho infilato nella tasca anteriore della mia cartella delle lettere come promemoria quotidiano che mi dava uno sprazzo di allegria. Ho anche ricevuto la stampa di un'e-mail del mio amore, datata 8 marzo. Per una volta ho ricevuto un messaggio quasi in tempo reale. Relle aveva inviato la lettera quel giorno, poco prima della visita di Alex.

«Ehi, tesoro» scriveva «Oh, mio Dio! Ho così tante cose da raccontarti sulle mie ultime quarantotto ore. Sono cambiate molte cose in due giorni. Ho pianto molto, e intendo proprio come una disperata, sai quanto lo detesti. Mi sento come se il diavolo si fosse seduto sulle mie spalle e mi chiedesse: "Che mi dici di bello, sorellina?". Se puoi, per favore, rispondimi subito, durante la visita in cui ti daranno questa lettera, dimmi qualcosa che mi aiuti a livello psicologico. Ho bisogno di un bel discorso di BG adesso, subito. Non sto bene, a essere sincera. Questa vicenda ha fatto il giro dei media americani sabato 5 marzo, intorno alle 8 di sera. Quella mattina ero fuori per un appuntamento, e quando sono tornata a casa la notizia era già ovunque. Il mio telefono ha squillato ininterrottamente e tutti quelli che ci conoscevano hanno cercato di contattarmi. Inoltre, la mia casella di posta elettronica era piena di agenzie di stampa che chiedevano interviste a me e a tutti gli altri membri della famiglia. Ecco, mi sento molto vulnerabile adesso» continuava Relle «odio essere sotto gli occhi di tutti proprio mentre mi sento nel periodo più fragile di tutta la vita, perché sono così debole senza di te, amore mio. Sei davvero la mia migliore amica, il battito del mio cuore. Chi si aspettava che una ragazza come me potesse piangere in questo modo! Ma so che non mi spezzo. So che Dio mi ama e che fa di tutto per il mio bene. La buona notizia è che sono ancora in piedi e che riesco a fare ciò che è necessario per gli studi. Quindi non chiederti se ce la farò, questo non è neppure da mettere in dubbio. Per come concepisco il mio rapporto con Dio e per come è la mia fede in Lui, anche questo passerà. E non mettere mai in dubbio che sei una BRAVA persona! Non sei in una situazione senza via di scampo. Il tuo carattere è determinato dal tuo cuore e tu hai una delle anime più autentiche di questa terra. Ti sento, e amo ciò che sei.»

Tutto il mio corpo era scosso dal dolore quando ho letto la lettera di Relle, non perché avesse detto qualcosa di sbagliato. Mi ha fatto male perché sapevo che le mie azioni l'avevano *ferita*, avevano fatto esplodere la bolla in cui trovava la sua pace. Aveva affrontato questa crisi per lo più da sola. Preferiva così, veramente. Per quanto io e Relle ci amiamo, non siamo affatto simili. Se immaginiamo il nostro rapporto come un equipaggio di due persone, io sono ciò che della nave è più visibile; lei, invece, è quella che governa sottocoperta, che resta sullo sfondo. Relle è molto riservata, per cui questa situazione era il suo incubo peggiore. Ha messo insieme un piccolo ma potente gruppo di amici fidati, ma anche con loro quella forte è lei. Io sono la sua ancora, l'unica persona con la quale può ammettere di sentirsi incasinata. Ed ero a migliaia di chilometri di distanza, in prigione, incapace di tenere tra le braccia la mia bambina durante la tempesta di merda che avevo creato. «Tesoro, il tuo superpotere è non preoccuparti del chiasso» mi diceva spesso. Il suo superpotere era scappare nel guardaroba, ed è esattamente quello che ha fatto quando è arrivata la notizia. La mia bambina si è infilata nel nostro guardaroba, si è inginocchiata e ha chiesto a Dio di intervenire. Putin avrebbe potuto fare di me la sua pedina, ma aveva trovato sulla sua strada una guerriera della preghiera.

C'era anche una lettera di mio fratello. Quando l'ho letta mi sono venute le lacrime agli occhi. «So che non l'hai fatto apposta» mi scriveva Carlo. «Tutti facciamo delle cazzate. Voglio solo che tu torni a casa, piccola mia. Sii forte, tieni la testa alta e stai all'erta. Ti voglio bene e mi manchi, e sarò qui non appena tornerai.»

Avevo combinato un guaio. Ero stata incarcerata. E alla contea mi ero quasi arresa. Eppure, i miei leali compagni di viaggio erano ancora con me, e mi sostenevano con il loro amore.

* * *

Alla prigione non importa se stai passando una settimana difficile. Le umiliazioni non finiscono mai. Ne ho subita una appena dopo la diffusione della notizia, durante la doccia della domenica mattina.

Quel giorno era di turno la Nera, la lottatrice di MMA. Alcune ragazze pensavano che fosse una dura, ma io non avevo mai avuto problemi con lei. Si vedeva però che era curiosa del mio corpo, mi squadrava sempre, con lo sguardo che scorreva su e giù. Accompagnò me e le mie compagne di cella nella stanza delle docce e aspettò alla porta. «Accidenti, Alena, non ho la camicia» dissi dopo aver fatto la doccia. L'avevo dimenticata nella stanza. «Mettiti un asciugamano intorno al collo» mi suggerì. Così lo stesi in modo che mi coprisse il petto.

Tornati nella stanza delle docce, la guardia ha fatto

la sua solita perquisizione. Lì non ci sono telecamere, quindi ha dovuto accertarsi che non avessimo addosso niente di vietato. Ci siamo messe faccia al muro, lei ci ha perquisito e poi ci siamo girate per la perquisizione della borsa. Dopo aver frugato nella mia borsa con lo sfollagente, l'ha usato per spostare il mio asciugamano. Ha guardato la parte sinistra del mio petto, poi quella destra, prima di dire qualcosa in russo ad Alena. La mia compagna di cella la fissava.

Arrivate in cella ho chiesto ad Alena: «Accidenti, mi stava guardando in modo strano. Cosa ti ha detto?».

Alena sembrava riluttante a dirmelo. «Non hanno mai visto un corpo come il tuo» disse. «Sono solo curiosi.» *Benvenuti nel mio inferno.*

«E dài, cos'ha detto?» continuavo a tormentare Alena. «Dài, dimmelo e basta.»

Alla fine, ha ceduto poco prima che si spegnessero le luci, probabilmente per farmi tacere. «Mi ha chiesto se ti sei operata» ha detto.

«Che operazione?»

«Tipo quella per passare da uomo a donna» ha detto. «Ecco perché ti ha spostato l'asciugamano, per vedere se avevi delle cicatrici.»

Alena era arrabbiata. Io ero ferita ma non scioccata. Sono abituata a queste cose: le domande sulla mia identità sono la storia di tutta la mia vita. A volte sono in quello stato d'animo del genere *Pensino quello che gli pare, non mi dà fastidio*. Ma poi, più tardi, mi fa arrabbiare. Le persone cercano di infilarsi nella vita degli altri. Poi si girano e dicono: «Oh, mi stai disturbando» oppure sostengono che siamo strani. Io penso che *sia tu che ti stai facendo gli affari miei. Io mi sto solo facendo i fatti miei.* Se andassi sul mio profilo Instagram in questo momento, probabilmente ci sarebbero una quindicina di persone che stanno dicendo qualcosa sul fatto che sono un uomo. State lontani dalla mia biancheria intima, dalle mie tette e dalla mia vita privata.

Più tardi, quella sera, un'altra guardia fece una domanda ancora più sconcertante. «Ha un cazzo?» chiese ad Alena «Tutte le guardie se lo chiedono.» Alena sgranò gli occhi e se ne andò, rifiutandosi di nuovo di dirmi cosa le era stato chiesto. Ma su questa faccenda mi disse cosa le avevano chiesto solo diversi giorni dopo, e anche allora dovetti spremerglielo fuori. Sapeva che sarebbe stato troppo scioccante proprio nella settimana in cui la mia vita stava prendendo una pessima piega. Quella notizia mi ha quasi spezzato ma, da vera amica, ha protetto il mio equilibrio interiore.

8
Giustizia rinviata

I miei trenta giorni erano scaduti. Andai in tribunale il 16 marzo, quasi due settimane dopo che fu reso pubblico il mio arresto. Finalmente avrei saputo se il mio caso sarebbe stato archiviato o se mi sarebbero stati concessi gli arresti domiciliari in Russia. La speranza è una cosa bizzarra. Può essere confortante. Può anche essere un inganno mentale. La mia speranza, in questo caso, è stata entrambe le cose.

A quel punto avevo due avvocati. All'inizio di marzo, poco dopo che la notizia della mia detenzione era nei titoli delle news, Maria Blagovolina ha iniziato a co-rappresentarmi. Ci eravamo messi in contatto con lei tramite Mike Pickles, il responsabile legale della mia agenzia. Mike aveva previsto che il mio caso avrebbe ricevuto molta attenzione a livello internazionale e voleva un avvocato donna con una vasta esperienza in campo penale che potesse anche essere un portavoce per i media. Mi piaceva l'idea di avere Maria nell'équipe di difesa, nel caso in cui fossero emerse questioni che mi sarei sentita più a mio agio a discutere con una donna. L'ho incontrata per la prima volta in prigione. Mi è bastato guardarla accanto ad Alex per capire subito che erano la notte e il giorno: lui con i suoi capelli da hippy, le ciocche tirate indietro in una coda di cavallo; lei con le sue perle, i tacchi e un taglio a caschetto perfettamente curato. In pratica, Alex è me se fossi un avvocato e Maria è Relle. Le loro differenze di stile li hanno resi una coppia perfetta. Così come la cosa più importante che avevano in comune: l'immensa abilità, esperienza e passione nel sostenere la mia liberazione.

All'udienza, Alex era lì con me, mentre Maria trascorreva lunghe ore a decidere quali fossero le strategie legali migliori. Ricordo di aver sperato che mi venissero concessi almeno gli arresti domiciliari. Naturalmente si è ottimisti quando si pensa che sia permesso agli avvocati di fare il proprio lavoro. In un Paese con un tasso di condanne del 99,9 per cento, un avvocato difensore è più che altro un amico, un consulente e una guida legale, che era quello che Alex era diventato per me. Lui e Maria avevano le mani completamente legate in un sistema truccato in cui il banco vince sempre. Che senso aveva discutere una serie di fatti in un caso il cui esito era già stato deciso? In Russia, per un avvocato difensore, vincere significa qualcosa di diverso rispetto all'America. In parte, questa udienza consisteva nel seguire le regole e fingere di essere in un tribunale equo, mi dissero i miei avvocati. La cosa peggiore che potevamo fare era prenderci gioco di Putin. In quel caso avrei potuto non tornare mai più a casa. Una parte di me sperava di essere l'eccezione, quello 0,1 per cento di persone che se la cavava. Una parte più grande di me sapeva di non avere alcuna possibilità. Comunque, ero nervosa con una posta in gioco così alta.

Sono stata riportata dall'IK-1 alla contea un giorno prima di andare in tribunale, che era vicino alla prigione. Era così che funzionava con tutti i detenuti i cui casi erano sotto la giurisdizione di Mosca: si arrivava la sera prima e si restava fino al giorno dopo. Due guardie mi hanno caricato su un camioncino squadrato, lo stesso tipo in cui mi ero schiacciata nel viaggio precedente, solo che era più piccolo. Questo aveva quattro gabbie minuscole. Una guardia mi ha spinto in una gabbia, ma ero troppo grande perché la porta si chiudesse. Così mi ha incatenato il polso al soffitto e ha lasciato la gabbia aperta. La porta ha oscillato avanti e indietro per tutto il viaggio, con il braccio destro teso sopra la testa e il cuore in gola.

Il viaggio verso la contea è stato lungo e su una strada piena di buche. Non c'erano finestrini nella mia gabbia, ma potevo sentire l'autista che frenava ogni due minuti. A Mosca c'è notoriamente un traffico terribile, reso ancora peggiore dai continui cantieri. Il viaggio può essere più breve se l'autista aziona la sirena, che dovrebbe essere usata solo in caso di emergenza. Per quanto riguarda le mie ginocchia, stavano chiamando il pronto soccorso. Non è una bugia: ci sono volute tre ore per arrivare alla contea. A quel punto il mio braccio era intorpidito e le ginocchia e la schiena erano in fiamme. Quando la guardia mi ha tolto le manette, il braccio mi cadde come morto sul fianco.

Ho fatto del mio meglio per pulire la cella e poi sono andata subito a letto. In prigione non si può sonnecchiare, ma alla contea si può dormire tutto il giorno. Alle guardie non importava. Anzi, a loro piaceva che i detenuti fossero ko perché significava meno lavoro per loro. Potevano starsene seduti sulle loro chiappe arrugginite alla postazione di guardia e osservarti mentre ti giravi e rigiravi davanti alla telecamera, senza doversi preoccupare che li potessi disturbare. Le due volte che mi sono dovuta alzare furono al controllo del mattino e a quello della notte. Anche quando mi hanno portato il cibo, non mi hanno svegliato. Ho perso l'occasione di mangiare, il che era francamente un regalo. Più cibo per gli altri detenuti, meno indigestione per me.

Alle 9 in punto del mattino successivo, le guardie hanno caricato molti di noi sul camioncino squadrato. La mia udienza non era prima di mezzogiorno, ma le guardie hanno portato tutti i detenuti in una volta sola. Troppo pigri per andare avanti e indietro tutto il giorno, anche se il tribunale era vicino. Il viaggio verso la contea è l'unico tipo di democrazia che si possa trovare in Russia. Non importa se sei un novellino che ha dimenticato delle penne da svapo (io) o un importante trafficante di droga (la donna accanto a me nel camion). Tutti vengono messi insieme, delinquenti della prima ora e criminali incalliti, trasportati come animali da macello. In quel camion gli uomini erano in una gabbia, le donne nell'altra, tre o quattro per gabbia. Riconobbi la ragazza accanto a me dell'IK-1. Non era alta come me, ma comunque alta, con una corporatura atletica e i capelli a spazzola, probabilmente trentenne. Era stata accusata di aver venduto grandi quantità di droghe sintetiche e sarebbe stata condannata quel giorno. Avevo sentito quella voce nel cortile.

Le guardie ci hanno tolto le manette e ci hanno condotto all'interno, uno dopo l'altro, fino al Sotterraneo. Alena mi aveva avvertito del Sotterraneo, uno spazio lurido sotto il palazzo di giustizia con zero ventilazione. In pratica era una sala d'attesa carceraria, dove i detenuti si ritrovavano prima e dopo le udienze. Mi sono guardata intorno in quello spazio buio, illuminato da una sola lampadina fioca e tremolante. Per terra c'erano mozziconi di sigarette, carte di caramelle, rifiuti e stecche di ghiaccioli. Le pareti erano ricoperte di fuliggine nera e di piscio, o di qualsiasi altro fluido corporeo di cui sentivo l'odore.

«Tutti scrivono i loro reati sui muri» mi aveva detto Alena. Ho notato decine di segni, tutti con la cenere delle sigarette, spalmati di nero. Ogni cognome era seguito da un'imputazione. Se il mio nome fosse stato lì sopra, sarei stata Griner, 229.1, comma 2. Su un lato della stanza c'erano tre celle, due per gli uomini e una per le donne. Dall'altra parte, alcune guardie erano sedute a giocare a carte, a ridere, a fumare, a bere vodka. In tribunale, si presume, non è permesso fumare. E buona fortuna se vuoi imporre questa regola in Russia. Il fumo era così denso là sotto che persino io, la regina delle Camel, ho tossito quando sono entrata. La guardia ha chiuso me e le altre donne nella nostra cella; in attesa, nel mio caso per ore. L'udienza era prevista per le 13. Giuro di aver fumato un pacchetto intero. *Tanto, qui dentro non si respira comunque*, ho pensato. *Tanto valeva accenderne una dietro l'altra.*

Inoltre, il mio stress era ai massimi livelli. C'era molto in gioco: sarei rimasta in carcere o sarei tornata a casa? E se fossi rimasta in stato di arresto, il giudice avrebbe fatto la cosa più umana e mi avrebbe lasciato scontare la pena nell'appartamento che la mia squadra aveva affittato per me, letteralmente a pochi passi dal tribunale? Da un lato, questo poteva essere il giorno in cui sarei tornata libera, imbarcandomi su un volo per Phoenix. Ma poteva anche essere l'inizio della fine, se il giudice avesse deciso di rinchiudermi a tempo indeterminato. Questo è ciò che è successo ad Alena e a molti altri dell'IK-1. Alena era entrata e uscita dalle udienze per più di un anno, senza che ci fosse una data per il processo. I giudici continuavano a rinviare il suo caso, allungando la procedura con deboli pretesti per giustificare l'impossibilità di fissare una data per il processo. Temevo che la stessa cosa potesse succedere a me.

Verso le 10 del mattino, la ragazza che era incatenata vicino a me durante il viaggio in furgone è stata accompagnata alla sua udienza. È tornata un'ora dopo, isterica, piangendo e lamentandosi. In quel momento non sapevo perché. Sapevo solo che non avevo mai visto nessuno così sconvolto. Più tardi, in carcere, Alena mi disse che le avevano dato vent'anni. *Wow.* Non conoscevo quella ragazza, ma mi dispiacque per lei; immaginai come doveva sentirsi a sapere che i suoi prossimi vent'anni erano andati in fumo. Per tutta la mattina, nel Sotterraneo, i prigionieri tornavano piangendo disperati, con lo sguardo che esprimeva una vita prosciugata. La spazzatura e i mozziconi di sigaretta sul pavimento avevano un senso ora, segni di detenuti che affrontavano il dolore a viso aperto.

Verso le 12.30, una guardia mi ha condotto su per delle scale traballanti e in un corridoio. In fondo c'era Alex. Ha camminato al mio fianco quando siamo entrati in aula, prima che la guardia mi chiudesse nella gabbia. L'udienza era finita quasi prima di iniziare. Alex ha detto qualche parola, poi l'investigatrice si è alzata in piedi e si è rivolta alla corte... immagino per le mie accuse. Un interprete nominato dal tribunale era seduto vicino alla mia gabbia e riportava ciò che veniva detto, ma il suo inglese era così scarso che non capivo una parola. La giudice, una fredda signora russa che non mi ha mai guardato, ha dato un'occhiata al suo taccuino. Un attimo dopo ha parlato brevemente. Poi ha chiuso il taccuino e... *bam!* ha dato un colpo con il martelletto. *Ha almeno ascoltato il mio caso?* Sì e no. Alex ha ripetuto le argomentazioni che aveva esposto nella prima udienza: dovevo essere liberata immediatamente, data la mia fedina penale immacolata e la natura di basso livello del reato. E se il giudice era deciso a tenermi in carcere, gli arresti domiciliari erano giustificati.

No a tutte e due le richieste, sempre con le stesse stupide motivazioni. In primo luogo, il giudice ha insistito sul fatto che ero a rischio di fuga. In secondo luogo, si è schierata con l'investigatrice, che sosteneva di aver bisogno di più tempo per completare la sua «indagine». *Stiamo scherzando?* L'investigatrice aveva già il filmato del mio passaggio ai controlli di sicurezza. Aveva i vaporizzatori che mi avevano sequestrato. Aveva il mio nome su un documento che mi avevano fatto firmare, dopo che una cassiera russa del duty-free – o meglio, una «interprete» – non era stata in grado di dirmi che cosa avevo firmato. Allora perché aveva bisogno di più tempo per «indagare»? Non ne aveva bisogno. Il motivo principale per cui la giudice ha respinto le richieste è stato quello che non ha potuto dichiarare: le era stato ordinato di tenermi in carcere, probabilmente come strumento di pressione che Putin poteva utilizzare. Alex e Maria hanno detto che era ovvio, perché in casi simili spesso erano stati concessi almeno gli arresti domiciliari. E dalla rapidità con cui la giudice chiuse il taccuino capii che il verdetto era stato già deciso. La mia detenzione sarebbe stata ulteriormente prolungata, aveva deciso la giudice. Questa volta non di un mese, ma di due. Quando Alex mi diede quella notizia, la mia vita diventò buia come il Sotterraneo.

Maria mandò un messaggio a Relle prima che la notizia finisse in prima pagina. Era profondamente frustrata e amareggiata. «Non sei una minaccia per la società» mi aveva scritto Relle nella lettera successiva. «Non sei nemmeno a rischio di fuga. Innanzitutto, le nostre capacità non arrivano a tanto. E, secondo, con due metri e sei di altezza, come fai a scappare? Se tu fossi agli arresti domiciliari, potremmo almeno vederci su FaceTime.» Ma il giudice non si è preso la briga di rispondere a queste argomentazioni. Ha semplicemente battuto il martelletto e mi ha rispedito in prigione.

Alex promise di fare appello alla prossima udienza, quando il prolungamento della carcerazione preventiva sarebbe stata riesaminata. Anche in Russia non si può trattenere un prigioniero a tempo indeterminato: il giudice deve decidere se ci sono i validi motivi per tenerti dentro.

Per quanto io e Relle considerassimo favorevolmente il sostegno e la competenza di Alex e Maria, questa sentenza ci tolse ogni speranza. Stavano facendo tutto ciò che un sistema corrotto gli permetteva di fare. Lo stesso vale per la giudice, ci hanno spiegato gli avvocati. Questa sentenza è arrivata da più in alto. Se quella giudice avesse osato mettersi contro Putin, avrebbe potuto perdere il lavoro o addirittura la vita. Lo capivo. Ma non per questo ero meno incazzata.

Avevamo trattenuto il fiato in attesa di quell'udienza, solo per poter incassare un vaffanculo. Quando lasciai il Sotterraneo, spensi una sigaretta e scrissi sul muro data e imputazione. Più tardi, mentre la guardia mi rinchiudeva nel furgone squadrato, mi dissi *ok se questo è il gioco, giochiamo.*

* * *

Tornata in prigione arrivò la «Domenica delle forbici», quando le guardie lasciavano in giro tagliacapelli, lime, tagliaunghie e pinzette, oltre ad aghi e filo per riparare i buchi. «Mi tagli i capelli?» chiese Alena dopo la doccia. «Certo» risposi. «Non so come, dimmi cosa devo fare.» Mentre le tagliavo con cura le punte, le parlai della sentenza. Lei fissava il vuoto come fanno i detenuti, con uno sguardo che sembrava chiedesse: «Sarò la prossima?». Una guardia ci interruppe mentre parlavamo e si rivolse ad Alena in russo.

«Il tuo letto» tradusse lei. «Oggi te ne fanno avere uno più lungo.»

Fino a quel momento ero stata nel letto superiore, con Olya sotto e Alena in quello singolo. Per me non aveva senso. Se le mie gambe dovevano penzolare dal bordo, almeno dovevano essere appoggiate vicino al pavimento, non a mezz'aria. Ma quando ci assegnarono la cella per la prima volta, Alena mi indirizzò verso il letto superiore. In seguito, mi spiegò il perché. Le guardie l'avevano presa da parte e avevano insistito perché lei prendesse il letto singolo e io quello in alto. Volevano tenermi d'occhio, la nuova pedina e il nuovo premio di Putin. Il letto superiore era proprio sotto la telecamera, dove le guardie potevano monitorare anche il più piccolo movimento. C'era anche un microfono su quella telecamera, così potevano *sia* vedermi *sia* ascoltarmi. Ma avevo detto ad Alex che avevo i crampi alle gambe e lui aveva passato la mia lamentela al direttore. Mi ero infortunata gravemente nel 2017. Durante una partita contro il Minnesota Lynx, sono saltata mentre difendevo Sylvia Fowles e sono atterrata goffamente, come un Bambi sui pattini. È stato uno dei dolori più forti che abbia mai provato. Mi ruppi la caviglia destra e la tibia della sinistra; passai un mese sulla sedia a rotelle. Non mi sono mai ripresa del tutto e le mie gambe hanno continuato a bruciare. Immagino che il reclamo di Alex al direttore sia stato accolto. Oppure le guardie volevano mettermi a tacere. Alena ora sarebbe stata sopra, mentre io avrei avuto un letto singolo più lungo, disse la guardia.

Ma parliamo dei letti: immaginatevi il tipo di letto

che vedreste in un orfanotrofio degli anni Venti, in uno di quei vecchi film in bianco e nero. Al posto della rete c'erano delle solide sbarre di metallo. Il mio materasso si infilava di continuo tra quelle sbarre, proprio come succedeva alla contea. Mi svegliavo nel cuore della notte e rimettevo a posto il materasso, ma non funzionava mai. Perché due minuti dopo la mia spalla si sarebbe di nuovo infilata tra le sbarre, e la schiena avrebbe protestato per tutta la notte. Così le guardie trascinarono il letto singolo nel corridoio, mentre Alena stese il suo materasso sulla cuccetta superiore dove dormivo io. Due ore dopo le guardie tornarono con l'inferno 2.0. Avevano segato la pediera, l'avevano abbattuta di novanta gradi per allungare la parte finale e avevano fissato il tutto saldando una staffa a elle. Avevano poi riverniciato il letto con un tipo di vernice spray grigia, che in America è illegale e assolutamente pericolosa.

La vernice era ancora fresca quando la guardia buttò il materasso sulle sbarre, macchiandolo in modo irreversibile. Il mio letto era sicuramente più lungo. Ma ora nessuno poteva respirare, per via di strati e strati di vernice. L'odore era così forte che quasi svenivo. Fece lo stesso effetto anche a Olya e Alena. Per la prima volta da quando ero stata arrestata, sono riuscita a distendermi completamente. La cosa assurda è che non sono riuscita a dormire perché ho passato la notte a tossire.

Qualche giorno dopo, Alex venne a fare la visita di routine. Anche dopo che Maria si era unita all'équipe legale, abbiamo deciso che Alex avrebbe continuato a fare la maggior parte delle visite mentre lei si occupava di altri aspetti del caso. Anche lei è venuta a trovarmi, ma non lo faceva così spesso. Questo perché l'UMMC Ekat pagava i servizi di Alex, mentre io sostenevo le spese di Maria. E comunque, Alex era diventato mio amico. Quel divisorio di plastica non poteva impedirci di legare. Non c'era un limite alla durata della visita. Ci sedevamo per ore a parlare di rock and roll, di Keith Richards, dei Rolling Stones, dei suoi preferiti. Faceva parte di una band chiamata Poppa's Pipe, suonava la chitarra. E Alex *conosceva* la musica, dal rock al blues del profondo Sud. Io ho gusti super eclettici. Mi piace tutto, e intendo proprio tutto: rock, heavy metal, dance elettronica, house, hip-hop, country. Se Maria avesse partecipato a tutte le visite, probabilmente l'avremmo annoiata a morte con tutte le ore che abbiamo trascorso a parlare di musica.

Questa volta Alex arrivò con un altro mucchio di posta. C'erano due tipi di lettere: quelle che avrei conservato, come le lettere di Relle, della famiglia e di altri amici e sostenitori, per lo più giocatrici della WNBA; il secondo tipo era quelle che chiamavamo «lettere da rendere», ovvero lui me le portava, io le leggevo e poi gliele restituivo. Tutte le lettere di Lindz facevano parte di questa categoria: mi inviava articoli e mi aggiornava regolarmente su ciò che succedeva dietro le quinte, ma lasciava comunque molte cose non scritte. Doveva farlo. Si assicurava che Alex o Maria mi aggiornassero con discrezione o dessero risalto ai punti salienti, ma non poteva correre il rischio che Putin e i suoi amici fossero a conoscenza di tutti i nostri affari. Dovevamo rimanere sul vago. Entrambi i tipi di lettere venivano controllati prima che le ricevessi. Con «controllo» intendo dire che Alex consegnava le lettere alla guardia di turno (che non parlava inglese) e questa le scansionava (parlo di cinque, dieci secondi) prima di riconsegnarle ad Alex. Il mio avvocato allungava poi un braccio attorno al plexiglass e me le consegnava. Le guardie non sapevano cosa contenessero quelle lettere. Comunque, tutta la corrispondenza restava sul generico.

Durante quella visita, Alex mi riferì anche le ultime news del Dipartimento di Stato degli Stati Uniti. Il 18 marzo avevano rilasciato un comunicato in cui chiedevano di potermi vedere. «Siamo molto impegnati in questo caso e in frequente contatto con l'équipe legale di Brittney Griner» si leggeva nel comunicato. «Insistiamo affinché il governo russo fornisca l'accesso consolare a tutti i cittadini statunitensi detenuti in Russia, compresi quelli in detenzione preventiva, come Brittney Griner.» *Cittadini statunitensi detenuti in Russia.* L'elenco comprendeva Paul Whelan, che stava scontando una condanna a sedici anni per accuse (false) di spionaggio. E poi c'era Trevor Reed, il veterano dei marines condannato a nove anni con l'accusa di aver aggredito un poliziotto a Mosca. Avevo visto abbastanza in Russia da sollevare un sopracciglio di fronte a qualsiasi accusa, perché il Cremlino non aveva bisogno di un motivo valido per arrestare gli americani. Tutto ciò di cui avevano bisogno era la loro parola contro la nostra.

Quando ho saputo che il Bureau of Consular Affairs del Dipartimento di Stato stava spingendo per inviare un funzionario a verificare la mia situazione, ho sperato che gli venisse concesso il permesso. Ma i Consular Affairs non erano il mio biglietto di ritorno. I suoi dirigenti non potevano negoziare per la mia libertà, mi disse Lindz. Non era il loro ruolo. Perché fosse possibile un accordo, avrei dovuto essere definita «ingiustamente detenuta», in base ai criteri del Levinson Hostage-Recovery and Hostage-Taking Accountability Act, che era stato firmato nel 2020. Dichiarando un americano «ingiustamente detenuto», il governo degli Stati Uniti affermava che uno dei suoi cittadini era illegalmente detenuto come prigioniero politico, un modo per consentire agli Stati Uniti di intromettersi nella politica di un Paese straniero. Il Segretario di Stato – nel 2022 era Antony Blinken – fu determinato nello scegliere questa strada. Infatti, solo con questa motivazione il mio caso poteva essere affidato all'Ufficio dell'Inviato speciale presidenziale per i casi degli ostaggi (SPEHA, Office of the Special Presidential Envoy for Hostage Affairs), il cui capo, Roger Caroline, può negoziare il rilascio di cittadini statunitensi. Per quanto il Bureau fornisca servizi preziosi agli americani in patria e all'estero, non poteva fare pressione sul Cremlino affinché mi rimandasse a casa. Tuttavia, non vedevo l'ora di incontrare un americano. Gli ultimi che avevo visto erano stati sul mio volo per l'inferno.

Alex mi lasciò delle lettere della mia famiglia. Le conservai per leggerle sul mio nuovo letto. Più tardi quella sera, dopo aver spento le luci, tirai fuori la pila di fogli. Ero nervosa quando iniziai la prima, quella di Pier. Un paio di settimane prima, le avevo finalmente dato il permesso di raccontare a mamma tutta la storia. «Ehi sorella» mi scrisse. «Dio mio, mi manca il tuo corpo da spilungona, e spero che tutti stiano trattando bene la mia sorellina. Sia la mamma che E.J. ora sanno tutto e stanno bene. Mamma ha ovviamente pianto un po', ma sta bene. La tengo d'occhio e mi prendo cura di lei. Quando l'ho detto a E.J., gli sono venuti gli occhi lucidi, ma si è trattenuto. Ha fatto molte domande. Mi sembrava di parlare con un adulto. Ma sta davvero cercando di essere forte, ed è la forza che gli viene da te, dalla sua adorata Nene.»

Mamma lo sa. In seguito avrei scoperto da Relle che il nostro tempismo era stato perfetto: quando ho dato a Pier il via libera per dirlo alla mamma, glielo ha detto il giorno stesso. La mattina dopo, senza bugie, è arrivata la notizia e la mia cara mamma l'ha gestita bene. Avevo sottovalutato la sua forza e avrei dovuto conoscerla meglio. Perché, come milioni di donne nere prima di lei, non si è tirata indietro di fronte alle cose peggiori. «Stai tranquilla, sorella, mi sto prendendo cura della mamma» continuava Pier. «L'ho portata con me da Starbucks e, indovina un po', l'ho fatta appassionare alla mia bevanda preferita, il cioccolato bianco alla menta con mocha. Anche E.J. è bravo. L'altro giorno si è vestito per andare a scuola ed è uscito dalla sua stanza con la tua divisa del Team USA, sembrava proprio la sua Nene, alta e magra. Mi manchi tanto, sorella. Non vedo l'ora che tu torni a casa. Sarà un abbraccio che non finisce mai.»

Ho cercato di non svegliare le altre ragazze con i miei singhiozzi, ma sono sicura che mi hanno sentita visto che si sono un po' agitate nel sonno. Ho letto la lettera di mia madre per ultima, soprattutto perché sentivo che avrebbe potuto distruggermi. Erano poche righe, datate 7 marzo, due giorni dopo che il mio arresto era diventato una notizia. «Ehi Coccinella» scriveva. «Ti amo. Sto facendo una coperta all'uncinetto, questa volta viola. Presto metterò insieme un puzzle. Prego ogni giorno che torni presto a casa e prepariamo la torta Honey Bun e i biscotti. Mi manchi.» La firmò semplicemente «Con amore, mamma».

Il biglietto di mia madre non faceva cenno al mio caso e nemmeno al fatto che ero in prigione. Questo mi diceva molte cose. Innanzitutto, la mamma stava ancora digerendo la notizia, e aveva un bel groppo in gola. Sapevo che avrebbe detto di più quando avrebbe potuto. Inoltre, come Relle e Lindz, mi stava proteggendo, non voleva scrivere nulla che potesse mettere a rischio la mia libertà. L'ultimo messaggio arrivò forte e chiaro, nonostante la sua brevità. La mamma sentiva la mia mancanza. Mamma ha pianto per me. Mamma mi ha perdonato.

9
Sana di mente

«Quando ha deciso di essere gay?» chiese la psicologa, una bionda segaligna.

La fissai e poi guardai l'interprete che mi aveva appena tradotto la domanda.

«Non l'ho mai *deciso*» sbottai. «È come sono fatta.»

Aggrottò la fronte e afferrò la cartellina. «Quanto spesso ha pensieri malati?»

«Non ho pensieri malati» ho risposto. «Non c'è nessuna *frequenza.*»

È così che, alla fine di marzo, ebbe inizio l'indagine sul mio caso, per stabilire se l'aver lasciato quelle penne nel bagaglio fosse espressione di una malattia mentale o se avessi consapevolmente infranto la legge.

Il procedimento prevedeva anche che questa biondina mi osservasse il buco del culo con una torcia elettrica. Cosa c'entrava il mio essere gay con l'essere sana di mente? Per lei c'entrava, e molto.

Io e la Biondina eravamo seduti una di fronte all'altra in una piccola stanza del reparto psichiatrico di un ospedale. Ero stata condotta lì quella mattina. L'interprete era alla mia destra. Alex e Maria erano seduti vicino. Gli avvocati di solito non sono ammessi a questi interrogatori, mi disse Alex, ma lui e Maria avevano insistito perché nel mio caso fossero presenti. I traduttori nominati dall'investigatore che mi erano stati assegnati fino a quel momento avevano un inglese talmente scadente che spesso non riuscivo a capire quello che dicevano. La posta in gioco era troppo alta perché le mie risposte fossero fraintese nella traduzione. I miei avvocati ebbero la meglio su questa faccenda.

La dottoressa si sedette, con un'espressione arrogante, e accavallò le gambe. Dalle sue vibrazioni era evidente che disprezzava gli americani. Guardò la cartellina per la domanda successiva, quella di una lunga lista.

«Quando è iniziato il suo problema con la droga?» mi chiese.

Guardai Alex. Lui mi fece cenno di continuare.

Sospirai. «Non ho problemi di droga» dissi.

«Allora perché faceva uso di cannabis?» mi chiese.

«Perché mi aiuta a sopportare il dolore» ho detto. Sebbene la cannabis fosse illegale in Russia, le dissi che gli Stati Uniti e molti Paesi europei – tra cui Spagna, Italia, Francia e Germania – riconoscevano la marijuana medica come un farmaco sicuro, efficace e legale per alleviare il dolore. Mi ha guardato come se le avessi appena detto che la Terra era piatta.

Avevo capito due cose sui funzionari russi: primo, la cannabis per loro era il diavolo. Vedevano tutte le forme di cannabis – marijuana, hashish, olio di hashish, prodotti commestibili, spray – come se fossero crack non sintetico. E nella loro prospettiva, la cannabis era decisamente qualcosa di più criminale delle droghe sintetiche diffuse in quel Paese. Per questa psicologa e per altri, i vaporizzatori nella mia borsa non significavano semplicemente che ero di memoria labile. Significavano che ero una tossica fatta e finita. Per l'opinione pubblica, quei vaporizzatori mi rendevano colpevole prima ancora che venisse fissata la data del processo. E quando si aggiungeva il fatto che ero nera si poteva considerare che il caso era chiuso. Avevo visto questi pregiudizi, a partire dalle guardie all'aeroporto mentre mi torchiavano per la mia «dipendenza». Lo stesso accadde quando arrivai in quella clinica sulla strada per la contea. Prima ancora che riuscissi a fare pipì in un bicchiere, il dottore mi aveva chiesto: «Sei una tossicodipendente?».

La seconda cosa è che in Russia l'omosessualità è malvista. Questa disapprovazione spesso non viene esplicitata. È comprensibile. C'erano molte lesbiche nella mia squadra dell'Ekat e nell'EuroLeague. Per la maggior parte di noi, la questione era di pubblico dominio nei nostri Paesi d'origine, ma sapevamo che non dovevamo parlare del nostro orientamento sessuale quando giocavamo in Russia. Lo percepivamo. Anche gli oligarchi che finanziavano le nostre squadre lo sentivano. Si rendevano conto che molte di noi erano gay, ma non se ne parlava mai apertamente. Quando facevi il pieno in tribuna e guadagnavi milioni, tutti stavano zitti. Non mi sono mai sentita insicura per strada, ma questo perché non esibivo la mia omosessualità. Lo sapevo bene. In Russia non si vedevano mai persone gay che si abbracciavano e si baciavano. L'omosessualità era ufficialmente legale, ma ufficiosamente era disprezzata. E non esistevano leggi antidiscriminazione che proteggessero i gay. In prigione giravano voci su ragazze che si davano da fare nel bagno della doccia, la zona vietata alle telecamere. Non lo facevano di nascosto solo perché l'intimità era proibita. Sapevano anche che le loro relazioni avrebbero suscitato ripugnanza.

Non tutti i russi disprezzano i gay e i consumatori di cannabis. Come l'America, la Russia è una nazione di individui, ognuno con le proprie convinzioni. Ma mi sono imbattuta in questi atteggiamenti abbastanza spesso da capire che sono molto diffusi. Se fumavi cannabis, eri un drogato. E se ti piacevano le ragazze, eri una persona di scarsa moralità diretta sulla strada per l'inferno. Questa è stata la sensazione che ho avuto durante la mia valutazione psicologica.

Quando la dottoressa non è riuscita a farmi ammettere che ero una tossicodipendente, è passata a ciò che voleva davvero: una confessione.

«Quindi sei colpevole?» mi chiese. Spalancai gli occhi.

«Sei colpevole del tuo crimine?» ripeté ad alta voce e lentamente, come se il mio sguardo folle significasse che ero sorda. Alex, capendo che stavo per scoppiare, mi interruppe. «Basta così» disse. «La mia cliente non può parlare della sua colpevolezza o innocenza. Va oltre lo scopo di questa valutazione.» Non avevo nemmeno presentato una dichiarazione ufficiale in tribunale e questa donna mi stava manipolando per farmi incriminare da sola.

La dottoressa replicò con una minaccia. «Se non risponde» sbraitò «la farò internare nell'ospedale psichiatrico.» Continuò a mettermi pressione e io diedi risposte di una sola parola, quanto bastava per dimostrare che stavo collaborando. Quando la dottoressa si rese conto di essere arrivata al massimo che poteva ottenere, le guardie mi scortarono al solito furgoncino squadrato.

Il calvario non era finito. Tornati in carcere, Alex e Maria mi avvisarono che sarei dovuta tornare in ospedale per completare la valutazione. «Probabilmente cercheranno di interrogarti senza di noi» disse Alex. Non avrebbero dovuto interrogarmi senza la presenza dei miei avvocati, così come non avrebbero dovuto chiedermi se fossi colpevole. Ma eravamo in Russia, quindi tutte le scommesse erano aperte. Quando le guardie sarebbero venute a prendermi, Alex mi disse che avrei dovuto contattarlo. «Chiedi ad Alena di dire a suo padre che sei stata rapita, così che possa dirlo a me» mi disse. Ad Alena erano consentite una o due chiamate settimanali al padre, approvate da un giudice. Alex aveva chiesto che mi venisse concessa la possibilità di chiamare a casa, ma non avevamo ancora avuto risposta. E nemmeno ci speravo. Fortunatamente, Alena e suo padre accettarono di aiutarci.

«E cosa dovrei fare se tu e Maria non ci siete e la dottoressa mi chiede qualcosa a cui non posso rispondere?» chiesi ad Alex.

«Fai del tuo meglio per aggirare la domanda» fece una pausa. «Ma se senti di essere in pericolo» continuò «rispondi qualcosa. Non vogliamo che tu finisca nel reparto psichiatrico.»

Il reparto psichiatrico. Questa psicologa non poteva

dichiararmi pazza, disse Alex, ma poteva trovare delle ragioni per mandarmi in un ospedale psichiatrico russo a fare un esame più approfondito. In carcere ero una detenuta in attesa della data del processo. In un reparto psichiatrico, sarei stata una detenuta legata a un tavolo. Sarei anche stata imbottita di farmaci molto più potenti della cannabis e marchiata con tre etichette che alcuni russi ritenevano intercambiabili: tossicodipendente, pazza e gay.

* * *

Ho sempre saputo di essere gay. Molto prima di sentire la parola *lesbica*, sentivo di esserlo. Il primo segnale è arrivato all'asilo. Avevo un'enorme cotta per la mia insegnante, la signorina Wagner. La cotta in sé non mi rendeva gay. Molte persone, indipendentemente dall'orientamento sessuale, si innamorano dei loro insegnanti. Ma la mia cotta andava oltre l'ammirazione. Già all'età di cinque anni mi sentivo attratta dalla sua figura. Era di razza mista, forse nera e latina, con un bel fisico, bei fianchi e tutto il resto.

I segnali sono continuati man mano che crescevo e, ragazzi, crescevo in fretta, ovunque, tranne che nel reparto tette. Quando le altre ragazze si interessavano ai ragazzi, io non volevo un fidanzato. Volevo essere il fidanzato di una ragazza. A vederla oggi, mi rendo conto di essere stata un giovane stallone. Questo e la mia altezza mi rendevano un facile bersaglio per i bulli. Onestamente, anche quando rispondevo ai bulli, credevo che ci fosse davvero qualcosa che non andava in me. Pensavo: *Non vedo l'ora di arrivare alla pubertà. Finalmente mi crescerà il petto. Finalmente la mia voce non sarà più così profonda. Finalmente sarò normale.* Quel finalmente non è mai arrivato.

Con i miei genitori non parlai dell'attrazione che avevo per le ragazze. Avrei potuto parlarne con la mamma, che è sempre stata gentile, ma sarebbe stato davvero imbarazzante. Se mi fossi confidata con loro, avrebbero voluto andare a fondo alla cosa, ed era proprio quello che volevo evitare. Sentivo che papà, in particolare, non avrebbe approvato, perché quando aveva parlato di persone gay, lo aveva fatto in senso negativo. E mamma, pur essendo comprensiva, proviene da una famiglia cattolica molto religiosa. Anche se avesse capito, cosa avrebbero pensato i miei nonni, le zie e gli zii? Temevo che sarei stata emarginata.

Quando ero in quinta elementare, io e papà eravamo sul nostro vialetto con il suo amico poliziotto. Arrivò una donna, un'agente immobiliare che avevano conosciuto. Era vestita come un uomo: pantaloni larghi, maglietta larga, capelli a spazzola. Dopo che se ne andò, papà disse qualcosa sul fatto che fosse una lesbica. Si era anche accigliato. Non avevo mai sentito la parola lesbica. Eravamo nei primi anni Duemila, prima che Internet esplodesse. In quel momento ho pensato: *Be', sto cercando di essere come lei, quindi credo di essere una lesbica.* Papà disse anche che aveva una «partner». *In affari?* Ho pensato. Ho capito cosa intendeva quando successivamente ho visto quella donna baciare un'altra donna. Ho anche concluso che avevo ragione: non potevo parlare a Pap del mio essere gay.

D'altra parte, mi sembrava che lo sapesse già. Quando ero quasi alla fine della scuola media, papà iniziò a fare strane affermazioni. «Sei sempre con le ragazze» mi diceva. «Non so cosa stia succedendo, ma se scopro qualcosa, te la farò pagare cara.» Con «qualcosa» credo intendesse dire che sarebbe stato meglio che non scoprisse che ero lesbica, ma non usava mai questa parola. Tuttavia, lo capivo. Capii anche che papà stava solo riproponendo quello che sapeva, le credenze con le quali era cresciuto nella sua piccola chiesa battista di Jasper, sperduta fra i boschi. Non ho avuto una fidanzata alle medie, ma una volta, in quel periodo, ho avuto una storia con una ragazza, niente di serio per nessuna delle due. Eppure, in terza media, e probabilmente anche prima, papà aveva colto le mie tendenze. Lo stesso vale per la mamma e i miei fratelli. Ricordo che ero in cortile con Carlo quando passò una bella ragazza. Lui la guardò. Io la guardai più a lungo. Poi, in silenzio, ci fissammo. «Ah-ah» disse lui ridendo. «T'ho beccata.»

Invece di parlarne in famiglia, attaccavo briga con i miei compagni di classe e facevo continuamente a pugni. Se vedevo un bullo che se la prendeva con qualcuno, ero pronta a fare a botte. Più tardi, a casa, papà mi sculacciava e poi mi faceva il terzo grado. «Perché fai sempre a botte?» mi chiedeva. Mi sedevo sul divano con le braccia conserte e fissavo il pavimento. «Cosa c'è che non va?» Il mio silenzio sembrava ostinazione, ma in realtà era dolore. Stavo soffrendo. Profondamente. Più di quanto potessi far capire a lui o a chiunque altro, e per ragioni che solo gli emarginati capiscono. Quando nasci in un corpo come il mio, una parte di te muore ogni giorno, a ogni commento cattivo e a ogni sguardo insistente. Sei la persona più grande della compagine, ma anche la più sola. Ecco come mi sentivo io alle medie. Che a volte è proprio come mi sento ora.

Di notte, nella penombra della mia cameretta, scrivevo racconti. Creavo un personaggio a caso, di solito un bambino preso di mira dagli altri, sempre in lacrime e depresso. Il personaggio ero io, ovviamente. Avevo così paura che i miei genitori trovassero i miei racconti che li strappavo in piccoli pezzi in modo che non potessero essere ricomposti con lo scotch. A volte li bruciavo. All'epoca ero una vera e propria piromane. Quando i miei genitori non c'erano, raccoglievo i fogli di carta fatti a pezzi, li portavo in giardino e accendevo un fiammifero. Poi scavavo una buca e seppellivo la mia verità, le prove che ero una strana.

La prima persona con la quale ho fatto coming out è stata la mamma. Ero in prima superiore quando decisi di parlarle, soprattutto perché ero stanca di mantenere un segreto che in realtà non lo era. Inoltre, a quel punto molti dei miei compagni di classe sapevano – o almeno avevano intuito – che ero gay, così come la metà delle ragazze della mia squadra di basket, e mi sentivo pronta a dire la verità in famiglia. Mamma era sdraiata sul letto quando mi avvicinai per parlarle.

«Mamma, devo dirti una cosa.»

Lei si alzò a sedere. «Che c'è, Britt?» chiese con voce preoccupata. «Ti sei azzuffata un'altra volta?» Non risposi subito. «Chiameranno la polizia?» mi chiese. «Che sta succedendo?»

Scoppiai a ridere. «No, non è niente del genere» dissi. Mi schiarii la gola. «Sai per cosa sono famose le *ragazze* della mia squadra di basket?» le chiesi.

Lei fece segno di sì.

«Sono una di loro» le dissi.

Silenzio.

«Mi hai sentito?» chiesi dopo qualche secondo.

«Ti ho sentito» rispose lei.

«Ti sto dicendo che mi piacciono le ragazze» dissi scandendo bene le parole.

Lei sorrise. «Ok, e...?»

Osservai bene il suo viso per essere sicura che mi avesse capito. «Ti va bene?» chiesi.

«Ti voglio bene in ogni caso, Coccinella» disse lei, abbracciandomi. «Ti vorrò sempre bene.» Questo fu tutto ciò che disse all'epoca. Anni dopo mi disse che lo sapeva già. Il suo intuito glielo aveva suggerito.

Fu in quel momento che ho fatto un passo verso la libertà, dal trattenere il respiro all'espirare. Quella chiacchierata andò così bene che desiderai averglielo detto molto prima. Io e la mamma non abbiamo mai parlato esplicitamente del mio essere gay. Non potevo certo chiedere a lei o a papà: «Ehi, come si fa a rimorchiare una ragazza?». Ma il fatto che lei lo sapesse mi tolse un peso e le mie spalle si rilassarono di colpo. Ora avevo una confidente. Ero convinta che anche Pap lo sapesse già, ma aveva scelto di vivere negando la faccenda. Con lui avrei dovuto aspettare perché mi fosse riconosciuta una piena libertà, forse per sempre. E pensavo a quanto mi ci sarebbe voluto per trovare il coraggio necessario per parlargliene.

Nel frattempo, nel campus e lontano da papà, slittavo progressivamente verso la mia identità. In terza media mettevo abiti semi-femminili come i pantaloni alla pescatora e prima mi ero sempre vestita come un maschiaccio. Dalla prima superiore in poi mi sono vestita decisamente da maschio: pantaloni larghi, magliette oversize, Evisu, Red Monkey, jeans Girbaud. A quell'età avevamo un computer. Mi collegai a Yahoo! e scoprii che c'erano lesbiche ovunque e anche come si vestivano. Pensavo di essere fighissima vestita Dickies e giravo per il quartiere come se fosse il mio regno. Quando ero in seconda superiore, papà mi regalò la mia prima automobile, una Dodge Magnum, argento con un tocco di blu e cerchioni cromati. Era *strepitosa*. Papà sosteneva di averla comprata per la mamma, ma era il suo modo per affermare la propria mascolinità. Sapevo che era per me e la guidavo ovunque, vestita con la mia tuta Dickies. Quando mi avvicinavo alla strada di casa mia, i vicini mi sentivano ancor prima di vedermi: in macchina ascoltavo Lil Jon and the East Side Boyz, Limp Bizkit, Papa Roach e Linkin Park. Ero Houston fino al midollo. E adoravo quella Magnum perché riuscivo a starci dentro. Finalmente mi sentivo a mio agio.

Il mio primo vero bacio capitò in quel periodo, con una compagna di classe che abitava vicino. Avevo quindici o sedici anni. Lei aveva un paio di anni di più e anche lei era in giro per il campus. Sapevo che intrecciava i capelli e le chiesi di intrecciare i miei. Una sera a casa, quando la mia famiglia non c'era, mi fece le treccine alla Iverson, a lisca di pesce, in onore del giocatore di football Allen Iverson. Per tutto il tempo che sono rimasta seduta sul pavimento tra le sue gambe, ho flirtato facendo piccoli gesti: sfiorandole le gambe, toccandole le dita dei piedi, ridacchiando tutto il tempo. «Non sei altro che una ragazzina» mi disse ridendo. Un attimo dopo eravamo avvinghiate sul divano. Lei conduceva. Io imparavo.

La pacchia finì durante l'ultimo anno di scuola. Un pomeriggio, mentre ero all'allenamento di basket, mamma mi chiamò. «Tuo padre lo sa» mi disse. La madre di una compagna di squadra aveva scoperto che sua figlia era gay, così come metà della squadra. Era arrabbiata e chiamò mio padre. «È furibondo» disse la mamma. «Meglio che ti prepari.»

Un minuto dopo chiamò papà. Risposi al primo squillo. «Cosa stai facendo?» mi chiese, come se non lo sapesse. «Sono all'allenamento» dissi con la voce tremolante. «Quando hai finito» disse «porta il tuo culo diritto a casa.» Riattaccò prima che potessi rispondere.

Guidai verso casa in silenzio, con il cuore che batteva forte come la musica che di solito mettevo. Pensai di tagliare la corda, di scappare. Stavo comunque per andare al college, ero già stata accettata alla Baylor. Tra due mesi non sarei più stata sotto il tetto di mio padre. Non volevo sentire quello che aveva da dire, perché sapevo che sarebbe stato niente di buono. Eppure, lo dovevo affrontare.

Parcheggiai davanti a casa e salii lungo il vialetto. Papà stava lavorando in garage. «C'è qualcosa che vuoi dirmi?» mi chiese.

«No» risposi. «Non devo dire niente.»

Aggrottò la fronte. «La mamma della tua compagna

di squadra mi ha chiamato per dirmi che sei una cazzo di lesbica» disse.

Rimasi lì, come se non avesse parlato, completamente immobile ma con il cuore in ebollizione.

«Non tirerò su nessuna stronza gay!» gridò. «E non ci sarà nessuna stronza gay in questa casa» continuò. «Prendo le tue chiavi, il tuo telefono, tutto. Ora va' di sopra.»

Entrai in casa come una furia, sbattei la porta e andai in camera mia. Mi accasciai sul letto e piansi calde lacrime, con la rabbia che mi scorreva per tutto il corpo. Pochi istanti dopo entrò papà, urlando, imprecando e inciampando. «Raymond, fermati!» La mamma lo supplicò mentre cercava di tenerlo lontano. «Vai nell'altra stanza!» Ma lui mi acchiappò e scendemmo al piano di sotto urlando, mentre io mi ribellavo contro Pap per la prima volta nella vita. Amo mio padre. Lo amerò sempre. Ma in quel momento mi sentivo ferita dal mio eroe, profondamente offesa dai suoi insulti. In salotto ci scontrammo petto a petto, o insomma per quanto i nostri petti si potessero scontrare, data la mia altezza. Papà alla fine si calmò, ma la lotta non era finita. In un certo senso, era appena iniziata.

Quella sera decisi che era arrivato il momento di andarmene. Papà non aveva ancora preso il mio telefono, così chiamai il mio insegnante preferito, Mr. King. Siamo sempre stati in buoni rapporti. Sapeva che avevo avuto problemi con papà. Era anche amico della Coach King (nessuna parentela), l'allenatrice delle giovanili. Aveva accolto nella sua squadra una ragazza che aveva problemi simili a casa. Mr. King le parlò della mia situazione e pochi istanti dopo era al telefono. «Vieni qui» mi disse. «Non hai bisogno di affrontare questo tipo di problemi. Hai già abbastanza da fare per la preparazione al college.»

La mattina seguente, dopo che papà era uscito per andare al lavoro, raccolsi in silenzio le mie cose. Mamma mi vide fare i bagagli e iniziò a piangere, ma non cercò di fermarmi. Sapeva che dovevo andarmene. Chiamai Carlo, che venne a trovarmi e mi diede dei soldi e lo stesso fece mia sorella SheKera. Pap non aveva ancora preso la mia macchina, probabilmente perché non voleva farmi da autista. Così andai a scuola come al solito, ma quella sera non tornai a casa. Parcheggiai la Magnum a un paio di strade di distanza e lasciai le chiavi e il telefono in macchina. Mr. King, che mi aveva seguito, mi accompagnò a casa dell'allenatrice. Quella sera tardi mandai un messaggio a Pap dal telefono di Mr. King. «Puoi andare a prendere la macchina» gli scrissi, dicendogli dove era parcheggiata. «Non ho bisogno di niente da te. Ciao.»

Papà si infuriò. Me lo disse Carlo il giorno dopo. Mio padre pensava che, trasferendomi, avessi rinunciato anche all'università. Pensava anche che fossi andata a vivere con un'amante. «Sta buttando via tutta la sua carriera per una stronza qualsiasi» così Carlo mi riferì quel che aveva detto papà. Sia ben chiaro: non ho mai detto che avrei lasciato l'università, né che sarei andata a vivere con una ragazza. E non avevo assolutamente intenzione di buttare via il mio futuro. Il mio atteggiamento era: *sono gay, mica una tossica.* Ma per papà all'epoca, e per molti ancora oggi, essere gay ti rende in qualche modo emotivamente instabile.

Dopo che andai via di casa, io e Pap non ci parlammo per diverse settimane. Alla fine, mi chiamò sul mio nuovo telefono poco prima del diploma. Mi mancava il mio eroe, per questo gli risposi. Non mi disse «mi dispiace», non rientra nel suo modo di fare. La telefonata in sé era il suo modo di chiedermi scusa e, da parte mia, l'accettai. Non è che lui potesse schioccare le dita e accettare magicamente il mio essere gay, così come io non potevo dimenticare d'un botto le sue frasi offensive. Ma la telefonata aveva creato un'apertura per tutti e due in modo che le cose cambiassero poco alla volta.

Andai via di casa nella primavera del 2009. Nel giugno di quell'anno, il presidente Barack Obama firmò un memorandum che prevedeva la possibilità per i partner dello stesso sesso dei dipendenti federali di godere di alcuni diritti. L'anno successivo, il Senato ribaltò il «Non chiedere, non dire» (*Don't Ask, Don't Tell*) che era la tacita politica dell'esercito nei confronti dei gay. Papà vedeva sempre più spesso persone gay di successo sulla scena nazionale che venivano apprezzate anziché condannate. Passò dal non riconoscere che ero gay a scherzarci sopra di tanto in tanto. Durante un viaggio a Tulsa dopo che avevo firmato con la Mercury, Pap e io eravamo al Twin Peaks, uno di quei bar dove ci sono sempre schermi accesi su qualche avvenimento sportivo, simile a Hooters. Uno dei miei coach era con noi. La cameriera iniziò a flirtare pesantemente con papà. Quando lasciò il tavolo, Pap si rivolse al mio allenatore ridendo «Yeah, ci proverà con mia figlia, non con me».

Probabilmente non ci sarà mai una vera, gloriosa riconciliazione con Ray Griner, un momento in cui ci abbracceremo, magari in modo un po' naif, come accettazione della mia identità. Ma quel vecchio ha fatto molta strada, soprattutto considerando la sua educazione battista.

Le cose non sono perfette. A volte mi dice: «Per favore, non cercare di metterti in vista nel movimento gay. È per una grande causa, tesoro, ma sono preoccupato per te. Sei già nera. Sei un bersaglio». Non mi offendo, perché so che sta cercando di proteggermi. Il suo proposito è sempre stato questo, anche quando fa il duro. Sono orgogliosa di Pap, lui è orgoglioso di me e finalmente siamo in pace. Ce n'è voluto di tempo per arrivarci, ma ora ci siamo. E come l'America ha continuato a cambiare il suo atteggiamento nei confronti dei gay, così ha fatto Pap. La Russia deve ancora recuperare parecchio terreno.

* * *

I miei avvocati avevano ragione a dire che sarei stata portata all'ospedale psichiatrico. Quando le guardie hanno cercato di prelevarmi, ho dato in escandescenze. «Advocat!» ho gridato, chiedendo che andassero a prendere il mio avvocato. Avevo appena terminato una visita con Alex e sapevo che si trovava ancora nella struttura. Quando le guardie si rifiutarono di andarlo a cercare, mi rifiutai di essere ammanettata. Camminavo veloce per tutta la cella, schivando i loro tentativi di immobilizzarmi.

Feci una tale scenata che alla fine le guardie mi portarono da Alex nell'area delle visite. «Questa volta non posso venire con te» mi disse. Sebbene l'investigatrice avesse permesso a lui e a Maria di accompagnarmi durante la prima visita, gli amministratori dell'ospedale psichiatrico si opposero alla seconda visita. Insistettero perché fossi interrogata da sola, con un traduttore che secondo loro parlava meglio l'inglese. Questo è ciò che dissero, ma ecco cosa capii: se mi avessero interrogata da sola, avrebbero potuto esercitare maggiori pressioni per farmi dichiarare colpevole. «Fai solo quello che devi fare per uscire da lì sana e salva» mi rammentò Alex.

Le guardie mi scortarono dal camioncino squadrato e mi fecero entrare nell'ospedale al centro di Mosca. Il posto era enorme, un ospedale generalista con annesso un reparto di psichiatria. Mentre percorrevo un lungo corridoio in manette, vidi una donna incinta che camminava, un uomo anziano che avanzava su un deambulatore, persone che si affrettavano a raggiungere i loro appuntamenti mentre mi lanciavano un'occhiata. Alla fine del corridoio ci fermammo al reparto di psichiatria. Prima ancora che la porta si aprisse, sentii gemiti, grida, sputi, guaiti. Fu una cosa terrificante.

All'interno, la dottoressa biondina tornò nella modalità di battaglia. Le stesse domande, ma a voce più alta. Gridò qualcosa in russo. Entrambi guardammo il traduttore, un uomo basso con occhiali spessi dalla montatura nera. Fece una pausa abbastanza lunga da farmi capire che il suo inglese probabilmente *non* era migliore di quello dell'ultimo interprete. «Vuole sapere in che giorno sei diventata gay» disse in modo un po' brusco.

«Non sono diventata gay» dissi, usando le dita per fare le virgolette. «Sono nata così come sono.»

«Le sue compagne di squadra sono tossicodipendenti?» mi chiese.

«No, non sono tossicodipendenti» risposi alzando gli occhi al cielo. «Sono giocatrici di basket.»

Le domande assurde si susseguirono, con lei che le poneva e io che le scansavo. Durante questo balletto, fece la domanda che aveva fatto durante la nostra prima visita. Questa volta fu più decisa. «Si rende conto di essere colpevole?» disse, con un'affermazione mascherata da domanda. La fissai con aria assente. Quando mi pose la domanda per la seconda e la terza volta, stavo veramente per esplodere. Ma mi ricordai dell'avvertimento di Alex sul reparto psichiatrico e sentii i lamenti tutt'intorno a me. Un senso di consapevolezza ha fatto in modo che mi mordessi la lingua.

«Capisco che avevo qualcosa che non avrei dovuto avere nel vostro Paese e capisco che questo infrange la legge» dissi con un tono freddo. «Ma non le dirò se mi dichiarerò colpevole o meno. È una questione che riguarda me e i miei avvocati. Inoltre, se dico di essere colpevole, questo aiuterà lei e il procuratore, non me.» Dall'espressione della Biondina, il traduttore aveva trasmesso il mio messaggio in modo chiaro. Mi fissò come per dire che *avevo ragione*.

L'interrogatorio durò due ore. Più tardi, in prigione, raccontai ad Alena tutti i dettagli mentre lei mi tagliava diverse fette di salame. Olya ascoltava con attenzione ma non diceva nulla, probabilmente incazzata perché non le offrivamo del cibo. A metà della nostra conversazione, Olya tirò fuori il suo diario e iniziò a scarabocchiare degli appunti. Alena mi lanciò un'occhiata del tipo: *cosa sta facendo?* Anch'io mi stavo chiedendo la stessa cosa.

Per quanto riguarda Alena, era rimasta in apprensione per tutto il giorno, temendo che mi sbattessero nel reparto di psichiatria. «E adesso che succede?» mi chiese. Le dissi che avrei dovuto aspettare le conclusioni del medico: sana o pazza, colpevole o non colpevole, gay per scelta o per nascita. Non mi importava più delle etichette russe. Quel che importava era solo mettermi un'etichetta.

Verso l'ora della mia valutazione psicologica, arrivò un funzionario dei Consular Affairs. Che sollievo parlare con qualcuno che stava dalla mia parte. Quell'affabile funzionario mi chiese come stavo (*malissimo, ma grazie*) e diede un'occhiata alla mia cella (*mi scusi per l'odore di fumo*). Gli fui riconoscente per la visita e per avermi promesso che saremmo rimasti in contatto. Più tardi, alla Casa Bianca, Ned Price del Dipartimento di Stato americano disse al mondo che stavo facendo «quanto di meglio ci si possa aspettare in circostanze così difficili». Era vero. Per quanto la visita mi avesse risollevato il morale, non aumentò di certo le mie speranze. Pregai che mi dichiarassero detenuta ingiustamente. Alla fine di marzo non avevo avuto ancora notizie.

10
Primavera

Ad aprile sono cambiate molte cose, a cominciare dal clima. Quando sono stata arrestata, a febbraio, si gelava. Poi l'inverno si è dissolto nella primavera, le temperature diurne sono passate da meno sei a più dieci gradi, non faceva caldo, ma potevo comunque permettermi di togliermi la camicia nel cortile. Non mi importava più se le guardie mi fissavano. Ero stata mortificata fino a diventare insensibile. Il cielo era ancora grigio – a Mosca è sempre così – ma di tanto in tanto il sole faceva capolino. Se ti mettevi nel punto giusto, potevi abbronzarti attraverso le sbarre.

La primavera ha portato con sé anche il primo raggio di speranza. Il 27 aprile Trevor Reed è tornato libero. Trevor, cittadino statunitense e veterano della Marina, era stato arrestato a Mosca nell'agosto del 2019 mentre era in viaggio con la sua ragazza russa. Una sera si è ubriacato, è stata chiamata la polizia e le cose si sono messe male. La polizia ha arrestato Trevor, lo ha portato in prigione e in seguito ha dichiarato che aveva afferrato il braccio del poliziotto durante il tragitto, facendo sbandare la macchina. Non importa che la fidanzata di Trevor, Lina, un avvocato che era con lui quella sera e aveva seguito l'auto della polizia, abbia testimoniato che il veicolo non aveva sbandato. E non importa se le autorità russe hanno dichiarato che tutti i filmati relativi all'incidente erano stati, non si sa come, cancellati. Nonostante la mancanza di prove, durante un processo disonesto, a Trevor sono stati inflitti nove anni, su un massimo di dieci. Il governo degli Stati Uniti lo ha dichiarato ingiustamente detenuto e ha negoziato per il suo rilascio. Nel frattempo, in un campo di lavoro forzato, Trevor ha sopportato l'isolamento e condizioni talmente orribili da iniziare uno sciopero della fame. Quasi tre anni dopo il suo arresto, è stato scambiato con il trafficante di cocaina russo Konstantin Yaroshenko. Gracile ma euforico, Trevor è volato a casa per ricongiungersi con la famiglia in un incontro carico di forti emozioni.

Quando Alex mi ha detto questa cosa, mi è venuto da piangere per due motivi. In primo luogo, mi sono sentita felice e sollevata per Trevor e la sua famiglia. Anche se all'epoca non lo conoscevo, mi sembrava di conoscerlo. Avevamo un percorso molto simile. Solo chi ha vissuto, pregato, pianto e dormito in una prigione russa può davvero comprendere le umiliazioni quotidiane e il crudo isolamento che ti opprime fino nel profondo dello spirito. Sapere che Trevor era stato liberato mi ha dato la forza di continuare. In secondo luogo, il rilascio di Trevor indicava che un accordo per uno scambio era possibile. Quando Putin ha invaso l'Ucraina, le probabilità che ci fosse spazio per una soluzione del genere sembravano pari a zero. La Russia e l'America hanno una storia di scambi di prigionieri che risale alla Guerra Fredda, ma prima di Trevor l'ultimo scambio risaliva al 2010. Per questo motivo, oltre alla guerra, Alex e altri avevano parecchi dubbi sul fatto che lo scambio fosse possibile. Ma il rilascio di Trevor ci ha dato speranza. Se il governo degli Stati Uniti mi avesse considerato detenuta ingiustamente come ha fatto con Trevor – e si trattava comunque di un *se* – lo scambio sarebbe potuto avvenire. Anche con una guerra in corso.

In seguito, le nostre speranze aumentarono. Quando Putin rese pubblico il filmato, svelò al tempo stesso il suo piano per manipolare la storia. Fu allora che Lindz e Relle, che avevano lavorato ciascuna su canali secondari, diedero avvio a una campagna pubblica per il mio rilascio. Non era questa la strategia che avevano in mente e stavano ancora cercando, nella zona grigia, una soluzione per riportarmi a casa senza clamore. Ma una volta che Putin diede fiato alle trombe, dovettero rispondere pubblicamente. Quando il video è stato diffuso, Lindz si è affrettata a coordinare le dichiarazioni di WNBA, NBA, USA Basketball e Phoenix Mercury. «Siamo ben informati della situazione di Brittney Griner in Russia e siamo in stretto contatto con lei, con il suo rappresentante legale in Russia, con la sua famiglia, con le sue squadre, con la WNBA e con la NBA» si legge nella dichiarazione di Lindsay. Il punto è: sì, sappiamo che Britt è detenuta e ce ne stiamo occupando. Post-Scriptum: il Team BG avanza a passo di carica.

Quello stesso giorno, la giornalista sportiva Tamryn

Spruill postò su change.org un appello alla Casa Bianca per il mio rilascio. La Women's National Basketball Players Association (WNBPA) le fece eco poco dopo. «Vi chiediamo di agire oggi – facendo tutto il necessario – per riportare Brittney Griner a casa in modo tempestivo e sicuro» si leggeva nell'appello. Non lo sapevo, visto che ero tagliata fuori dal mondo nella mia cella, ma la petizione divenne virale, e raccolse più di quattrocentomila adesioni. Mentre Lindz e Relle erano pubblicamente al fianco di questi sostenitori, lavoravano privatamente in stretto contatto. Qual era il modo più intelligente per attirare l'attenzione della Casa Bianca e del mondo? In breve: con una precisa strategia. La dichiarazione di Lindsay, insieme alla petizione, segnò l'inizio della loro sistematica attività di sensibilizzazione. Da quel momento in poi, loro e tutto il team avrebbero incrementato lentamente e metodicamente ritmo e intensità delle iniziative per riportarmi a casa.

Per Relle, essere costretta a un ruolo pubblico è stato particolarmente stressante vista la sua tendenza alla riservatezza. Relle si era rifugiata nel proprio guscio a pregare, e lì voleva restare. Si era allontanata da tutti i social media e aveva così messo a tacere i troll. Ma la pubblicazione del video di Putin e la sua agguerrita determinazione ad aiutarmi la spinsero sulla pubblica piazza. Mentre schivava i paparazzi fuori dalla nostra casa di Phoenix, Relle rilasciò la sua prima dichiarazione su Instagram. «Grazie a tutti coloro che mi hanno contattato per il ritorno di mia moglie dalla Russia» scrisse. «Le vostre preghiere e il vostro sostegno sono molto graditi. Amo mia moglie con tutto il cuore, quindi questo messaggio arriva in uno dei momenti più difficili della mia vita. Capisco che molti di voi hanno imparato a voler bene a BG nel corso degli anni, sono preoccupati e desiderano conoscere i dettagli. Vi prego di rispettare la nostra privacy mentre continuiamo a lavorare per riportare mia moglie a casa sana e salva. Grazie.»

Tutto questo accadeva mentre Relle era a poche settimane dalla laurea in legge. Non riusciva a dormire né a mangiare. Non riusciva a concentrarsi. In un momento in cui avrebbe dovuto sprintare verso il traguardo di un obiettivo importante, si sentiva in affanno e sofferente. Ma mia moglie ha tenuto duro perché «il fallimento non era un'opzione». Era troppo dentro la faccenda per mollare. Due giorni dopo il primo post, Relle ha dato prova della sua tenacia tornando su Instagram. «La gente dice "resta con la mente occupata"» ha scritto sotto una foto di me con la nostra famiglia e i nostri amici. «Eppure, non c'è nessun altro impegno al mondo che possa impedirci di essere preoccupati per te. Il mio cuore, i nostri cuori, battono all'impazzata ogni giorno che passa. Mi manca la tua voce. Mi manca la tua presenza. Ti siamo vicini giorno e notte! Non ci sono parole per esprimere questo sentimento di sofferenza. Sto soffrendo, stiamo soffrendo. Aspettiamo il giorno in cui potremo amarti e riaverti in famiglia.»

Nonostante i brillanti segnali della campagna di sensibilizzazione, i dubbi rimanevano. Quali sarebbero stati i risultati della mia valutazione psicologica? I russi avevano rinchiuso Trevor in una struttura psichiatrica per una valutazione psicologica più approfondita. Dopo il suo ritorno in America, ha raccontato il suo incubo a Jake Tapper della CNN. «Ero in cella con altri sette prigionieri» ha detto. «La maggior parte di loro aveva gravi problemi di salute psicologica. Più del 50 per cento era in cella per omicidio, o per omicidi multipli, violenza sessuale... c'erano solo individui profondamente squilibrati... C'era sangue su tutte le pareti dove i prigionieri si erano uccisi, avevano ucciso altri prigionieri o avevano tentato di farlo. Il bagno era solo un buco nel pavimento. C'erano escrementi dappertutto, sul pavimento e sulle pareti. C'erano anche persone che andavano in giro come zombie.» «Temevi che potessero ucciderti?» gli chiese Jake. «Sì» disse Trevor. «Ho pensato che fosse una possibilità.» Aveva cercato di appellarsi alla sua condanna. Disse che credeva di essere stato sbattuto nel reparto psichiatrico come punizione per essersi opposto. Se avessi fatto come lui e mi fossi opposta al sistema, rischiavo di dover affrontare la stessa sorte, ero terrorizzata.

Quando ho paura, mi metto a pregare. Questa è l'influenza di Relle. Prima di partire per la Russia, mia moglie aveva sperato che abbracciassi la fede e questo diede il via a un cambiamento personale. L'esperienza della prigione ebbe un ruolo determinante.

Alla contea avevo chiesto ad Alex di portarmi la mia Bibbia. Era nell'appartamento di Ekat che la squadra aveva affittato per me. Alex la ricevette dalla squadra e la consegnò alle guardie per un'ispezione. Due mesi dopo, più o meno quando Trevor fu rilasciato, riuscii ad averla finalmente in mano. Sulla copertina blu c'era un timbro che certificava l'ispezione da parte della Chiesa ortodossa russa. Alex mi disse che era stata inviata a un prete per essere esaminata. Il secondo timbro era del direttore della prigione. Sopra le parole *Sacra Bibbia*, impresse in oro, c'era un'etichetta: New International Version.

Dopo il mio breve tentativo in Cina, ho abbandonato la versione di re Giacomo perché la lingua era troppo arcaica. Questa Nuova versione internazionale era in un inglese corrente. C'erano delle note che spiegavano come le Scritture si applicano ai nostri tempi. Inoltre, è possibile leggerla seguendo uno dei tre percorsi suggeriti. Percorso 1: Iniziare a studiare per due settimane i passaggi essenziali. Percorso 2: Passare sei mesi a studiare i punti salienti della Bibbia. Percorso 3: Leggere il testo integrale, alternando ogni giorno l'Antico e il Nuovo Testamento, per un totale di tre anni. Ho scelto il terzo percorso, un segno di quanto tempo pensavo che avrei potuto rimanere in galera.

Da bambina non ho letto molto la Bibbia. La fede era una cosa di mia madre, non mia. Nella sua camera da letto la vedevo leggere la sua Bibbia e pregare, con la croce in mano. Mi insegnò a recitare la preghiera della buonanotte: «Ora mi corico per dormire, prego il Signore di proteggere la mia anima». La recitavo solo se lei era in piedi accanto a me. Papà aveva sicuramente fede, ma non sembrava che pregasse molto. Beninteso, se fossimo stati a un funerale o a qualcosa di ufficiale, sarebbe riuscito a tirare fuori una preghiera. Ma la mamma aveva Dio tra i numeri di telefono prioritari. Mi portava a messa quando riusciva a trascinarmi, ma per lo più non ci andavo. Rimanevo con papà a fare i soliti lavori di giardinaggio del fine settimana. Non avevo nulla contro la Chiesa, ma non mi andava. Tutto quell'inginocchiarsi, alzarsi e suonare la campana non faceva per me. Alcuni dei miei amici erano battisti come Pap. In chiesa cantavano vecchi inni, ma a volte li sentivo suonare Kirk Franklin, il cantante R&B di musica gospel e mi dicevo che quella era la voce di Dio. Quando ascoltavo la musica di Kirk, sentivo qualcosa e ora so che si trattava di quel che chiamiamo spiritualità.

Prima di partire per la Russia, la fede mi aveva incuriosita di nuovo. Vedevo Relle leggere la sua Bibbia e le dicevo: «Allora credi per davvero?». Lei credeva con tutto il cuore. Oppure leggevo un versetto e chiedevo: «Cosa significa?». Avevo ancora dei dubbi: «Come puoi credere senza nessuna prova?» chiedevo a Relle – e le sue risposte mi facevano venire voglia di saperne di più.

Inoltre, avevamo deciso di mettere su famiglia non appena fosse finita l'ultima stagione in Russia. Non ci immaginavamo proprio cosa sarebbe successo. Se avessimo avuto l'opportunità di avere dei bambini, avremmo voluto che crescessero nella fede. Così, qualche mese prima del mio volo verso l'inferno, ero passata dal fare domande occasionali a Relle sulle sue convinzioni a chiederle di aiutarmi ad approfondire la questione. Era stata lei a regalarmi la Bibbia da studio NIV. Mi aveva anche fatto conoscere i Maverick City Music, un gruppo di gospel contemporaneo di Atlanta. La prima volta che ho sentito *Mercy* nel loro album *Old Church Basement*, ho perso la testa. La misericordia: ecco cosa desideravo ora.

Una volta che la mia Bibbia è arrivata in prigione, l'ho divorata. Sul Percorso 3 dovevi leggere solo un capitolo al giorno. Io ne leggevo due o tre. Iniziavo da «I Re» e finivo agli «Atti», stupendomi che Saul diventasse Paolo sulla via di Damasco. Leggendo la Bibbia in prigione, tutto era diverso. Primo, non avevo altro che il tempo, che scorreva più lentamente di quanto avesse mai fatto. Secondo, la posta in gioco non poteva essere più alta. La libertà ti dà il lusso di chiederti: «Dio esiste?». Per anni è come se fossi stata a guardare la questione dalla finestra, ma la prigione mi ha spinto a credere. Nel momento in cui ti rendi conto che potresti non essere mai più libero, il dubbio scompare. Alcuni lo chiamano «il Gesù della prigione». Io la chiamo coscienza. Ed è la stessa buona coscienza che avevano i miei antenati che navigavano nelle paludi, nel buio pesto, scappando dalla schiavitù, verso Nord. Non chiedevano a Dio una prova della sua esistenza. La nostra sopravvivenza come popolo era una prova sufficiente.

Al mattino, dopo la perquisizione della cella e la doccia, mi dedicavo allo studio della Bibbia. A un certo punto partecipai a una funzione guidata da un prete, alla quale il direttore ci aveva autorizzato, e che veniva di tanto in tanto alla domenica. Come per ogni altra cosa in Russia, le regole erano soggette a cambiamenti. Ma potevamo contare sul fatto che il prete si presentasse a Pasqua, che fu anche la prima volta che andai alla funzione. La Pasqua in Russia è in un giorno diverso rispetto a quella americana. Questo perché la Chiesa ortodossa russa segue l'antico calendario giuliano, mentre i cattolici e i protestanti seguono quello gregoriano. In genere le famiglie si riuniscono per i pasti. In carcere, ci siamo riunite al piano di sopra.

Quell'anno la Pasqua russa cadde il 24 aprile, più o meno quando avvenne lo scambio di prigionieri con Trevor. Una volta che le guardie mi ebbero accompagnata su per le scale, potei finalmente dare un'occhiata al secondo piano. Stessa disposizione di tutto, stessa sporcizia. Entrai nella sala della chiesa. Quando avevo sentito che c'era una funzione, avevo immaginato uno spazio abbastanza grande per sedersi, leggere la Bibbia e pregare. Ero stata ottimista. Si trattava di una stanza minuscola, grande quanto la mia cella, con una ventina di detenute in piedi una accanto all'altra. Le pareti erano tappezzate di immagini di santi, con candele accese sotto ognuna di esse. Le ragazze tossivano, starnutivano e si soffiavano il naso. Il mio primo pensiero fu: *Signore, ti prego, proteggimi*. Il secondo fu: *Signore, portami via di qui*. Il prete, gracile e magro con una cappa scura, era in piedi nell'angolo più lontano. Il suo sermone era in russo e Alena non c'era per tradurre. Implorai le guardie di riportarmi in cella. Non lo fecero, ma mi portarono di sotto quando la funzione terminò un'ora dopo. Lo studio della Bibbia potevo sopportarlo. Un virus, non tanto.

Dopo aver letto svariati passaggi ogni mattina, passai ad altri libri. Non sono mai stata una grande lettrice. Da bambina ho lottato contro la sindrome da deficit di attenzione (ADHD) e non riuscivo a concentrarmi abbastanza a lungo per finire un romanzo. La scarsa capacità di attenzione mi ha accompagnato fino all'età adulta. Preferivo i media veloci, le clip e i riassunti digeribili in meno di un minuto. Durante la detenzione, però, mi sono innamorata della lettura. La prigione mi consentiva ritmi abbastanza lenti per poter riflettere, prendere appunti, perdermi in altri mondi per ore e ore. Alex mi regalò *Life*, il libro di memorie di Keith Richards. Ho adorato ogni parola di quel libro, così crudo. La sua voce saltava fuori dalla pagina. Ho anche letto la trilogia *Tenebre e ossa* di Leigh Bardugo. Avevo visto la serie di Netflix e ho chiesto a Maria di trovarmi i libri. Assolutamente appassionanti. La prigione aveva una biblioteca, ma quasi tutti i libri erano in russo. Mi sono soffermata sugli unici due disponibili in inglese: *Primo a morire* di James Patterson, su un agente dell'FBI in fuga, e il thriller *Dentro l'acqua* di Paula Hawkins. Tutti e due erano così difficili da mettere giù che se avessi avuto degli appuntamenti – ovviamente non li avevo – li avrei senz'altro annullati.

Concludevo ogni giornata nel modo in cui l'avevo iniziata, tirando fuori la Bibbia dal ripiano del nostro armadietto comune. «Che stai facendo?» mi chiese Alena la prima volta che mi vide prenderla. «Sto per entrare nella Parola» le dissi. Alena, che era cresciuta nella Russia ortodossa, fece un cenno di approvazione mentre si accendeva una sigaretta. Indipendentemente dalla lettura prestabilita per il giorno, di solito iniziavo con i Salmi perché era facile immedesimarsi con quelle parole. Uno dei miei preferiti era il Salmo 56:3-4: «Nell'ora della paura, io in te confido. In Dio, di cui lodo la parola, in Dio confido, non avrò timore; che cosa potrà farmi un essere di carne?».

In tutta la Bibbia ho letto storie di persone che mettevano in dubbio Dio anche se imploravano il suo aiuto. Ho iniziato a capire che essere credenti non significa avere una fede cieca. Si tratta di portare i propri dubbi a Dio, proprio come fece un padre nelle Scritture. Il figlio di quell'uomo era malato, così lo portò da Gesù e gli chiese se potesse guarirlo. «Gesù gli disse: "Se tu puoi! Tutto è possibile per chi crede". Il padre del fanciullo rispose subito ad alta voce: "Credo! Aiuta la mia incredulità".» (Marco 9:23-24) Questa frase riassume il mio viaggio verso la fede. È diventata anche la mia preghiera: *Signore, io credo. Aiuta la mia incredulità.*

In prigione si aveva apparentemente più tempo di quanto se ne fosse mai avuto, il che rendeva facile perderne la cognizione. La mia Bibbia e l'agenda-sudoku sono diventati i miei calendari, il mio modo di segnare il tempo. Anche dopo che le luci si spegnevano, spesso aprivo la Bibbia e leggevo un altro brano. Per ogni brano completato, spuntavo una casella. Adoravo spuntare quelle caselle. In breve tempo, la mia Bibbia era piena di passaggi evidenziati e di note. Dopo la lettura pregavo in silenzio, per non svegliare gli altri. Non è necessario pregare ad alta voce perché le tue preghiere vengano ascoltate. Puoi *percepire* una preghiera, pronunciarla o sussurrarla. Non avevo mai visto Dio, ma nel buio percepivo la Sua presenza.

Mentre conoscevo il mio Padre celeste, ho ricevuto una lettera da quello terrestre. Pap mi aveva scritto subito dopo l'arresto e i messaggi erano affettuosi ma brevi. Aveva letto la mia lacrimevole lettera di febbraio, in cui mi scusavo per averlo deluso. Rispose con una lettera completa, la sua prima, datata 28 marzo. La ricevetti ad aprile.

«Ehi Britt» scriveva «volevo mandarti una lettera più lunga. Ti prego di scusare il mio modo di scrivere perché è come se ti stessi parlando e così non dovrò scrivere molto. Ho letto la tua lettera e non voglio che tu ti senta in quel modo. Hai ancora un papà e lo avrai sempre. Ci sono sempre stato per te e ci sarò anche quando non ci sarà nessun altro. Sei ancora la mia bambina, non importa quanti anni avrai o quanto diventerai alta.

«Prego per te ogni giorno, per la tua salute e per il tuo ritorno a casa. Tutto si risolverà. Dal momento che sei lì, ci vorrà del tempo. La guerra in corso non aiuta. Quando vedo i telegiornali, passo a un western perché guardarli mi fa andare fuori di testa. Ma sento che tornerai presto a casa, spero prima di maggio. Quando tornerai a casa ho un posto dove possiamo andare a pescare. Un amico ha una casetta a due piani nel bosco. È vicina a un torrente con un sacco di pesci. Possiamo pescare, parlare e dormire. Anche E.J. può venire.

«Mi fa molto male il fatto che ti stanno tenendo laggiù. Il Signore ha le Sue mani su di te, quindi non preoccuparti. Gli chiedo ogni giorno di prendersi cura della mia bambina. Abbi cura di te e fai quello che ti chiedono. Sono felice che tu abbia trovato un altro letto. Spero che ora tu riesca a dormire un po'. So che probabilmente ti stanchi a rispondere a così tante lettere, ma fammi sapere se ricevi questa, anche con un semplice "ricevuto". Ricorda, ti amo e ti amerò sempre, non importa dove tu sia. Niente e nessuno potrà cambiarlo. Il tuo papà e la tua mamma sono con te per tutta la vita. Per favore, non dimenticarlo mai. Ti voglio bene, papà.»

Il biglietto della mamma mi aveva fatto piangere. Per la lettera di papà ho pianto come una fontana. Conosco mio padre. Non stava soffrendo solo per dove mi trovavo. Stava soffrendo anche perché non poteva farci nulla. I papà risolvono le cose. Questo vale soprattutto per Pap, che ha trascorso tutta la vita a sistemare casini. Se mio padre fosse stato in condizioni di salute migliori, avrebbe fatto di tutto per venire a Mosca. E anche se non ci fossero stati voli, Ray Griner avrebbe trovato un modo. Per quanto grande io sia, sono sempre sua figlia e per una volta non è riuscito a salvarmi. Questo lo ha quasi ucciso. E il suo dolore, a sua volta, ha ferito me.

Ho letto la lettera di mio padre due o tre volte prima di metterla nella mia Bibbia. Puoi resistere a qualsiasi infamia, finché hai la tua tribù al tuo fianco.

PARTE III
Processo farsa

Il problema della Russia non è la corruzione in sé, e nemmeno Putin in sé. Il governo russo non è corrotto perché Vladimir Putin ha il potere assoluto. Il governo russo è sempre stato corrotto e lo sarà sempre finché qualcuno avrà il potere assoluto.

Robert Zubrin, ingegnere aerospaziale americano

3 maggio 2022

Ciao tesoro,

Spero che tu stia bene! Non bene-bene però, perché è meglio che tu non stia mai bene senza di me lol... sto scherzando, spero che tu abbia sorriso. Mi manchi da morire, soprattutto non sentire la tua voce per molto tempo. Non voglio mentirti: mi sono chiesta se mi ami ancora e se vuoi ancora stare con me. Ho capito subito che vittimizzarmi non era salutare, così ho iniziato una routine di meditazione mattutina che mi aiuta a trovare pace in queste circostanze. Prima mi concentro con musiche rilassanti e poi prego con i gospel. Mi aiuta a trovare la pace durante la giornata perché non sono completa senza di te, piccola mia. Tu sei la persona che fa per me e questa situazione me lo ha confermato. Ti amo così tanto da impazzire.

Aggiornamento: il tuo caso è stato considerato una detenzione ingiusta dal Dipartimento di Stato degli Stati Uniti. Di conseguenza, il caso è stato trasferito alla

SPEHA. Questa è un'ottima notizia perché la SPEHA si occupa principalmente dei negoziati per riportare a casa i cittadini americani. Ho avuto una bella telefonata con il team incaricato del tuo caso. Spero che ti rincuori sentirlo. Hanno chiesto di poter vedere la nostra casa a Phoenix. Ho pensato che sarebbe stato meglio se fossero venuti a Houston perché la maggior parte della famiglia vive lì e il loro sostegno potrebbe essere utile. Credo che questo incontro farà bene a tuo padre. Ha bisogno di sentirsi motivato, di sentire il senso e il valore degli sforzi che facciamo per aiutarti. È stato molto felice quando gli ho chiesto se l'incontro potesse svolgersi a casa sua. Mi ha detto: «Dimmi solo quando, così taglio l'erba». Dici sempre che a quel tipo non piace tenere in ordine il prato, ah ah ah. Inoltre, tuo padre, tua madre e i tuoi fratelli si sentiranno bene sapendo di avere un canale aperto con lo Stato.

Un'ultima cosa: oggi sono stati pubblicati i risultati e io ho preso tutte A in questo semestre. La mia media è ora nella categoria d'eccellenza. Grazie per avermi sostenuto! Non avrei potuto superare gli ultimi anni senza te. Ti voglio tanto bene e mandami un segnale di fumo per farmi sapere che hai ricevuto questa lettera.

Smack, Relle

11
Detenuta ingiustamente

Alla fine di aprile ho iniziato un conto alla rovescia nel mio diario del sudoku. Mancavano due settimane alla mia terza udienza. Alex, Maria e io eravamo impegnati a prepararci per la resa dei conti, quando le carte in tavola sono improvvisamente cambiate.

«Livello massimo» ha scritto Lindz. «Sei stata riclassificata come ingiustamente detenuta.» È stato sorprendente. Era un punto di svolta. Era maggio.

Non conosco tutti i motivi per cui sono stata classificata come «ingiustamente detenuta». Una sembra ovvia: la Russia mi aveva già trattenuto per quasi ottanta giorni, un periodo più lungo di quello in cui sarebbe stato trattenuto qualcuno con una fedina penale immacolata. Il miracolo non è il *motivo* per cui sono stata riclassificata, ma il fatto che lo sia stata. La nuova classificazione ha aperto una porta. Come Trevor, potevo essere scambiata con qualche altro prigioniero.

Questa etichetta ha anche cambiato il nostro approccio alla terza udienza, il 13 maggio. I miei avvocati stavano già facendo il miglior lavoro possibile nel processo farsa di Putin. Dopo la mia classificazione, hanno deciso di accelerare notevolmente i tempi. Perché? Perché il mio *unico* modo per tornare a casa era ormai uno scambio e lo scambio sarebbe stato possibile solo dopo una condanna, hanno detto Alex e Maria. Putin non mi avrebbe mai scambiato prima che uno dei giudici al suo soldo avesse emesso un verdetto di colpevolezza. Aveva bisogno di dimostrare al mondo che era un uomo politico forte. Il mio compito era quello di sorridere e annuire, sperando che questo mi avrebbe riportato a casa il prima possibile.

La mia terza udienza si è svolta come le due precedenti: breve e prestabilita. Dopo le prime udienze ero super a terra. Speravo che ci fosse una piccola possibilità che venissi liberata o almeno che mi venissero concessi gli arresti domiciliari. Ma a questa udienza, sinceramente, non volevo nemmeno presentarmi. Sapevo di doverlo fare, ma sapevo già quale sarebbe stato l'esito. Tuttavia, mi sono trascinata in tribunale indossando la mia felpa arancione con il cappuccio, con la testa bassa, ma non perché mi vergognassi. Ero davvero sfinita, la notte prima non avevo dormito. Alex e Maria esposero le loro argomentazioni con passionalità ma la veemenza del loro discorso non cambiò niente. «La prossima udienza è a metà giugno» mi disse Alex. Un'altra proroga, un altro colpo al cuore. Dopo l'udienza, Alex chiamò direttamente la giudice. Le chiesi di nuovo se potessi ricevere una telefonata da casa. Erano ottantacinque giorni che non sentivo la voce dei miei cari. Questo distacco mi stava uccidendo. La giudice disse che ci avrebbe pensato. Avremmo dovuto aspettare per scoprirlo.

All'epoca della mia udienza, Relle si laureò (con lode, baby!) alla North Carolina Central University School of Law, una delle sei scuole di legge storicamente Black. Per tre anni ho visto mia moglie darsi da fare, ho ammirato la sua intelligenza e la sua perseveranza. Mi dispiaceva non poter essere presente. «Perdermi la laurea di mia moglie è un vero peccato» ho scritto nel mio diario del sudoku. «L'ho delusa.» Relle mi rassicurò che non era vero. Volevo crederle ma non ce l'ho fatta del tutto. Avevo quella persistente sensazione che mi stesse proteggendo sentimentalmente, che non volesse che mi sentissi peggio di quanto già sapesse. Questa è Relle: la sua grande generosità affettiva. Più tardi, quando ho letto la sua lettera su quella giornata, ho desiderato ancora di più essere lì. «È stata una cerimonia bellissima e sono venute tante persone care» mi ha scritto. «Dawn Staley (l'allenatrice della squadra di basket femminile della South Carolina e nostra amica di lunga data) doveva esserci, ma una delle sue giocatrici si è laureata proprio quel fine settimana e non è potuta venire. A ogni modo, ha pubblicato il mio diploma di laurea sulla sua pagina e ha scritto un bel post su di te: "#BrittneyGriner si è persa un'importante pietra miliare nella vita di sua moglie Cherelle... la laurea in legge. 79 giorni sono davvero troppi per essere detenuti ingiustamente. Non ci fermeremo finché BG non sarà a casa! Continuate la mobilitazione!". È stato davvero molto carino da parte sua!»

Anche mentre terminava il suo dottorato di ricerca, Relle aveva studiato la legge russa. Così sapeva che queste udienze erano inutili e che i miei avvocati erano impotenti nei tribunali corrotti di Putin. Inoltre, Relle si è arrabbiata quando ha letto le mie lettere sulla perizia psichiatrica, su come sono stata costretta ad ammettere la mia colpevolezza. Non ha nascosto il suo disappunto. «Perché BG viene interrogata?» ha chiesto ai miei avvocati su FaceTime. Tutti gli imputati subiscono questo tipo di interrogatorio, le hanno risposto. Questo ha reso il processo «più scorrevole». Relle ha perso la testa. «Più scorrevole?» ha sbottato. «Non permetterei mai che il mio cliente subisca pressioni per dichiararsi colpevole. È una *follia*!»

Dalla prospettiva della legge americana tutta la questione è ridicola, ma in Russia queste valutazioni psicologiche sono obbligatorie. I miei avvocati non si aspettavano nemmeno di potermi difendere usando le stesse tattiche che può usare un avvocato difensore negli Stati Uniti. Il massimo che hanno potuto fare è stato ridimensionare la mia dichiarazione. Fino a quel momento, Relle aveva cavalcato la speranza che venissi rilasciata, ma la speranza si è spenta dopo questo rifiuto. «Smettetela di perdere tempo a opporvi alla condanna in queste proroghe della sentenza» ha detto ai miei avvocati. «Non lasceranno andare BG, non le daranno gli arresti domiciliari. Mia moglie ha bisogno di una condanna. È l'unico modo per farla tornare a casa.» Alex e Maria hanno capito il suo punto di vista, ma si sono comunque opposti in tribunale.

Quando mia sorella SheKera ha saputo che le mie richieste erano state respinte per l'ennesima volta, mi ha mandato un messaggio di conforto per posta. «Hai mai sentito dire che Dio dà le battaglie più difficili ai suoi soldati più forti?» mi ha scritto. «A quanto pare, tu sei un soldato forte. Sono sicura che è più facile a dirsi che a farsi, ma devi tenere la testa alta, ragazza. Hai una fantastica squadra che lavora per te e, soprattutto, le preghiere funzionano. Dio sa come mettere le persone giuste sulla nostra strada proprio quando ne abbiamo più bisogno. Ricorda, questo processo si svolgerà secondo i SUOI tempi.» È chiaro che per Dio il tempo giusto non era a maggio.

* * *

Dopo l'udienza sono tornata in cella. Olya mi venne incontro sulla porta.

«Allora, cos'è successo?» mi chiese. «Sarai scambiata?»

«Non ne ho idea» risposi alzando le spalle. Ho dato un'occhiata ad Alena, che ha alzato le sopracciglia come a dire *Cosa*?

«Con chi pensi che ti scambieranno?» Olya insistette.

«Non lo so» sbottai. «Non si sa ancora niente.»

L'unica cosa evidente era invece l'invadenza di Olya.

Era così palese che io e Alena ne avevamo parlato nell'area delle visite quando Olya non era a tiro. «Come mai tutte queste domande?» disse Alena. «*Lo so, lo so*» sussurrai nel caso in cui fosse rientrata. Avevamo anche notato quanto sembrasse interessata ogni volta che io e Alena parlavamo a tu per tu, il che accadeva praticamente tutto il giorno. Iniziavamo a parlare mentre Olya si addormentava nella sua cuccetta in basso. Chi aveva la cuccetta in basso era libera di sonnecchiare durante il giorno perché le guardie non potevano avere una completa visuale sulle telecamere. Non appena iniziavamo a parlare, Olya si alzava e si metteva in ascolto. Io dicevo qualcosa e lei mi fissava. Alena rispondeva e lei girava il collo e la guardava. A volte tirava fuori il suo diario e iniziava a scrivere mentre parlavamo, come aveva fatto quando ero tornata dalla visita psichiatrica. *Questa sta prendendo appunti su quello di cui parliamo?* Alena si poneva la stessa domanda, ma nessuna delle due lo sapeva. Mi sono talmente insospettita che ho detto senza rivolgermi a nessuno: «È meglio che non trovi mai il mio nome nel diario di qualcuno». Alena sapeva che non stavo parlando con lei. Olya non disse nulla.

Io e Alena discutemmo se dare un'occhiata al diario di Olya non appena fosse uscita dalla cella. Non lo facemmo perché era contro le regole non scritte della detenzione: non si fruga nelle cose degli altri.

Un paio di settimane dopo l'udienza, il mio occhio sinistro iniziò ad avere delle contrazioni. «Che cos'hai all'*occhio?*» mi chiese Alena una mattina presto. Avevo sentito le contrazioni per tutta la notte, ma non lo avevo controllato. La nostra cella aveva un minuscolo specchio incastonato nel muro sopra il lavandino. Era così piccolo che non riuscivo mai a vedermi il viso per intero. Ma era abbastanza grande da permettermi di vedere la macchia gialla impiantata nell'angolo dell'occhio sinistro. Quando l'ho vista ho avuto un sussulto.

Prima sono arrivate le contrazioni e poi il dolore. Il mio bulbo oculare pulsava così tanto che mi venne mal di testa. Quando ho abbassato delicatamente la palpebra inferiore, il pus giallo non è uscito. Era troppo consistente. Ma quella schifezza sembrava aumentare. Il giorno dopo era il doppio. Me ne lamentai con una guardia. «È solo stress» rispose. *Sei una guardia e pure un medico?* ho pensato. Ho parlato con un'altra guardia. Anche quella mi ha liquidato. Certo, i prigionieri mentivano sempre sul fatto di essere malati. Era un modo per uscire dalla cella e per avere delle medicine. Ma bastava guardare il mio occhio infiammato per capire che ero sincera. Alle guardie non importava.

Ho pensato di aver preso un virus, e chi non l'avrebbe fatto? Quel posto brulicava di germi. «Potrebbe essere congiuntivite?» chiese Alena. Forse, ma il mio occhio non era rosa. Si chiese anche se fosse stato il polline. Da maggio alla fine dell'estate, in Russia l'aria è piena di grossi pezzi di polline bianco chiamato Betula. Sembra che qualcuno abbia soffiato un milione di denti di leone. C'erano cumuli di questo polline negli angoli del cortile, ammucchiati come neve. Le altre ragazze, che lo chiamavano in gergo *plouf*, ci erano abituate. I miei occhi no.

«Devo vedere un medico» dissi.

«Non ti conviene andare in infermeria» mi avvertì Alena. Mentre il nostro carcere aveva solo un ufficio medico, alcune strutture avevano un reparto ospedaliero completo. «Ti metteranno in un letto proprio accanto a qualcuno con una tubercolosi infettiva» mi disse.

Sapevo che aveva ragione. Per questo motivo avevo rifiutato le visite mediche previste dalla prigione. Poche settimane dopo il mio arrivo in carcere, per esempio, le guardie mi sollecitarono ad andare dal ginecologo. No no. Non avevo intenzione di beccarmi qualcosa, e neppure che usassero qualche strumento sporco nelle mie parti intime. Poi le guardie insistettero perché andassi dal dentista, anche se mi avevano detto quanto fosse bello il mio sorriso. «Vedete questi bei denti?» dissi, sorridendo. «Be', sono finti. Sono stati la prima cosa che ho comprato appena ho fatto i soldi.» Prima di allora, i miei denti anteriori ballavano parecchio. Ecco perché odio la mia foto della notte del draft del 2013. Quando la guardo, riesco a vedere solo il mio sorriso storto.

Quella foto non l'ho nemmeno appesa in casa mia. Mi ricorda quanto mi sentivo insicura. Ma ora? Bianchi scintillanti. E non avrei mai permesso alla Russia di rovinare tutto. E poi: le malattie.

«Devono solo dare un'occhiata» dissero le guardie. Potevano farlo da lontano, insistetti. Hanno acconsentito e mi hanno portato a fare un controllo, ma senza infilarmi niente e senza toccare. Venne Olya in modo che potesse tradurre. Mentre ero sulla poltrona del dentista, ho guardato i suoi strumenti. Arrugginiti. Macchiati di sangue. Sporchi. Se quel dentista avesse provato a mettermi la mano in bocca, gli avrei staccato un dito a morsi. «I tuoi denti sembrano buoni» disse mentre li illuminava con la luce della sua vecchia lampada frontale. *Lo so. Ho pagato per averli.*

Così, quando Alena mi ha avvisata di evitare lo studio medico, ho annuito. Ma quando l'occhio è peggiorato e l'emicrania si è intensificata, ho sentito di non avere altra scelta. Per andare dal medico dovevo scrivere una «domanda», una breve nota (in russo) che spiegava la mia condizione. Alena me l'ha scritta e l'ha consegnata alla guardia, che l'ha a sua volta consegnata al direttore per una verifica. Tutta la procedura è durata una settimana. Quando la mia visita è stata approvata, il mio occhio era in fiamme. La guardia mi accompagnò nell'ufficio del medico nel seminterrato. Venne anche Alena.

L'«ufficio» del medico sembrava un vecchio bunker. Presi posto vicino a una decina di donne stipate lì dentro, tutte in piedi. Una donna, stoica e anziana, aveva una gamba fasciata con il sangue che le impregnava la medicazione. Disse ad Alena che se l'era rotta dopo essere scivolata nella doccia. I medici le avevano inserito delle barre di metallo nelle ossa, ma una si era staccata e aveva perforato la pelle. Era tornata per farsela sistemare. Un'altra donna si pulì il naso con la mano, mentre altre starnutirono all'unisono. «Che diavolo» sussurrai ad Alena, il cui sguardo diceva: *Te l'avevo detto*. L'intera scena faceva veramente schifo. Mi misi nell'angolo più lontano, pregando di non prendere la tubercolosi. La guardia ci chiuse lì dentro e andò a prendere altre detenute malate. Aspettammo per un'ora prima che arrivasse il medico.

La dottoressa, una donna minuta con i capelli corti e grigio argento, mi abbassò la palpebra e la fissò. Disse solo: «Sembra grave». Non fece alcuna diagnosi, né chiese informazioni sulla progressione dei sintomi. Scarabocchiò qualcosa sul blocco delle ricette, strappò il foglio e me lo porse. «Ha bisogno di un collirio» disse. Per averlo, avrei dovuto compilare un'altra «domanda», disse ad Alena. Se il direttore avesse approvato la richiesta, avrei potuto chiedere ad Alex e Maria di presentarsi con quel foglio in una farmacia locale. Non erano ammessi farmaci di fabbricazione americana. Le guardie dovevano essere in grado di leggere tutte le etichette per evitare il contrabbando. Dopo diversi giorni di sofferenza, finalmente ricevetti le gocce. Quella settimana nel cortile, scoprii che il «dottore» che mi aveva visitato era in realtà una veterinaria.

Il mio occhio era in via di guarigione quando ricevetti un biglietto da Tanya. Il locale delle docce era anche il nostro ufficio postale. Scrivevi un biglietto, lo piegavi e annotavi il nome del destinatario sul davanti. Poi lo infilavi sotto una porta di metallo tipo Chernobyl sul lato opposto del bagno. Non abbiamo mai usato quella porta. Ma una volta io e Alena abbiamo sbirciato lì dentro; quindi, sapevo che conduceva a un'area piena di spifferi dove le guardie appendevano gli oggetti ad asciugare. Sotto la porta c'era una fessura, abbastanza grande da permetterci di far scivolare i messaggi. Il giorno della doccia, guardavi i messaggi per vedere se ne avevi uno. Era così che ci tenevamo segretamente in contatto con le ragazze delle altre celle.

Quella mattina, alle docce, ho trovato il mio messaggio. «Come stai?» mi ha scritto Tanya. Nel cortile aveva saputo della proroga. Aveva anche saputo che ero stata finalmente classificata come «ingiustamente detenuta». Tutta la prigione sapeva della cosa e anche le guardie seguivano le mie vicende come se fosse un caso che le riguardava direttamente.

«Sto bene» risposi. Non era così, ma A) non c'era abbastanza spazio per spiegare il perché sul foglietto che avevo con me e B) non sono stupida. Sapevo che il mio biglietto poteva essere letto, anche se le guardie non avessero interrotto il nostro piccolo giro di lettere. Le due volte che ho lasciato un biglietto per Tanya non ho usato il mio nome o le mie iniziali. L'ho firmato «42», il mio numero di maglia. Tanya sapeva che ero io. La volta successiva che ho controllato, mi ha risposto: «Tieni duro». Lo facevo. A malapena. Da un lato, ero entusiasta che la SPEHA si occupasse del mio caso. Dall'altro, la SPEHA stava anche supervisionando i casi di Trevor e Paul Whelan. Trevor ha scontato 985 giorni. Paul Whelan era stato arrestato nel 2018 ed era ancora rinchiuso all'inferno. Avevo paura che non sarei mai riuscita a uscirne.

* * *

Negli Stati Uniti, Relle e Lindz stavano mettendo a punto la mia campagna. Avevano bisogno di uno slogan e di un hashtag che incitasse milioni di persone. «Che ne dici di #LoveBG?» suggerì Lindsay. «Va bene, ma abbiamo bisogno di qualcosa di più efficace» disse Relle. «Non vogliamo solo che le persone amino BG. Abbiamo anche bisogno che la capiscano, che si identifichino in lei.» Lindz fu d'accordo. Poco dopo, fecero un brainstorming per arrivare a #WeAreBG: uno slogan e un grido di guerra tutto in uno.

Uno slogan non è solo uno slogan. Racchiude la tua storia, proprio come l'essere nera fa con la mia storia personale. «Dobbiamo umanizzare BG» ha insistito Relle. «Molti americani non la conoscono nemmeno.» È vero. Forse ero il LeBron donna in Russia, ma molti nel mio Paese non mi conoscevano fino a quando Putin non ha mandato in onda quel filmato; per di più, in un momento in cui gli americani erano profondamente divisi sui temi razziali. Alcuni che mi hanno scoperto per la prima volta hanno usato il mio caso per denigrare le persone di colore. Solo il 4 per cento della copertura sportiva degli Stati Uniti è dedicata agli sport femminili. Le atlete di colore ricevono ancora meno spazio. E poi c'è il problema di come vengo percepita. Quando la maggior parte delle persone mi guarda, non pensa a una persona *vulnerabile*. Quando sei alta due metri e sei e piena di tatuaggi, ti vedono come una persona minacciosa, non certo bisognosa di protezione. Questo vale per le persone di colore in generale. Siamo visti come persone dalla pelle spessa, immuni alle sofferenze che provano gli altri. È per questo che una bambina bionda viene spesso considerata tenera e innocente, e che i telegiornali sono pieni di notizie se c'è un rapimento. Nel frattempo, i bambini neri vengono maltrattati da poliziotti razzisti.

Quindi lo slogan della mia campagna aveva un paio di funzioni importanti. In primo luogo, doveva rendermi visibile in un mondo in cui le donne nere sono spesso ignorate o svalutate. In secondo luogo, doveva rendermi simpatica. Sì, sono nera, gay e gioco a basket. Ma quando le persone vedevano il mio volto e ascoltavano la mia storia, dovevano dire: «Ehi, lei è me» – americana prima di tutto e con dei sentimenti. Umanizzarmi significava allargare l'inquadratura per mostrare di più la mia vera natura. Non ero solo un'atleta imprigionata all'estero. Ero anche una sorella, una figlia, una zia Nene, un'amica, una persona con un cuore molto più grande dei miei errori.

Il mio team si è assicurato che il messaggio venisse trasmesso in tutte le fasi della campagna. Quando le persone hanno protestato per tenere i riflettori puntati sul mio caso, Lindz li ha incoraggiati a usare le mie foto con la maglia della nazionale USA, piuttosto che quelle in cui compaio accigliata o con il pugno alzato. Le immagini sono potenti, spesso più delle parole. Le persone non sempre leggono o ascoltano, ma si fermano a guardare. Ho rappresentato il mio Paese sul palcoscenico mondiale e ho vinto due ori olimpici. A ogni occasione, volevamo ricordare agli americani quanto li avessi resi orgogliosi. Non si trattava di fingere di essere qualcuno che non ero. Si trattava di fare in modo che mi vedessero in modo completo.

Una campagna per la libertà di una persona è centrata su una domanda: chi merita la nostra solidarietà? Questo è ciò che la dottoressa Danielle Gilbert, docente di scienze politiche che ha fornito consulenza al governo degli Stati Uniti per il recupero degli ostaggi, chiama «meritevolezza» degli ostaggi. Per gli americani, non tutti gli ostaggi sono uguali. Alcuni si guadagnano facilmente la simpatia dell'opinione pubblica, mentre altri vengono disprezzati. La ricerca della dottoressa Gilbert ha messo in evidenza una delle motivazioni relative al «merito»: quando decidiamo se un ostaggio è meritevole della nostra solidarietà, consideriamo le caratteristiche di quella persona e se lui o lei sembrano avere delle colpe per essere state imprigionate. Le persone considerate più irreprensibili raccolgono il massimo sostegno. Ma se c'è anche solo un accenno di colpevolezza, buona fortuna nel ricevere una quota di pietà. Inoltre, agli occhi di alcuni, il mio essere nera mi rendeva di per sé colpevole.

Grazie all'intelligenza con la quale si erano schierate la mia squadra, la WNBPA, Vince Kozar e la Mercury, il movimento #WeAreBG si è subito animato. Il 6 maggio, pochi giorni dopo che sono stata etichettata come ingiustamente detenuta, le giocatrici della WNBA hanno iniziato la stagione indossando le magliette «We Are BG» e le hanno poi indossate durante il riscaldamento e le presentazioni delle giocatrici per ogni partita. La lega ha messo adesivi con la scritta «BG 42» su tutti i campi da gioco. Quando le compagne di squadra e i sostenitori facevano interviste e pubblicavano messaggi, Lindz li incoraggiava a includere un conto alla rovescia, come «BG è detenuta da ottanta giorni». Il messaggio è stato accompagnato da un tormentone: «Sollecitiamo la Casa Bianca a fare tutto il necessario per riportare BG a casa». Nei media, dalla CNN a NBC Today, dalla ESPN alla CBS, coloro che mi sostenevano hanno fatto sentire la loro voce.

Mentre i miei amici alzavano il volume sui mezzi di comunicazione, Lindz si sbatteva a Washington facendo pressioni sul Congresso affinché chiedesse la mia liberazione. Ha collaborato con Greg Stanton, deputato dell'Arizona, con la deputata Sheila Jackson Lee e con il Congressional Black Caucus. Entrambi hanno chiesto al presidente Biden e alla vicepresidente Kamala Harris di incontrare Relle. Un incontro personale avrebbe reso il mio un caso sia umano sia politico nello stesso tempo. Inoltre, il contatto avrebbe potuto spingere Biden a raggiungere rapidamente un accordo per la mia liberazione. Questo era ciò che speravamo. Nel frattempo, Lindz e Relle tennero vivo il mio nome presso l'amministrazione. In occasione di un evento del Team USA tenutosi alla Casa Bianca, il mio agente distribuì spillette arancioni «We Are BG» ad atleti olimpici di alto profilo. Ha anche spedito spille a tutte le squadre WNBA e NBA. Le mie compagne di squadra delle Phoenix Mercury le portavano mentre partecipavano alla Heart and Sole Shoe Drive, un'iniziativa che ho lanciato nel 2015. Quando tornavo a casa dall'allenamento, incrociavo molti senzatetto che non avevano le scarpe. Mi si spezzava il cuore. Nel mio bagagliaio ho iniziato a raccogliere scarpe da ginnastica da distribuire. L'iniziativa è cresciuta fino a disseminare i cestini di raccolta nei negozi di tutta Phoenix. Mentre ero in prigione, le mie compagne di squadra hanno continuato questa iniziativa di volontariato.

Mentre la campagna di sostegno decollava, la mia famiglia ha incontrato l'ambasciatore Roger Carstens, il capo della SPEHA. A Houston, Relle si è riunita con la mia tribù nel salotto di Pap ad ascoltare con attenzione ciò che diceva l'ambasciatore. Carstens sperava di potermi riportare a casa, ma non era in grado di indicare una tempistica attendibile. Era ottimista sul fatto che tutte le attività di sostegno avrebbero aumentato la mia possibilità di tornare a casa. Ma come? Rimanere visibili e raccogliere consensi avrebbe aiutato il presidente a prendere una decisione difficile per uno scambio di questo tipo.

Tutto questo era un grande «forse», sia per la mia famiglia che, soprattutto, per me. Nella negoziazione per lo scambio di ostaggi non ci sono garanzie, ma solo ansia e lacrime. Mentre io ero in prigione, quella primavera si stava negoziando per decine di ostaggi statunitensi in tutto il mondo, dalla Cina a Cuba, dalla Cambogia all'Iran, dall'Afghanistan al Mozambico. Nelle lettere di risposta, ho letto i punti salienti degli sforzi straordinari della mia squadra e mi ha fatto piacere sentire l'ottimismo dell'ambasciatore Roger Carstens. Ma la maggior parte delle notti ho pianto fino allo sfinimento in quella cella, con un gigantesco *se* che incombeva sulla mia testa. «Relle, sto guardando la foto che mi hai mandato perché ti ho sempre in mente» scrissi una sera. «Ti accarezzo le guance e vorrei poterti abbracciare, anche solo per un momento. Mi manchi così tanto, piccola mia. Per favore, continua a pregare che io esca. Ho paura di non riuscire a tornare a casa mai più.»

12
Voci di corridoio

Quando non hai altro che il tempo, parli. E in prigione quando si parla si sentono storie spaventose. C'è la storia del carcere in cui è mancata la corrente per tre giorni in pieno inverno. Niente luce o riscaldamento, nessun generatore. Telecamere spente, nessun controllo, nessuna possibilità di chiedere aiuto. E siccome le telecamere erano spente, chiunque avrebbe potuto aggredire chiunque nelle celle fredde e buie. Non so se ci abbiano provato, ma il solo pensiero mi ha terrorizzato. Poi c'erano i campi di lavoro forzato, come quello in cui fu mandato Trevor. Poiché tutti i detenuti erano in attesa di una sentenza, i campi erano un argomento ricorrente.

Anche prima della mia detenzione, avevo sentito parlare delle colonie penali. In pratica si tratta di ciò che resta dei gulag, il vasto e brutale sistema di campi di lavoro sovietici creato nel 1919 e che ha raggiunto l'apice durante la dittatura di Josif Stalin. Le condizioni di detenzione erano così dure da portare alla morte più di un milione di detenuti. Alcuni morirono letteralmente di fame mentre lavoravano come schiavi nelle miniere e costruivano ferrovie in un freddo estremo. Altri furono giustiziati. Quelli che sopravvissero furono torturati fisicamente e psicologicamente. Dopo la morte di Stalin nel 1953, i gulag vennero smantellati ma continuarono a vivere con un altro nome: colonie penali. Trevor ha scontato la sua pena in uno degli oltre ottocento campi sparsi per la Russia. Avevo il terrore di essere la prossima.

Alena aveva sentito parlare di due campi in particolare e pensava che sarei finita in quello più vicino a Mosca. «Lì ci sono molti stranieri» mi disse «soprattutto quelli con i soldi» non ricchi, ma più ricchi della media dei russi. Il lato positivo di questo campo era che avevano appena installato dei servizi igienici in stile occidentale che sostituivano i gabinetti dell'epoca dei gulag. Il lato negativo: era molto restrittivo, cosa che avrei potuto aspettarmi. Più una prigione era vicina alla capitale, più spesso si presentavano funzionari di alto livello delle strutture carcerarie, avvocati e organizzazioni per i diritti umani per fare dei controlli. Ecco perché alla contea c'era così tanto traffico di persone. I campi lontani da Mosca venivano monitorati molto meno spesso, il che significava che tutto era permesso.

La seconda colonia penale nella quale, disse Alena, avrebbero potuto mandarmi era una prigione mista, anche se con uomini *e* donne in edifici separati. Anche questo campo, a un paio di centinaia di chilometri da Mosca, era pieno di stranieri. Lì le regole erano molto permissive. «Hai sentito parlare di "The Roads"?» mi chiese Alena. Non ne avevo mai sentito parlare. «I detenuti strappano le lenzuola in lunghe strisce, ne legano un'estremità alle sbarre delle finestre e fanno oscillare gli oggetti verso le finestre di altre celle.» Utilizzando questa specie di superstrade manuali, i detenuti si scambiavano ogni tipo di merce di contrabbando: liquori, droghe, telefoni cellulari, accendini, qualsiasi cosa potessero legare a un lenzuolo e calarlo da qualche parte.

Alle guardie non importava. Probabilmente prendevano una sedia e si facevano un bicchierino di vodka insieme ai prigionieri. L'inconveniente di questo posto era uno squallore senza pari. I muri fatiscenti avevano grossi buchi. I topi andavano in giro in pieno giorno. Le celle erano stipate con dieci, quindici prigionieri. Questa era la voce che girava.

Non sapevo dove sarei finita, se in un gulag vicino o in uno lontano. Pregavo di essere rimandata a casa e, in caso contrario, agli arresti domiciliari. Tutti i discorsi sui campi di lavoro mi terrorizzavano. Mi ricordavano che ero del tutto impotente. Non avevo alcuna voce in capitolo in un Paese in cui Putin controllava tutto.

* * *

Con l'avvicinarsi della prossima udienza, Relle e Lindz si diedero da fare con foga. Lo seppi molto tempo dopo. Alex mi aggiornava a voce, ma le lettere della mia squadra mi arrivavano *moooolto lentameeente*, persino più lentamente di quanto non facessero alla contea. La posta era sempre stata censurata, ma le guardie avevano iniziato a tenere le lettere più a lungo, senza un perché. Alex ne portava una pila, le consegnava alle guardie che a volte le trattenevano per una settimana o più prima di permettermi di leggerle. Era una tortura. Era come morire di sete vicino a un ruscello che potevi vedere ma non raggiungere.

Anche le mie lettere in uscita erano diventate più lente. All'inizio Alex riusciva a scansionarle e inviarle via e-mail alla famiglia entro un giorno da quando le riceveva. Ma poi le cose cambiarono. Ora dovevo (1) lasciare le mie lettere nella cassetta postale di metallo usata da tutti i detenuti; (2) attendere la verifica del direttore, che di solito richiedeva almeno una settimana; e (3) pregare che venissero raccolte dai corrieri locali e consegnate ad Alex, che poi le scansionava e le inviava via e-mail alla mia famiglia. Non mi lamenterò mai dei ritmi del U.S. Postal Service. Alcune delle mie lettere sono andate perse, o potrebbero essere state cestinate dal direttore. Altre sono arrivate una o due settimane dopo che le avevo scritte. Questo nuovo modo di spedire la posta, anche una volta iniziato, cambiava continuamente. Il capo delle guardie dava una serie di indicazioni. Una guardia di grado inferiore faceva in un altro modo. Alena faceva la spola tra le due guardie, nel tentativo di far partire i nostri messaggi. Alla fine, ci sarebbe stato un duello a colpi di pistola tra i capi guardia per decidere quale fosse la regola migliore, almeno per quel giorno. In teoria nella prigione c'era una catena di comando, ma spesso non veniva rispettata. Come i suoi tribunali, le prigioni di Putin sono caotiche.

Quindi gli aggiornamenti di maggio da parte del mio team ci hanno messo una vita ad arrivare. Il mio umore stava scivolando sempre più in basso a causa delle voci sul processo e sui gulag. Inoltre, alcuni del team pensavano che sarei stata liberata entro l'estate e questo mi rendeva ancora più ansiosa di tornare a casa. Mi sentivo come se fossi bloccata nel quarto tempo, con l'orologio della partita perennemente fermo. Per affrontare il nervosismo, fumavo il doppio. Una sera mi sentivo così giù che scrissi a Relle al buio, sapendo che la mia lettera non le sarebbe mai arrivata. «Ehi tu, mia luna e mio sole, oggi è stata una giornata di quelle veramente dure. Sono andata in bagno per fumare una sigaretta e sono crollata. Ho letto alcuni vecchi articoli di prigionieri tornati a casa dopo due, tre, cinque anni. Non sono proprio di buon umore. Ho raggiunto il traguardo dei novanta giorni e mi sembra di essere qui da un anno.» Il cielo deve aver capito che ero depressa perché un paio di settimane dopo è arrivata una montagna di lettere. Ho iniziato con quelle di Relle.

Il mio amore si stava preparando per due grandi interviste televisive. La prima era un'esclusiva con Robin Roberts su *Good Morning America*. «Lindz sta facendo venire Robin a casa nostra a Phoenix per l'intervista» mi ha scritto. «Sono agitata, ma per te farò qualsiasi cosa. La TV è il tuo forte. Questa piccola stronzetta dell'Arkansas non è mai stata su nessuna TV! Sto cercando di attingere al tuo talento perché stare davanti a una telecamera lo fai sembrare così facile.» La lettera di Lindsay, che ho letto successivamente, mi ha detto com'era andata a finire. «Relle ha spaccato su *GMA*» mi ha scritto. Lo stesso è successo durante la calorosa chiacchierata di Relle con Angela Rye di ESPN. Prima della registrazione, Relle e Angela si sono parlate, e Angela le ha detto: «La gente ha bisogno di conoscerti. La tua presenza, la tua passione: è questo che salverà BG». Relle ha preso a cuore queste parole. «C'è una persona che può riportare BG a casa, ed è il nostro presidente» ha detto Relle durante l'intervista. «Lui ha questo potere... Ci aspettiamo che lo usi per raggiungere questo risultato.» Le parole erano ben pesate. Nelle settimane trascorse da quando ero stata classificata come detenuta ingiustamente, il mio team era passato dal chiedere semplicemente alla Casa Bianca di agire a sollecitare il presidente Biden a chiamare la mia famiglia. Una conversazione non solo avrebbe significato moltissimo per loro, ma poteva aiutare a mantenere il mio caso al centro dell'attenzione del presidente.

Relle mi ha dato altre notizie telegrafiche, da questioni personali a quelle del genere «Oh my God!». Aveva iniziato a prepararsi per l'Esame di Stato, dieci ore al giorno fino all'esame di fine luglio. *Vai, baby!* Lei e Lindz erano in rapporto diretto con il Dipartimento di Stato e avevano iniziato una strategia per far pressione sulla stampa tramite messaggistica e post. *Fantastico!* Si erano messe in contatto con il governatore Bill Richardson e con Mickey Bergman, il vicepresidente del Richardson Center for Global Engagement, un'organizzazione impegnata specificamente nel rilascio degli ostaggi statunitensi. Relle mi ha anche aggiornato sul basket. «La ragazza della Baylor University sta spaccando con l'Indiana Fever» si riferiva a NaLyssa Smith. «Dovrai darle del filo da torcere quando tornerai!» E

PS: due delle mie compagne di squadra delle Phoenix Mercury, Skylar «Sky» Diggins-Smith e Diana «Dee» Taurasi, avevano perso un po' il controllo durante una partita contro Vegas. Breezy (Brianna Turner) e Soph (Sophie Cunningham) per fortuna si sono messe di mezzo e le hanno fermate.

Vanessa Nygaard, l'allenatrice, ha commentato così il litigio. «Non siamo la prima squadra ad avere discussioni o disaccordi in panchina. Abbiamo assistito a episodi del genere durante tutta la stagione dell'NBA e in altri campionati. I giocatori giocano duro, con passione e si tratta della loro vite... e ci sono molte cose in ballo. La nostra squadra ha ancora più problemi con la situazione di BG: qualcosa che ci riguarda da molto vicino.»

La mia detenzione non stava uccidendo solo me. Stava colpendo anche le persone che amavo. Le giocatrici della WNBA si sono unite nel centesimo giorno della mia detenzione, attraverso il WNBPA, il sindacato delle giocatrici della WNBA. «Brittney Griner è la nostra compagna di squadra, nostra amica e nostra sorella» si legge nella dichiarazione. «È una giocatrice da record, una medaglia d'oro, una moglie, una figlia, una campionessa, un modello, un'all-star e molto altro ancora. In questo momento, BG è una cittadina americana che è stata ingiustamente detenuta in Russia da 100 giorni. Sono 144.000 minuti. Chiunque ci abbia seguito conosce il potere dei 144 [il numero di giocatori delle dodici squadre della WNBA]. Sappiamo che restare unite cambia la partita, la vita e il mondo intero. Mostriamo a tutti la potenza della nostra voce e riportiamo a casa BG.»

La mia lega. È pazzesco come si possa dedicare la propria vita a qualcosa che poi, in un attimo, svanisce. Il basket mi stava ancora profondamente a cuore. Ma i miei polmoni non erano più così d'accordo. Sapevo che il fumo mi stava danneggiando molto, eppure la priorità era rilassare i nervi. Inoltre, ero ormai decisamente fuori forma. Avevo messo almeno una decina di centimetri in più nel girovita, una combinazione di peso (ciao, salame) e di molti meno muscoli (niente allenamento coi pesi). Quella primavera, la mia squadra russa, la UMMC Ekat, regalò un pallone da basket al centro di detenzione per farmelo avere. Alcune ragazze palleggiavano nel cortile, dove le guardie tenevano la palla. Di tanto in tanto io e Alena correvamo in tondo come in un maneggio là fuori, dentro quel cerchio di un metro e mezzo senza rete. Dopo qualche giro mi mancava il fiato. Mi resi conto che forse non avrei mai più giocato a livello professionale. Prima della prigione, passavo ore e ore al giorno a fare su e giù per il campo, sia durante la stagione che fuori. In carcere ero troppo depressa per fare gli addominali in cella, figuriamoci per seguire una routine di allenamento.

Giugno iniziò con una nota positiva. Innanzitutto, la data della mia prossima udienza era stata fissata per il 14. I documenti erano stati finalmente approvati; Alex li portò direttamente al direttore del carcere per una verifica.

Lindz disse ad Alex che l'Ambasciata degli Stati Uniti avrebbe organizzato una telefonata da parte mia presso i loro uffici. Sarebbe stata la mia prima conversazione con Relle dopo più di cento giorni. Non. Vedevamo. L'ora. «La regola qui è che ti danno cinque minuti, ma noi potremmo averne quindici» ho scritto a Relle. «Comunque sia, è una vittoria perché potrò sentire la tua voce. Quando è tutto pronto, per favore accendi la suoneria e *provala*! La chiamata potrebbe essere in anticipo o in super ritardo. Cerchiamo di essere pronti a tutto.» Io ero pronta, o almeno così pensavo.

13
Al telefono

L'organizzazione della telefonata con Relle è stata un po' lunga. Per prima cosa è stata fissata una data. Poi ho dovuto aspettare il prossimo Market per poter comprare una scheda telefonica. I prigionieri pagavano per le loro chiamate. Si potevano fare solo mentre il tuo gruppo era nel cortile, a prescindere da quale ora gli fosse stata assegnata. All'inizio della pausa, la guardia urlava: «Chi ha bisogno del telefono?». Una mattina di giugno, alzai il braccio.

Tirai fuori i documenti necessari: il consenso alla chiamata firmato dal giudice, l'approvazione del direttore e la mia «domanda», una nota scritta a mano che diceva chi stavo chiamando e che l'Ambasciata degli Stati Uniti mi avrebbe messo in contatto con Relle. Avrei avuto cinque minuti, forse quindici, a seconda dell'umore delle guardie. Queste due guardarono i documenti e condussero me e Olya in un salone. Alena era via per una visita, quindi Olya mi avrebbe aiutato a usare la scheda telefonica.

Ci siamo avvicinate a una fila di telefoni a muro. Neri. Uno accanto all'altro con dei lunghi cavi a spirale. Dei quattro pulsanti, tre funzionavano. Le guardie di solito stavano lì intorno durante le chiamate, mi aveva detto Alena. Quel giorno se ne andarono, non so perché. «Dammi la tua roba» disse Olya, prendendo il mio biglietto e il numero. Avvicinò il biglietto al viso, studiò la minuscola scritta in russo sul retro e iniziò a comporre il numero. «Non so se è giusto» disse «ma vediamo.» Premette il ricevitore all'orecchio e si stropicciò il viso. «Dice "La chiamata non può essere effettuata"» disse. Il mio cuore sprofondò.

Olya compose di nuovo il numero, la seconda volta più lentamente, per essere sicura di fare i numeri giusti. Stesso messaggio. La pregai di riprovare. Niente da fare. Proprio mentre Olya stava facendo un quarto tentativo, le guardie tornarono. Una di loro gridò in russo. Afferrai il telefono e guardai Olya, che tradusse ciò che temevo di sentire. «Dobbiamo andare» disse. «Il tempo è scaduto.» Rimasi lì per un attimo, fissando il biglietto come se si materializzasse un *Cooosa?* Ero confusa e distrutta. Su insistenza delle guardie attaccai il ricevitore e fummo scortate nelle nostre celle. In tutta sincerità, non ricordo nulla di quel tragitto. L'unico ricordo che ho è di aver trattenuto le lacrime che mi scendevano sul viso mentre mi accasciavo sul letto.

Alex venne a trovarmi il giorno dopo. Ero ancora distrutta. «Cosa è successo?» mi chiese. Relle aveva aspettato tutto il giorno, ma il suo cellulare non aveva mai squillato, gli aveva detto. Quando ha contattato l'Ambasciata, ha saputo che non avevo chiamato. «Una cattiva connessione, credo» ho mugugnato. Alex mi promise che avrebbe riprogrammato la chiamata, cosa che fece circa una settimana dopo. Quando finalmente arrivò il giorno stabilito, ero pronta con una nuova scheda telefonica. Questa volta venne con me Alena.

Compose il numero mentre leggevo le cifre. Un attimo dopo la sua faccia si illuminò. «Sta suonando!» disse porgendomi il telefono. Premetti il ricevitore all'orecchio. *Drin drin. Drin drin. Drin drin.* «Che succede?» chiese Alena. Altri squilli. Nessuna risposta. «Fammi provare di nuovo» disse Alena, che stava sacrificando il suo tempo per chiamare al telefono. Premette con forza ogni cifra e la tenne premuta. Dopo aver composto i numeri, mi passò il ricevitore e corse verso un altro telefono per chiamare suo padre.

Drin drin. Drin drin. Drin drin... Click.

Quando sentii i tre squilli e poi un click, il mio cuore mancò un battito. «Pronto?» dissi. *Silenzio.* «Pronto, pronto, pronto?» *Niente.* «Sei tu, Relle?» Continuavo a parlare, ma non avevo nessuna risposta. Alena mi lanciò un'occhiata, vide le mie labbra tremare e interruppe la chiamata per aiutarmi. Riagganciai e richiamai: stessa cosa. Con la chiamata precedente avevo fatto quattro tentativi. Questa volta ne feci undici. Squillava e squillava, poi quel click, e la linea cadeva. Le guardie ci fecero cenno di chiudere, mentre le lacrime mi inondavano il viso. Non avrei mai voluto che le guardie mi vedessero crollare. Ma non riuscivo a controllarlo. Avevo contato i minuti che mi separavano dal sentire la voce del mio amore per la prima volta dopo più di cento giorni.

Più tardi, Alex mi ha raccontato i retroscena. Dopo che la mia prima chiamata non era andata a buon fine, il team dell'Ambasciata americana aveva riprogrammato la chiamata per una data in cui era disponibile la linea più diretta possibile. In questo modo, non avrei perso due o tre minuti di una chiamata di cinque minuti in attesa che fosse trasferita. Ma la linea telefonica che mi avevano assegnato per la chiamata non era coperta nei fine settimana. La mia chiamata era stata fatta di sabato, cosa di cui il programmatore non si era evidentemente accorto. In privato, si sono ampiamente scusati. In pubblico, hanno fatto lo stesso. «Siamo profondamente dispiaciuti che Brittney Griner non abbia potuto parlare con sua moglie a causa di un errore logistico» ha dichiarato un portavoce del Dipartimento di Stato alla ABC News. Le loro intenzioni erano buone. Tuttavia, questo non leniva la ferita, la delusione. Avevo aspettato quasi quattro mesi per parlare con la mia donna, e Relle era comprensibilmente arrabbiata. Era la seconda volta che rimaneva sveglia per 24 ore, pregando che il suo cellulare squillasse. «Ero sconvolta, ferita, stanca e arrabbiata» ha detto all'Associated Press. «Ho mandato un messaggio all'agente di Brittney che diceva all'incirca "Non voglio parlare con nessuno. Mi ci vorrà un minuto per ritornare in me e di' a tutti che in questo momento non sono disponibile". Perché questa cosa mi ha messo al tappeto. Non mi sentivo bene e ancora non mi sono ripresa.»

Mentre Relle si sfogava con la stampa, io mi sfogavo nel mio diario-sudoku. «Il giorno peggiore della mia vita» ho scritto. «Sono lontano da mia moglie dal nostro anniversario e l'Ambasciata non ha risposto alla mia chiamata. Sono incazzata per aver deluso il mio tesoro.» Non era colpa mia, ma sembrava che lo fosse. «Smetti di incolparti per tutto» mi scrisse Relle. Mi conosceva bene. È così che mi hanno cresciuta i miei genitori: assumiti la responsabilità delle tue scelte, quelle buone e quelle cattive. Relle lo capiva, ma pensava anche che quel continuo scusarsi nelle mie lettere avrebbe potuto essere usato contro di me, dando alla Russia un modo per trasformare il mio naturale rimorso in un vantaggio per loro. La punizione che avevo già subito era decisamente sproporzionata rispetto al piccolo errore che avevo commesso. Ho capito il suo punto di vista e ho rinunciato a scusarmi nei miei appunti con lei. Ma in cuor mio non potevo fare a meno di incolpare me stessa.

***

La mia detenzione venne prolungata fino al 2 luglio. Stessa canzone, terzo verso: niente arresti domiciliari. Nessuna accusa caduta. E proprio in quella circostanza fu aggiunta una seconda grave accusa.

Nell'edificio di mattoni rossi la notte del mio arresto, Alex mi aveva avvertito di questa eventualità. Ero già stata accusata di aver violato l'articolo 229.1, comma 2 del Codice penale russo: traffico di una «quantità significativa» di merce di contrabbando. La pena prevista era da cinque a dieci anni. Questa seconda accusa riguardava il possesso illegale di droga. Non importava dove avessi preso la droga, da quanto tempo la possedessi o se fosse solo per uso personale. Il fatto che fosse in tuo possesso significava che avevi infranto la legge russa. Nella maggior parte dei casi, si trattava di un pacchetto due in uno: se eri accusato di contrabbando di stupefacenti, significava che ne eri anche in possesso.

Se fossi stata condannata anche per questo secondo capo d'accusa, avrebbero potuto aggiungersi tre anni alla pena (ma se fossero stati aggiunti, sarebbero stati contestuali con i 5-10 anni). Mentre Alex parlava, io lo fissavo con aria assente. *Gli investigatori sapevano che ero in possesso di droga fin dal primo giorno; quindi, perché non mi hanno accusato allora? È una cosa stupida.* Ma le autorità dovevano pur trovare qualcosa durante la loro «indagine», mi spiegò Alex. L'accusa supplementare mi faceva sembrare ancora più colpevole.

Pochi istanti dopo, Alex mi diede la migliore notizia che avessi mai sentito da quando ero arrivata all'inferno. «Il tuo processo probabilmente inizierà presto» mi disse. «Come fai a saperlo?» Non si può essere certi di nulla quando si tratta dei tribunali russi, mi disse Alex. Tuttavia, pensava che la breve proroga (un mese e non due, come l'ultima volta) indicasse che presto avrebbero fissato una data. Ero euforica. Perché una volta che avessimo avuto una data, anche se fosse stata spostata, il processo sarebbe iniziato: sarei finalmente salita sul banco degli imputati. Finalmente sarei stata a un passo da un verdetto e poi, se Dio l'avesse voluto, a uno scambio. Una sentenza non garantiva la possibilità di uno scambio di ostaggi. Erano quattro anni che la famiglia di Paul Whelan tentava di riportarlo a casa con tutte le forze. Ma una volta fissata la data del processo, lo scambio sarebbe passato da un *no secco* a un *forse*. Alex e Maria erano così sicuri che il mio processo fosse vicino, forse a luglio, che iniziarono a prepararmi come se davvero lo fosse. L'udienza portò un secondo aspetto positivo: i referti della visita psicologica stabilivano che ero sana di mente.

Con la forte probabilità che presto sarei stata processata, la campagna di sostegno alzò ancor più il volume per portarlo al massimo. Se mai ci fosse stato un momento migliore per fare rumore, sarebbe stato quello che precedeva un processo che avrebbe cambiato tutto per me. Alla fine di giugno, Lindz fece la voce grossa su X, allora conosciuto come Twitter. «Resta il fatto che il governo degli Stati Uniti ha stabilito che Brittney Griner è detenuta ingiustamente a tutti gli effetti e viene usata come pedina politica. La negoziazione per il suo rilascio immediato, a prescindere dal procedimento legale, deve rimanere una priorità assoluta e ci aspettiamo che [il presidente Joe Biden e la vicepresidente Kamala Harris] facciano subito tutto ciò che è in loro potere per negoziare un accordo che la riporti a casa.» Portate l'attenzione sul fatto che vengono direttamente chiamate in causa le autorità – un esempio che dimostra come la pressione si stesse alzando – e notate anche l'urgenza richiesta: *non domani, non l'anno prossimo*, quando il mio caso non sarebbe più stato sulle prime pagine, ma *subito*, mentre il mio processo accendeva l'attenzione di tutto il mondo. Tutto ciò che il mio team poteva fare per rimanere nel radar del presidente, l'ha fatto a braccetto con la SPEHA. Roger Carstens, Fletcher Schoen e Ken Kosakowski – tutti della SPEHA – parlavano e messaggiavano 24 ore su 24 con Lindz. In quel periodo, la Camera dei rappresentanti degli Stati Uniti ha lanciato un appello unanime approvando una risoluzione bipartisan per chiedere il mio rilascio immediato. Il membro della Camera dei rappresentanti dell'Arizona Greg Stanton ha patrocinato la risoluzione. «Non passa giorno senza che pensiamo a Brittney e lavoriamo per riportarla a casa» ha dichiarato. «Continueremo a fare pressione per il suo rilascio e a fare in modo che non venga dimenticata.»

Quello fu solo l'inizio. Il mio team organizzò importanti interviste con la stampa, coinvolgendo chiunque potesse tenere alta l'attenzione sul mio caso. Quando Alex mi consegnò la lettera di risposta a quella inviata da Lindsay in giugno, c'era un elenco così lungo di cose fatte e da fare che quasi mi cadde di mano. «So che da lì dove sei sembra che non stia succedendo niente» mi scrisse. «Ma ho incontri ogni giorno e non immagini quanta energia spinga nella tua direzione. L'obiettivo principale della scorsa settimana, mentre alzavamo il volume, era quello di organizzare un gruppo di alcune delle più influenti organizzazioni per i diritti umani e civili affinché firmassero una lettera comune (pensa a NAACP, GLAAD, Human Rights Campaign, Al Sharpton's National Action Network e Jesse Jackson's Rainbow PUSH Coalition). Un grosso passo avanti, di grande impatto. Una cosa è avere dalla nostra parte la voce di singoli attivisti. Un'altra cosa è quella di organizzazioni potenti che si battono per te direttamente alla Casa Bianca. Il mio obiettivo è quello di riunire le organizzazioni LGBTQ+ che si occupano di donne, e quelle che si occupano di giustizia razziale sotto un unico cappello in modo che tu possa rappresentare la tua intersezionalità.»

Obiettivo raggiunto. Lindz avviò una collaborazione con la strategist democratica Karen Finney e con altri per raccogliere quarantaquattro potenti organizzazioni che sottoscrivessero la lettera. Il loro messaggio era: «Negoziate per il rilascio di BG, *adesso*». Messaggio ricevuto, a quanto pare, perché quando i funzionari della Casa Bianca videro l'articolo apparso sul «New York Times» il 22 giugno e intitolato «I sostenitori di Brittney Griner chiedono a Biden di trovare un accordo per liberarla», fecero una dichiarazione. «Il presidente Biden è stato chiaro sulla necessità che tutti i cittadini statunitensi presi in ostaggio o detenuti ingiustamente all'estero siano rilasciati, compresa Brittney Griner» disse un funzionario della Casa Bianca al «New York Times». «Il governo degli Stati Uniti continua a lavorare in modo molto determinato e con ogni mezzo disponibile per riportarla a casa.»

Relle non era così sicura che fosse vero. Dopo i casini della nostra telefonata e con il presidente che non si era ancora espresso di persona, aveva perso fiducia nel governo. Ho cercato di non fare lo stesso. La nostra sfiducia non riguardava solo questo incidente. Le radici dello scetticismo dei neri risalgono a generazioni fa, in un Paese che non ci ha mai guardato le spalle perché era troppo impegnato a spezzarcele. Inoltre, se i funzionari del governo degli Stati Uniti non erano in grado di farci fare nemmeno una telefonata, come potevamo fidarci di loro per venire a capo di tutti i difficili passaggi necessari per riportarmi in America? Col senno di poi, capisco perché la telefonata è stata incasinata. È un errore che chiunque avrebbe potuto fare. Ma in quel momento io e Relle non avevamo le idee chiare. Al contrario, eravamo rabbiose, affrante, impaurite e amareggiate, e con tante domande che ci preoccupavano.

* * *

Come ci si prepara ad affrontare la svolta più terribile della propria vita? Dato che il processo sarebbe stato imminente, Alex e Maria iniziarono col consultare Relle, Lindz e la mia famiglia. Insieme decidemmo in che modo mi sarei dichiarata colpevole.

Questo potrebbe sorprendere qualcuno, dato che durante la perizia psicologica avevo rifiutato categoricamente di ammettere la mia colpevolezza. Ma resistere serviva a non far intuire la mossa che avrei fatto in seguito. Dichiararmi colpevole serviva per rispondere alla domanda più importante: cosa mi avrebbe portato a casa più velocemente? Se mi fossi dichiarata non colpevole, avrei praticamente dato dei bugiardi ai russi. Quindi, piuttosto che sputare in faccia a Putin, era più intelligente permettergli di *salvare* la faccia. Dichiarandomi colpevole, avrei detto: «Hai ragione, Putin, l'ho fatto. Non avevo intenzione di infrangere la legge, ma l'ho fatto». Putin sarebbe apparso come l'uomo forte, il salvatore onnipotente. Credevo che fosse la mia unica possibilità di ottenere una riduzione della pena. In un sistema con una percentuale di condanne del 99 per cento, era pressoché certo che avrei scontato la pena. Quanto sarebbe stata lunga dipendeva dalla nostra strategia processuale. Trevor Reed lo sapeva. «Capisco che in questo Paese dichiararsi colpevoli possa portare a una sentenza con una pena più breve» disse in un tribunale russo. «Ma credo che sarebbe immorale e non etico dichiararmi colpevole di un crimine che non ho commesso e, se dovessi essere condannato a una pena detentiva, preferirei rimanere in prigione da uomo onesto piuttosto che uscire domani come un bugiardo e un codardo.» Rispetto la scelta di Trevor. Io ne ho fatta una diversa.

Il governo degli Stati Uniti mi ha raccomandato di dichiararmi non colpevole, come avevano fatto Trevor e Paul Whelan. Capivo il ragionamento. Una dichiarazione di non colpevolezza avrebbe reso più facile il lavoro dei funzionari. Dal loro punto di vista, sarebbe stato più semplice spiegare perché mi avevano classificato come ingiustamente detenuta, perché la *detenzione ingiustificata* e la *non colpevolezza* sembrano andare a braccetto. Ma dalla nostra prospettiva, non era necessariamente così. Puoi ammettere di essere colpevole, ma continuare a sostenere che il tuo crimine non è proporzionato alla pena che ti è stata applicata e che le ragioni per cui ti è stata inflitta una punizione così severa sono di natura politica. L'etichetta di «detenuta ingiustamente» ha a che fare con il *motivo* della mia detenzione. La SPEHA è giunta alla conclusione che la Russia ha usato di proposito il mio arresto e il rigore del mio trattamento come moneta di scambio, un modo per ottenere punti politici. Il fatto che io mi dichiarassi colpevole o non colpevole non avrebbe cambiato questa logica. Ma avrebbe complicato un po' le cose per i funzionari del governo degli Stati Uniti. Sarebbe stato più semplice per loro dire: «È detenuta ingiustamente, in parte, perché non ha commesso il crimine di cui è accusata».

Siamo stati riconoscenti nei confronti dell'amministrazione per i consigli che ci hanno dato e per il loro sostegno, ma alla fine abbiamo deciso di fare di testa nostra. Devi pensare con la tua testa, soprattutto quando ti stai giocando la vita. «BG non può vincere nel sistema russo» ha detto Relle al team. «Questo sistema se la mangia viva perché chiunque venga accusato è comunque colpevole. Ecco perché sono più orientata a dire: "Ok, è colpevole, ora come facciamo a riprendercela?".» La strategia della non colpevolezza poteva rivelarsi vincente. Anche se Trevor si è dichiarato non colpevole, è riuscito comunque a tornare a casa. La negoziazione degli ostaggi è un gioco di probabilità, con diverse differenti serie di mosse per arrivare allo scacco matto. La strategia dell'amministrazione non era giusta o sbagliata, sicura o incerta. Era semplicemente un calcolo basato sui fattori in gioco. E mentre valutavamo il mio campo di gioco, il mio team pensava che baciare l'anello al re fosse il modo più veloce per raggiungere la libertà. Avrei fatto di tutto per tornare a casa.

Una volta decisa la strategia di patteggiamento, i miei avvocati mi aiutarono a scrivere la dichiarazione che avrei rilasciato durante il processo. Non solo Putin e il Cremlino mi avrebbero osservato, ma milioni di persone sarebbero state in onda per ascoltare ciò che avevo da dire. Per la prima volta, avrebbero tratto le loro conclusioni sulla faccenda basandosi sulle mie parole, invece di affidarsi esclusivamente a quello che raccontavano i media. Per quei pochi minuti, avrei avuto la loro completa attenzione per perorare la mia causa. Per fare appello alla loro compassione. Per rappresentare la mia famiglia, le mie compagne di squadra e la mia comunità dopo che avevo deluso tutti. Era la mia occasione per riguadagnare l'onore e per togliere la macchia che infangava i Griner. Moltissimo dipendeva da quella dichiarazione ed è per questo motivo che ho trascorso ore e ore a lavorarci nella luce fioca della mia cella. I miei avvocati non hanno scritto niente della dichiarazione, ma mi hanno dato delle linee guida: «Devi dimostrarti contrita, piena di rimorsi» mi aveva detto Alex «ma assicurati di essere molto chiara sul fatto che non avevi alcuna intenzione di commettere un crimine». Per me la questione era super chiara. Ora dovevo solo riuscire a trasmetterla al mondo intero.

La fine di giugno stava per arrivare e avevo scritto e riscritto la dichiarazione una dozzina di volte. È facile dire la verità. È difficile usare le parole giuste. Una sera ci stavo lavorando quando sentii le guardie urlare il solito «Controllo delle celle!». Per le perquisizioni, le guardie nominavano sempre un capo cella, un detenuto che rimaneva nella cella durante l'ispezione. Credo che questo servisse per assicurarsi che i nostri oggetti non venissero presi o danneggiati; non che avremmo potuto fare qualcosa se lo fossero stati. Non fui mai scelta come capo cella. Non sapevo parlare russo. Quella sera le guardie scelsero Olya, cosa che succedeva spesso. Per cinque, sei notti di fila, saltavano Alena e sceglievano Olya.

Io e Alena ci mettemmo faccia al muro e con le mani dietro la schiena, mentre Olya e le guardie chiacchieravano di Dio solo sa cosa. A un certo punto sentii una risatina. Dopo l'ispezione, Alena e io tornammo dentro. Appena entrati in cella, vidi Olya che passava a una delle guardie un pezzo di carta piegato. Rimasi per un attimo incredula, ma poi distolsi rapidamente lo sguardo per evitare che si accorgessero che avevo assistito alla scena. Anche Alena se ne accorse, ma nessuna di noi disse nulla in quel momento. Mi limitai ad archiviare il tutto nella mia testa, in un file che ormai era strapieno.

Ho tenuto la dichiarazione che stavo scrivendo e la mia ansia per il processo ben lontano da Olya. Tutto in lei diceva che era una *spia*: le orecchie che si drizzavano quando io e Alena parlavamo, il suo ficcanasare in quel diario e infine il biglietto che aveva passato alla guardia. Era evidente che era in combutta con le guardie. Non avevo idea di cosa gli stesse confidando e questo mi spaventava: non sapere cosa stesse spifferando su di me e a chi. Per questo motivo le parlai sempre meno. Fino a un giorno, settimane dopo, in cui non riuscii più a tenere a freno la lingua.

14
Disturbi dell'udito

Il mio processo è iniziato il 1° luglio, giorno del compleanno di mia moglie. Quella crudele coincidenza mi ricordava ancora una volta quanto il mio errore fosse costato caro a tutte e due. Relle non ha festeggiato il suo compleanno. Come avrebbe potuto? Mentre lei compiva trent'anni, la vita della persona che amava stava andando a gambe all'aria. Se fossi stata con Relle, l'avrei portata nella sua baita preferita in Colorado. Invece di festeggiare, eravamo in ansia per quello che sarebbe successo poco dopo: sette giorni di deposizioni, a luglio e agosto. Il procedimento si svolse presso il tribunale di Khimki, vicino alla contea.

Dall'inizio del processo, sulla mia vita era calata una cortina di silenzio. Il flusso delle lettere da casa si era quasi interrotto, a eccezione di alcune brevi note di Relle e di lettere di risposta di Lindz. Volevo dare a mia moglie il tempo necessario per l'impegnativa preparazione richiesta dall'Esame di Stato al quale mancava solo qualche settimana. Inoltre, i miei avvocati pensavano che fosse più sicuro sospendere temporaneamente le lettere della mia famiglia perché non volevano rischiare che una frase innocente facesse incazzare i russi. Eravamo *a un passo* dalla possibilità di fare uno scambio. Perché dare ai russi uno stupido motivo per prolungare il processo? Dal punto di vista strategico, tenere la bocca chiusa si è rivelata una cosa astuta, ma dal punto di vista emotivo è stata dura. Proprio quando avevo più bisogno dell'incoraggiamento della mia famiglia, mi sentivo molto sola. Ero grata di avere al mio fianco i miei avvocati e soprattutto Alex, un vero amico. Lui e Maria erano stati con me qualche giorno prima, il 27 giugno. Durante una rapida udienza in tribunale, erano state lette le mie accuse ed era stata fissata la data dell'udienza successiva: 1° luglio, centotrentacinquesimo giorno della mia ingiusta detenzione.

Luglio è il mese più caldo di Mosca e in più piove molto. Le temperature intorno ai 27°C non sembrano poi così male, se non si considera l'umidità media, che si aggira intorno al 75 per cento. Sono cresciuta in Texas e vivo a Phoenix, quindi non sono una piagnona quando c'è da sudare. Ma il primo giorno del processo c'era un'afa pazzesca, con un'aria così umida da poterci nuotare dentro. Non c'è aria condizionata nelle prigioni russe e nemmeno nei tribunali. Quella mattina alla contea, ho indossato una maglietta di cotone a maniche corte con Jimi Hendrix stampato sul davanti. Ho scelto quella maglietta per tenermi fresca e anche per una sorta di preghiera: nel 1969, Jimi fu arrestato per possesso di droga a Toronto. Una giuria lo dichiarò non colpevole. Mi sentivo spacciata nei tribunali di Putin, ma speravo ancora di cavarmela.

Restai in attesa nel sotterraneo. Sentii dei passi pesanti e mi alzai, mentre la maglietta si appiccicava sulla schiena umida. Arrivarono due poliziotti, uno in mimetica blu e berretto, l'altro in uniforme da marinaio. Nessuno dei due disse una parola. Uno dei due mi mise le manette e mi fece cenno di porgergli le mani. Mentre stringeva le manette, ebbi un sussulto quando il metallo iniziò a solcarmi la pelle. Poi tirò fuori un altro paio di manette, fece scattare la parte sinistra attorno al suo polso e bloccò la parte destra al centro della mia cintura. Ero già stata ammanettata a tutte le udienze, ma mai in questo modo. Come se fossi il suo cane al guinzaglio, la guardia mi tirò su per i gradini scricchiolanti, su per un'altra scala e giù per una breve rampa fino all'anticamera.

Fui accecata da decine di flash. Nel piccolo atrio, un centinaio di giornalisti erano ammassati dietro una corda, si davano di gomito, filmavano, mi si rivolgevano urlando. «Sei colpevole, Brittney?» gridò uno di loro. Seguirono altre grida, rapide come il *click-click-click* delle macchine fotografiche. «Sei una spacciatrice? Perché hai contrabbandato droga in Russia? Vuoi dire qualcosa a Cherelle?» La scena era così impressionante che strabuzzai gli occhi. Mi sentivo come se fossi alle finali dell'NBA, solo che non si trattava di una festa. Ero a una vera finale nella partita della vita, con una posta in gioco che non avrebbe potuto essere più alta. Un brivido mi ha scosso quando qualcuno urlò il nome di Relle. Fu davvero *invasivo*. Sapevo che era stata coin-

G a undici anni.

BG con il padre Raymond a Houston nel 2011.

BG con la madre, Sandra, a una partita della Phoenix Mercury.

BG con tutta la famiglia alla Baylor University il 18 febbraio 2024.

BG scortata dalle guardie dentro alla gabbia nel giorno del suo processo.

Una postazione per scrivere lettere presso lo Sports Bra di Portland, Oregon.

Maria e Alex parlano con la stampa all'esterno dell'aula, il 4 agosto 2022.

Le allenatrici Dawn Staley e Tara VanDerveer indossano le magliette di BG durante la telecronaca della partita tra le due prime squadre in classifica, South Carolina contro Stanford a fine novembre 2022.

BG sul volo di ritorno con Roger Carstens e Fletcher Schoen di Speha con alcuni membri dell'équipe medica del Dipartimento di Stato e delle agenzie che hanno contribuito alla liberazione.

Primi passi sul suolo americano.

Il primo abbraccio tra BG e Cherelle all'aeroporto di San Antonio.

Il general manager della Phoenix Mercury Jim Pitman, Cherelle, BG e il presidente della Mercury, Vince Kozar, all'aeroporto di San Antonio.

BG e Cherelle nell'hangar dell'aeroporto Kelly Field, Joint Base San Antonio l'8 dicembre 2022 circondate dal team che ha contribuito alla liberazione.

BG si allena per la prima volta alla base di San Antonio.

BG incontra, per la prima volta dopo la sua liberazione, la leggenda della Phoenix Mercury Penny Taylor che aveva chiesto la sua liberazione durante il suo discorso alla Women's Basketball Hall of Fame nel giugno 2022.

BG durante la sua prima conferenza stampa alla Phoenix Suns and Mercury Arena il 27 aprile 2023.

Il bacio tra BG e Cherelle durante
il primo match con la Mercury.

BG e il presidente della Mercury
Vince Kozar.

rtista Antoinette Cauley, Cherelle, BG, Neda Sharghi e la governatrice dell'Arizona
tie Hobbs davanti al murale di Cauley al Footprint Center di Phoenix.

e Cherelle con il presidente Joe Biden e la moglie Jill Biden alla cena dei
rispondenti della Casa Bianca nel 2023.

BG e Cherelle sul red carpet, al Met Gala.

volta in un vortice mediatico e che la sua privacy era stata violentemente stravolta. Questo aveva reso l'uragano una cosa reale. Mentre le domande provocatorie si susseguivano senza sosta, mi mossi a testa bassa, senza avere altra scelta se non quella di seguire le indicazioni che mi venivano date.

Alex e Maria mi raggiunsero in aula. «Sei pronta?» sussurrò Alex. Non mi sento mai pronta. Maria non disse quasi nulla. Si limitò a posare delicatamente la mano sul mio braccio. Mi infilai nella gabbia del tribunale e la guardia mi chiuse dentro. Secondo la Costituzione russa, gli imputati sono innocenti fino a prova contraria. Quelle sbarre raccontavano tutta un'altra storia. Mi sentivo già una galeotta, e mi resi conto che sembravo tale ancor prima di aver detto una parola. Mi sedetti sulla panca e posai lo spuntino che avevo portato, un pane russo da mangiare con il tè chiamato *sushki*. Avevo portato anche una bottiglia d'acqua, per aiutarmi a sopportare il caldo. L'accusa avrebbe esposto gli elementi a suo sostegno nelle prime due o tre udienze, mi avevano detto i miei avvocati. Successivamente avremmo potuto dire la nostra.

Attraverso le sbarre, diedi un'occhiata alla minuscola stanza, stipata da una ventina di persone. Vicino alla gabbia c'erano scatole di vecchi fascicoli, così vicine che avrei potuto tirare fuori le accuse fatte a un altro detenuto. Alex e Maria erano seduti a un banco vicino alla mia gabbia, accanto a un traduttore nominato dal tribunale. Il pubblico ministero, Nikolay Vlasenko, era su un lato della stanza, vicino ad altri funzionari. Dall'altra parte c'era Elizabeth Rood, all'epoca vicecapo missione dell'Ambasciata degli Stati Uniti a Mosca. In fondo, su delle panche a loro riservate, c'era una fila di giornalisti. In un'udienza precedente, la giudice aveva detto di non volere alcuna registrazione video. Forse la Russia stava cercando di tenere nascosto quel penoso spettacolo; i miei avvocati non si opposero; sapevamo che qualche filmato sarebbe comunque uscito da quell'aula di tribunale a prescindere dalla decisione della giudice, e avevamo ragione. Quando frotte di reporter arrivarono per poi sentirsi dire che non potevano entrare, si incazzarono parecchio. Così la giudice ne fece entrare quattro o cinque. Anche loro non furono autorizzati a filmare, ma un paio di reporter locali registrarono di nascosto con i telefoni. Gli altri si sedettero con i registratori digitali sulle ginocchia.

La giudice Anna Sotnikova sedeva su una pedana all'ingresso. Sembrava giovane per essere una giudice, forse sulla trentina, con un carré tagliato corto, i capelli neri e gli occhiali. Con un colpo di martelletto richiamò all'ordine. Tutti si alzarono in piedi. Quando mi alzai, i miei dreads sfiorarono il soffitto della gabbia. Dovetti piegarmi e abbassare la testa solo per poter vedere la giudice, che notò la cosa.

«Imputata Griner, ha difficoltà a stare in piedi?» chiese in russo.

«Per poterla vedere, devo piegare il collo» risposi attraverso il traduttore. «Le prometto che non mi muoverò. Starò ferma.» Volevo che anche i miei più piccoli gesti fossero un segno di rispetto. Il pubblico ministero lesse le imputazioni: contrabbando di due cartucce contenenti olio di cannabis, per un totale di 0,7 grammi – considerati una «quantità significativa» dalla legge russa. «Signora Griner, comprende le accuse a suo carico?» chiese la giudice attraverso il traduttore. «Sì, Vostro Onore» risposi. «È pronta a dichiararsi colpevole o innocente?» mi chiese. Non lo ero. Avrei aspettato a farlo più in là, un imputato ne ha diritto in qualsiasi momento del procedimento russo. Volevamo che il procuratore rimanesse sulle spine.

Attraverso le sbarre, mi chinai verso l'interprete, un uomo con capelli e occhiali color sale e pepe. Aveva in mano un piccolo taccuino a spirale su cui batteva nervosamente la matita. Quando qualcuno diceva qualcosa, lui annotava qualche parola in russo e poi sussurrava la sua traduzione. Mi sforzavo di capirlo, ma per lo più non ci riuscivo. Il suo inglese era molto stentato, persino peggiore di quello degli interpreti a cui ero sopravvissuta durante le «indagini». A volte la giudice diceva qualche parola, faceva una pausa per permettergli di sputare fuori la sua interpretazione approssimativa e poi continuava. Ma per la maggior parte del tempo, lei e gli altri parlavano in russo, mentre l'interprete riportava frasi che mi suonavano altrettanto straniere. A un certo punto, dopo che la giudice parlò per dieci minuti di fila, il traduttore disse: «Sta parlando del tuo caso» senza spiegarne i dettagli. Alex e Maria non potevano farci niente. La legge russa vietava a un avvocato di fungere da interprete per il proprio cliente.

Capii cosa disse l'interprete pochi minuti dopo l'inizio del processo: «Ecco il primo testimone». Una guardia scortò una donna che consegnò il proprio passaporto al cancelliere, il quale lo consegnò alla giudice.

Il pubblico ministero chiese alla donna di confermare il nome e l'indirizzo del passaporto. Lo fece e dichiarò anche di essere un'addetta al controllo doganale, quella seduta dietro allo schermo il giorno in cui la mia borsa era stata messa sul nastro trasportatore. «Conosce l'imputata Griner o ha qualche legame con lei che possa influenzare la sua testimonianza?» chiese la giudice. La risposta doveva essere un semplice «no», ma questa donna mi osservò come se stesse cercando di ricordare se ci fossimo incontrate a un barbecue o da qualche altra parte. «Non la conosco» disse infine.

Il pubblico ministero la interrogò sul controllo delle mie borse. Lei ribadì ciò che era scritto nella sua dichiarazione: aveva notato sullo schermo quelle che sembravano due cartucce e le aveva segnalate all'addetto alla perquisizione delle borse. Forse non ho capito tutto di quello che ha detto, ma di sicuro ricordo quello che ha fatto durante il controllo. Prima che le mie valigie passassero ai raggi X, si è alzata e si è appoggiata alla macchina. Nulla nella sua testimonianza ha rivelato il perché. L'addetta al controllo del monitor è stata accompagnata all'uscita e il secondo testimone è entrato in aula. Si trattava dell'agente di sicurezza dell'aeroporto che aveva perquisito il mio bagaglio.

«Posso confermare il suo nome e indirizzo per la corte?» chiese la giudice. Lui rifiutò, dicendo che non poteva rilasciare queste informazioni con i media presenti in aula.

Il suo lavoro era «riservato», disse, come se lavorasse al Cremlino e non alla dogana. «La difesa ha qualche obiezione?» chiese la giudice ai miei avvocati. «Niente è più importante dei segreti di Stato» disse Alex con un'alzata di spalle. «A sua discrezione, Vostro Onore.» La giudice chiese ai giornalisti di uscire.

Tra il 17 febbraio e il giorno in cui ha testimoniato, quest'uomo ha avuto un'amnesia. A prescindere dalle domande, o diceva di non ricordare o faceva riferimento alla sua dichiarazione.

«Quando ha arrestato la mia cliente, le ha spiegato i suoi diritti?» gli chiese Alex. «La prego di consultare la mia dichiarazione scritta» ripeté l'uomo per l'ennesima volta. La sua dichiarazione, tuttavia, non rispondeva a questa domanda. Alex sottolineò che dal momento in cui lui e l'altro agente della dogana avevano requisito il mio passaporto e il mio biglietto e insistito perché aspettassi – e in seguito mi avevano portata nell'edificio di mattoni rossi e trattenuta lì con le guardie alla porta – mi avevano ufficialmente arrestato. Secondo la legge russa, mi avrebbero dovuto dire di cosa ero sospettata, informarmi dei miei diritti e darmi la possibilità di avere un avvocato entro *tre ore* dall'arresto. E poi c'era il problema di come l'agente aveva gestito male la mia perquisizione. Non avrei potuto toccare i miei effetti personali, tanto meno aprire le cerniere delle tasche della valigia e tirare fuori i vestiti. «La prego di fare riferimento alla mia dichiarazione» fu l'unica spiegazione che Alex ottenne durante il controinterrogatorio.

Siccome capivo veramente poco di quello che diceva l'interprete, ho fatto molta attenzione al linguaggio del corpo. Il doganiere non ha cambiato tono o espressione. Sosteneva di non ricordare molto, ma piuttosto sembrava che volesse dire: «Non voglio ricordare». Mentre eludeva anche le domande più semplici, alcuni ridevano e scuotevano la testa. Anche la giudice sembrò alzare un sopracciglio. L'investigatore principale che mi aveva interrogato e confiscato le cartucce non era nemmeno presente in tribunale. Lui e altri avevano rilasciato dichiarazioni scritte ma non si erano presentati. In effetti, erano così tanti i testimoni assenti che l'udienza fu aggiornata anticipatamente. Gli assenti avrebbero potuto essere citati in giudizio, ma il processo sarebbe così durato mesi, disse Alex, e avrebbe solo prolungato il mio calvario.

«Ha qualche domanda per i testimoni?» mi chiese la giudice. In Russia gli imputati hanno il diritto di interrogare i loro accusatori, ma i miei avvocati mi avevano sconsigliato di farlo. Avrei potuto dare l'impressione di voler sfidare i testimoni, quando invece volevamo solo che il processo si concludesse. «No, Vostro Onore» dissi. Avrei avuto la possibilità di parlare più tardi.

La sessione si concluse nel modo in cui era iniziata, con me che mi abbassavo per evitare la sbarra superiore della gabbia. «Ce l'hai fatta» mi disse Alex. Elizabeth Rood, la diplomatica dell'Ambasciata degli Stati Uniti, mi parlò brevemente prima di accompagnarmi all'uscita. «Come stai?» mi chiese. «Sto bene» le assicurai, ma in realtà ero a pezzi. Prima dell'udienza, avevo paura di ciò che avrei vissuto e temevo come l'avrei rielaborata emotivamente. Dopo, la paura e l'ansia si fecero più intense.

Dopo questa udienza, Elizabeth Rood ha rilasciato una dichiarazione alla stampa. «Brittney mi ha chiesto di comunicare che è di buon umore e che continua a essere fiduciosa» ha detto Elizabeth. Le avevo detto che cercavo di avere un atteggiamento coraggioso, come mi aveva insegnato Pap. In realtà, mi sentivo debole e spaventata. Tornata nel sotterraneo, fumai cinque sigarette. Usai la fuliggine dell'ultima per scrivere sul muro: Primo giorno. Due accuse. Massima disperazione.

* * *

Dopo un lungo e accidentato viaggio sul camioncino squadrato, il giorno dopo tornai in prigione. L'udienza successiva sarebbe stata il 7 luglio. Questo mi diede molto tempo perché mi crescesse la paura e per evitare Olya il più possibile. «Mia madre ti ha visto in televisione» mi disse non appena entrai in cella. Era appena tornata da una delle sue telefonate. Scrollai le spalle, fingendo che non mi importasse, ma il suo commento mi infastidì tanto quanto la sua invadenza. Ero già stressata e non avevo certo bisogno che mi si ricordasse che la mia faccia e la faccenda di cui ero accusata stavano facendo il giro del mondo. Uno dei reporter, mi disse Alex, era così determinato a registrare il processo che si era arrampicato su un albero vicino alla finestra del tribunale e aveva iniziato a filmare, ma un poliziotto gli aveva ordinato di scendere. Se ci fu un lato positivo di quella esposizione mediatica fu che Relle mi vide per la prima volta dopo oltre quattro mesi. In seguito, mi avrebbe detto quanto si era preoccupata quando mi aveva visto con gli occhi gonfi. Sembravo mezza morta, proprio come mi sentivo.

Alena era impaziente di conoscere ogni dettaglio della

giornata e io non vedevo l'ora di raccontarglielo. Cercammo di parlare sottovoce, ma sono sicura che Olya ci sentì. «Allora, cosa è successo quando sei arrivata?» mi chiese Alena. Le raccontai del circo mediatico e del modo in cui ero stata incatenata. «Succede di rado» mi disse. «Questo tipo di trattamento viene riservato solo a chi commette un crimine terribile.»

Alex mi fece visita subito dopo la prima udienza, ma non riuscimmo a confrontarci. Con il processo ormai sulla bocca di tutti in Russia, sapevamo che eravamo sotto osservazione. Parlando in codice, mi assicurò che avremmo avuto la possibilità di confutare le assurdità di cui eravamo stati testimoni il primo giorno. «Dobbiamo solo continuare a rispettare il giudice e i processi.» I miei avvocati non smettevano di ripetermi che le cose in Russia vanno così. Il gioco stava nel saper sopportare la farsa per ridurre al minimo la pena. Alex mi diede una lettera di risposta da parte di Lindz.

Alla vigilia del processo, la campagna #WeAreBG continuava a essere molto accesa. La mia famiglia e i miei amici si erano riuniti per una veglia di preghiera davanti al consolato russo di New York. Janell Roy, un'amica d'infanzia che per me è stata una di famiglia fin dai tempi di Houston, ha pianto mentre si rivolgeva alla folla. «Il 17 febbraio è stata l'ultima volta che ho parlato con la mia carissima amica» ha detto con un fremito nella voce. «Fa male, fa molto male.»

Relle era presente alla veglia, e portava avanti anche altre battaglie. Ad Harlem, decine di persone si erano riunite tenendo in mano i cartelli «Free Brittney Griner!» e gridando «Say her name», il canto usato per sensibilizzare la gente sui casi delle donne nere brutalizzate e uccise dalla polizia. Relle aveva chiamato l'organizzatore, che aveva tenuto il cellulare attaccato al microfono. «Voglio solo ringraziarvi dal profondo del cuore per aver gridato il nome di mia moglie» ha detto alla folla. «Non c'è giustizia per nessuno di noi se non c'è giustizia per BG.» Non c'era un attimo di tregua per Relle. Per tutto il mese di luglio ha dovuto impegnarsi in acrobazie tra le lunghe giornate di studio, le marce, le interviste e la campagna stampa prevista per il weekend del WNBA All-Star.

Ero grata per tutta l'energia che circondava #WeAreBG ma non potevo fare a meno di chiedermi: *quante persone ci stanno davvero ascoltando?* Le storie vanno e vengono velocemente nel nostro mondo *social* e temevo che mi avrebbero giusto dato un'occhiata e poi dimenticata.

«Se si fosse trattato di LeBron, sarebbe stato a casa, giusto?» ha detto l'allora allenatrice della Phoenix Mercury Vanessa Nygaard, a proposito della scarsa attenzione che il mio caso stava ricevendo. Questo caso «è una presa di posizione sul valore delle donne, sul valore delle persone di colore. È una presa di posizione sul valore delle persone gay. È tutto questo. Ne siamo consapevoli e quindi ci fa ancora più male».

Dopo il primo giorno di udienza, ho deciso di scrivere una lettera al presidente Biden, da inviare il 4 luglio. Mentre l'America celebrava l'Independence Day, io avrei chiesto la mia libertà. I funzionari della Casa Bianca continuavano a dire quanto il mio caso fosse una priorità, ma nella mia cella umida dall'altra parte del mondo non mi sembrava che fosse così. Come ci si rivolge al leader del mondo libero, l'unica persona che ha il potere di contrattare per la tua libertà? Ho buttato giù degli appunti, cercando di essere il più formale possibile. Alla fine, ho semplicemente aperto il mio cuore:

Caro presidente Biden,
mi sarebbe piaciuto incontrarla quando il Team USA è venuto in visita alla Casa Bianca poco tempo fa. Centotrentasette giorni dopo, mentre sono qui, in una prigione russa da sola con i miei pensieri e senza la protezione di mia moglie, della mia famiglia e dei miei amici, ho il terrore di rimanere qui per sempre. Non avevo idea che il 17 febbraio sarebbe stato l'ultimo giorno in cui avrei potuto sentire le voci delle persone che amo di più. Passo molto tempo a cercare di ricordare il suono delle loro voci. Le poche lettere che riesco a ricevere mi permettono di aggrapparmi alla speranza. Ma a dire il vero, ho paura che non rivedrò mai più la mia famiglia. Il 4 luglio la nostra famiglia è solita onorare l'impegno di coloro che hanno combattuto per la nostra libertà, compreso mio padre, che è un veterano della guerra del Vietnam. Anche se la mia affezione per la nazione è diversa da quella di mio padre, sono orgogliosa di ciò che sono riuscita a fare con la mia libertà, per le persone del nostro Paese e a livello globale, attraverso il basket. La libertà quest'anno significherebbe semplicemente poter salutare i miei cari. La libertà quest'anno sarebbe poter giocare allo sport che adoro. La libertà quest'anno sarebbe consegnare il cibo che ho cucinato con mia moglie alle persone di Phoenix che hanno

bisogno di un po' di aiuto. Devo credere in questa libertà, soprattutto nella libertà di rivedere i volti e sentire le voci della mia famiglia, altrimenti non avrò più niente dentro di me.

Mi rendo conto che state affrontando molte cose, ma per favore non dimenticatevi di me e degli altri detenuti americani. La prego di fare tutto il possibile per riportarci a casa. Ho ancora tante cose belle da fare con la libertà che lei può aiutare a farmi riavere. Mi manca mia moglie. Mi manca la mia famiglia. Mi mancano le mie compagne di squadra. Mi uccide sapere che stanno soffrendo così tanto in questo momento. Le sono riconoscente per qualsiasi cosa possa fare in queste circostanze per riportarmi a casa.

I miei più cordiali saluti,
Brittney «BG» Griner

L'inchiostro della lettera era ancora fresco quando Alex si precipitò a ritirarla il 4 luglio. La mandò a Lindz, che la inviò via e-mail a Ron Klain, allora capo di gabinetto del presidente Biden. Ron confermò di aver ricevuto la lettera e che l'avrebbe fatta avere al presidente. Alcuni estratti della lettera furono poi dati alla stampa. Il giorno successivo, Relle rilasciò un'intervista piena di pathos a Gayle King su CBS Mornings. Gayle le chiese quale passaggio della lettera avesse trovato più toccante: «Temo che non rivedrò mai più la mia famiglia».

«[BG] è probabilmente la persona più forte che conosca, quindi non dice parole del genere con leggerezza» commentò mia moglie alla trasmissione di Gayle. «Questo significa che è veramente terrorizzata dall'idea di non poterci più rivedere. Condivido completamente questo sentimento.»

«Ha avuto notizie dalla Casa Bianca da quando la lettera è stata consegnata al presidente Biden?» chiese Gayle.

«Non ho ancora avuto notizie dal presidente, e francamente trovo la cosa molto scoraggiante.»

Dalle labbra di Relle alle orecchie di Dio, e anche a quelle del presidente. Alle 4 del mattino del 6 luglio, ora di Phoenix, mia moglie si svegliò con una serie di chiamate perse da un numero sconosciuto. Il comandante in capo la stava cercando urgentemente, le scrisse Lindz in un messaggio. Relle era ancora a letto quando il presidente la chiamò di nuovo, poco dopo.

«Sono il presidente Joe Biden» disse. «È bello poter finalmente parlare con lei.» Il presidente espresse un sincero rammarico per la mia situazione e assicurò a Relle che riportare a casa me e gli altri ostaggi americani era la sua priorità. Dimostrò anche di comprendere il suo dolore, le disse; aveva perso il figlio Beau a causa di un cancro al cervello e la prima moglie e la figlia in un incidente stradale anni prima.

Finalmente arrivò a ciò che Relle voleva sapere: le trattative con la Russia. «Sarò onesto con te» disse. «Stiamo cercando di negoziare con i russi, ma non rispondono.» Se avesse potuto riportarmi a casa ieri, disse a Relle, l'avrebbe fatto. «Come facciamo a farli esprimere?» chiese Relle. Voleva lavorare insieme al presidente, piuttosto che usare la sua piattaforma per fargli pressione. «Sei una grande sostenitrice di BG» le disse. «Non ti dirò mai di non far sentire la tua voce per la persona che ami di più. Stai facendo un ottimo lavoro, ragazza. Ricordatevi solo che non sono l'unico a sentire quello che dite alla stampa.» Fare pressione sul presidente Biden in pubblico avrebbe fatto il gioco della Russia, spiegò. Putin, che vive di conflitti, avrebbe potuto usare la retorica anti-Biden a suo vantaggio. Messaggio ricevuto.

Quello stesso giorno il presidente Biden mi rispose. Elizabeth Rood, la diplomatica dell'Ambasciata statunitense, mi consegnò una copia della lettera, che recava in alto il sigillo della Casa Bianca. «Cara Brittney» scrisse il presidente

> *La sua lettera mi ha profondamente commosso e voglio assicurarle personalmente che lei non è stata dimenticata dal suo Paese, né dal suo governo, né da me. Lei è coraggiosa, è un modello per tanti americani e ci manca profondamente. Continuerò a fare tutto il possibile per riportarla a casa al più presto.*
> *Non posso immaginare quanto siano stati difficili gli ultimi cinque mesi per lei e per i suoi cari. Siete ingiustamente detenuti in circostanze intollerabili e il mio cuore va a voi e agli altri americani che sono ingiustamente detenuti o tenuti in ostaggio in tutto il mondo.*
> *In qualità di presidente, ho dato ordine alla mia amministrazione di perseguire ogni strada per riportarla a casa sana e salva da sua moglie, dai suoi amici, dai suoi cari e dalle sue compagne di squadra il prima possibile. Averla a casa è la cosa più importante per tutti noi, e ricevo aggiornamenti quotidiani sullo stato dei nostri sforzi per riportarla in America.*

Abbiamo condotto, e continuiamo a condurre, serie discussioni con il governo russo. A giugno abbiamo presentato al governo russo un'offerta significativa per cercare di riportarla a casa. Sarò sincero: i colloqui sono impegnativi, poiché le nostre relazioni con la Russia sono a un punto morto a causa della guerra in Ucraina e di altre tensioni.

Oggi ho parlato con sua moglie, Cherelle. Il mio consigliere per la Sicurezza Nazionale l'ha aggiornata sullo stato dei colloqui. Come le ho detto, stiamo cercando di ottenere il suo rilascio attraverso diversi canali, compreso quello diretto con il Cremlino. Anche il mio segretario di Stato ha parlato più volte con Cherelle, così come altri alti funzionari, tra cui l'inviato speciale del presidente per le questioni degli ostaggi, per comunicare a Cherelle le informazioni più aggiornate in nostro possesso. Continueremo a rimanere in stretto contatto con lei nei prossimi giorni.

So che tutto questo può sembrare un freddo conforto mentre lei continua a essere detenuta ingiustamente, perdendo mesi della sua vita e tempo prezioso con i suoi cari. Ma sappia che la mia Amministrazione non si fermerà – io non mi fermerò – finché non la riporteremo a casa sana e salva, insieme a Paul Whelan e alle altre persone tenute in ostaggio o detenute ingiustamente in Russia e altrove all'estero.

Cordiali saluti,
Joe Biden

Quella lettera mi diede speranza. Per la prima volta si parlava di una trattativa.

15

Sotto esame

Il secondo giorno del processo andò come il primo e si concluse con il mio intervento finale.

Il pubblico ministero chiamò a testimoniare la donna che mi aveva spinto a firmare un documento in russo che non ero ovviamente in grado di leggere. Questa signora disse che non aveva mai fatto da interprete in un procedimento legale, eppure affermava di aver tradotto il documento che mi aveva spinto a firmare. Il suo inglese era così scarso che, riferendosi a me, mi chiamava «il cittadino Grener». Non meno ridicola fu un'altra testimone, una dipendente dell'aeroporto che era stata incaricata dagli agenti della dogana di trovare questa «traduttrice».

«Ricorda di aver chiesto a un interprete di tradurre i diritti di una persona sottoposta a un controllo?» le chiese il pubblico ministero.

«Sì» rispose lei.

«Si ricorda se la cittadina statunitense Griner ha chiesto se era accusata di qualcosa?»

«Non capisco l'inglese» disse la donna.

«C'era un interprete» disse il procuratore. «Deve aver sentito la versione russa.»

«Non conosco l'inglese» ribadì «quindi non sono in grado di riferirla.» La tizia ha ammesso che lei e la «traduttrice» non hanno nemmeno assistito al sequestro delle cartucce e che gli agenti doganali le dissero che me le avevano trovate addosso.

Verso la fine della sessione mi sono alzata e ho afferrato le sbarre della gabbia. Diverse persone hanno allungato il collo per guardarmi. «Vorrei dichiararmi colpevole delle accuse contro di me, Vostro Onore» dissi. La giudice inarcò leggermente le sopracciglia. I giornalisti si agitarono smaneggiando i registratori.

«Ma non avevo intenzione di infrangere alcuna legge russa» dissi con la voce che mi tremava. «Andavo di fretta e le cartucce sono finite per sbaglio nelle mie borse.»

Sapevo fin dall'inizio dell'udienza che avrei presentato ufficialmente la mia ammissione di colpevolezza in quella occasione. I miei avvocati avevano discusso sul momento più opportuno per farlo e avevano deciso che era meglio all'inizio del processo. Ero d'accordo. Se avessimo lasciato la dichiarazione alla fine, la Russia avrebbe probabilmente pensato che mi sarei dichiarata *non* colpevole, come hanno fatto molti americani detenuti ingiustamente. Questa ipotesi avrebbe potuto far arrabbiare Putin e, in ultima analisi, allungare la mia pena.

Pochi istanti dopo aver pronunciato la mia ammissione di colpevolezza, sono stata accompagnata fuori dall'aula, passando davanti alla stampa inferocita, ma questa volta sulla mia maglietta rossa c'era scritto *Crenshaw*. Era un omaggio al rapper Nipsey Hussle e al quartiere di South L.A. celebrato dal suo logo. Quando Rodney King fu picchiato selvaggiamente dai poliziotti di Los Angeles nel 1992, i rivoltosi presero d'assalto Crenshaw Boulevard in segno di protesta. Se dovevo sopportare l'invadenza della stampa, tanto valeva raccontare una storia, accennare a quella più grande di cui facevo parte. Lo stesso vale per le foto che ho mostrato dalla gabbia. A ogni udienza, ho tenuto in mano le foto che Alex aveva stampato per me. Una era quella di Relle con la mia maglia numero 42. Altre erano di amici e compagne di squadra.

Dopodiché, i miei avvocati parlarono con la stampa della mia scelta di dichiararmi colpevole. Maria disse che sperava che la giudice considerasse la particolarità del caso «la quantità insignificante della sostanza» e la mia «personalità e la mia storia di contributi positivi allo sport globale e a quello russo». In coda a queste dichiarazioni, i miei avvocati rilasciarono un comunicato. «Brittney è un esempio di coraggio» scrissero Alex e Maria. «Ha deciso di assumersi la piena responsabilità delle proprie azioni perché sa di essere un modello per molte persone... La difesa spera che l'ammissione di colpa sia considerata dalla corte come un'attenuante e che non ci sia una sentenza severa.»

Tornata in prigione, Alex mi ha fatto visita portando le ultime notizie. Il giorno della seconda udienza, il viceministro degli Esteri russo Sergei Rybakov ha così commentato la pressione del governo statunitense per uno scambio di prigionieri. «I tentativi degli americani di alimentare il clamore e di sollevare un polverone mediatico sono comprensibili, ma non aiutano a risolvere concretamente le questioni» ha detto Rybakov. «È chiaro che le procedure giudiziarie necessarie non sono state ancora completate. Fino ad allora, non c'è alcuna base nominale, formale e procedurale per ulteriori passi.» Ha definito il nostro attivismo come il tentativo di «fare notizia». Io la chiamavo speranza. Sì, il ministro degli Esteri sembrava aver sbattuto la porta in faccia ai tentativi dell'America, ma in realtà aveva lasciato aperto uno spiraglio. Aveva ventilato la possibilità che i russi fossero disposti a parlare dopo il verdetto, dal momento che «abbiamo una forma consolidata per discutere di queste questioni». Più il processo si trascinava, maggiore era il ritardo nelle trattative.

Si stava negoziando per il mio rilascio anche dietro le quinte attraverso Bill Richardson. «Il governatore Richardson sta facendo pressione sul governo degli Stati Uniti» ha scritto Lindz in una lettera di risposta, «e ora è una gara a chi riesce a riportarti a casa per primo. Questo è un buon vantaggio per te. Continueremo a tenere alta la tensione. Fonti interne alla Casa Bianca ci dicono che la pressione sul governo sta avendo degli effetti.» L'équipe legale decise subito che avremmo accettato tutti gli aiuti, da qualunque parte fossero arrivati: dalla Casa Bianca, da Bill Richardson, dal cielo. «Mi esprimo in questo modo perché sai che non posso dire di più: ci sono dei progressi» mi ha rassicurato Lindz. «Ci siamo vicini. Tieni duro.»

* * *

Compagne e compagni di squadra dell'Ekat sono saliti sul banco dei testimoni durante l'udienza del 14 luglio. Max Rybakov, il general manager della nostra squadra, ha parlato per primo. Ha detto alla corte di avermi ingaggiata personalmente e di considerarmi «unica». «Non c'era nessuno al suo livello» ha detto «e grazie a Brittney abbiamo vinto.» Queste vittorie hanno alimentato l'ascesa della Russia nell'EuroLeague e hanno fatto crescere questo sport nel Paese, ha sottolineato. Evgeniya «Jenya» Belyakova, ex giocatrice della WNBA e successivamente capitana della nostra squadra, ha tessuto altri elogi. «È il cuore della nostra squadra» ha detto. «I tifosi la adoravano. Ovunque andassimo, i bambini le si facevano intorno e Brittney ne era felice.» Anatoly Kalabin, il medico della squadra, ha fatto notare che un'atleta del mio calibro è stata necessariamente sottoposta a numerosi test antidoping. «In tutti gli anni in cui ho lavorato con lei» ha detto «non ha mai fallito un test.»

Fino a quel momento non avevo espresso nessuna emozione: non avevo mai voluto fare una scenata. Ma quando Max e gli altri sono intervenuti, ho pianto a dirotto. Quella squadra era la mia famiglia. Ci siamo allenati insieme, abbiamo vinto e perso insieme, abbiamo condiviso pasti e ricordi dentro e fuori dal campo. Le loro testimonianze mi hanno molto emozionato. È stato tutto surreale, come partecipare al proprio funerale e sentire dire dai propri cari tutto ciò che hai significato per loro.

Le mie compagne di squadra testimoniarono sulla mia personalità e il giorno dopo, i miei avvocati spiegarono le ragioni del perché facevo uso di cannabis. «Il medico curante ha prescritto a Brittney l'uso della cannabis terapeutica» ha detto Maria alla corte. Ha presentato la lettera del medico che autorizzava la cannabis per trattare il grave dolore cronico causato dalle mie lesioni sportive. Ha anche raccontato alla corte che in passato ero stata costretta su una sedia a rotelle. «L'autorizzazione è stata rilasciata a nome del Dipartimento della Salute dell'Arizona.» Il mio team ha presentato anche i risultati dei test antidroga. Sia in Russia che in America avevo superato tutti i test effettuati. «Non stiamo sostenendo che Brittney abbia assunto [cannabis] qui come medicina» ha detto Alex. «Stiamo ribadendo che l'ha portata qui involontariamente perché ha fatto i bagagli in fretta. L'opinione pubblica russa deve sapere, e la corte russa in primis, che non è stata usata cannabis per scopi ricreativi negli Stati Uniti. È stata prescritta da un medico.»

Non ero l'unica a sentirsi a disagio. Il 26 luglio quell'aula gremita era così soffocante che tutti sembravano penare. L'umidità era del 93 per cento. Alex si asciugava il sudore dal viso con un fazzoletto. Maria era tutta sudata al punto che la camicetta le si incollava sulla schiena. Dopo alcuni minuti, ho sentito un tonfo. Un funzionario dell'Ambasciata americana era svenuto a pochi metri dalla mia gabbia. Sinceramente, ho pensato che fosse stato avvelenato. Sapevo che faceva caldo, ma mi sembrava un po' sospetto che in una stanza piena di russi l'unico a svenire fosse un americano. In seguito, seppi che quel funzionario stava cercando di uscire dall'aula per andare a prendere dell'acqua e che era svenuto per un colpo di calore. Il giudice chiamò l'assistenza medica. Dopo una pausa, uno specialista in narcotici ha testimoniato che la cannabis medica è un trattamento popolare tra gli atleti in alcuni Paesi, tra cui l'America. Così si concluse la quinta udienza.

Finalmente, il 27 luglio, sono stata chiamata a testimoniare. Alex era così preoccupato che le mie parole venissero riportate con precisione che ha insistito per far venire il suo interprete. La giudice ha acconsentito. L'interprete, un amico di Alex, era un ragazzo giovane e in forma, in giacca e cravatta. Il suo inglese era decisamente migliore di quello dell'ultimo interprete. In tribunale, i miei avvocati hanno anche chiesto se potevo lasciare la gabbia per testimoniare perché, argomentarono, l'immagine di me già dietro le sbarre favoriva l'accusa. La giudice tuttavia non lo permise, spiegando che era troppo pericoloso. *Pericoloso?* Ho passato tutta la vita a sentire la tensione che la mia presenza metteva negli altri: la mia altezza, l'apertura delle braccia e il colore della pelle sono sempre stati visti come una minaccia. Non importava che non avessi precedenti.

Ero più nervosa di quanto pensassi, e quando ho paura mi viene una faccia di pietra. Maria mi ha interrogato con delicatezza, guidandomi attraverso gli eventi che hanno portato al 17 febbraio.

«Perché ha deciso di tornare in Russia?» mi ha chiesto a proposito della mia guarigione dal Covid. «Era impossibile prendersi almeno un'altra settimana di riposo?»

«È la parte più importante della stagione dopo la pausa» risposi. «Sono i playoff. Per tutta la stagione la squadra ha lavorato sodo per guadagnare una buona posizione. Non c'era nulla che potesse trattenermi in un momento così importante; dunque, sono tornata.»

«Di quale squadra sta parlando?»

«Dell'UMMC di Ekaterinburg» dissi. «La migliore squadra della Russia.»

Descrissi tutto quello che avevo vissuto dopo essere entrata nella security dell'aeroporto: il cane che aveva annusato il mio bagaglio; il modo in cui ero stata scelta in una fila di passeggeri, nonostante il cane non avesse rilevato nulla di sospetto nelle mie valigie. L'agente che era rimasto inattivo mentre tiravo fuori le cose dal mio trolley, e l'altro agente che mi aveva sequestrato il passaporto e sottoposto quel documento che non ero in grado di leggere.

«Ho provato a usare Google Translate» dissi. «C'era una signora che dicevano fosse un'interprete. Ma non è andata oltre l'indicarmi dove era scritto il mio cognome e dove dovevo firmare. Non mi ha spiegato il contenuto del documento; non sapevo esattamente cosa stessi firmando.»

«Questa donna le ha tradotto i suoi diritti, se questi sono stati espressi a voce da un funzionario della dogana?» mi chiese Maria.

«I miei diritti non mi sono mai stati letti» risposi. «Nessuno mi ha spiegato nulla.»

Era accaduta la stessa cosa con un interprete assegnato al mio caso durante «l'indagine». Mentre ero in prigione, questo interprete si era presentato con l'investigatore, per interrogarmi prima del processo. «Ricordo che in quella occasione c'era una pila di documenti che [l'interprete] doveva tradurre per me» raccontai alla corte. Dopo una breve occhiata disse queste esatte parole: «In pratica, lei è colpevole».

Quando Maria finì di interrogarmi, arrivò il turno del pubblico ministero. Si alzò, si asciugò la fronte e mi guardò negli occhi.

«Imputata Griner, ammette il reato di cui è accusata?» mi chiese.

Guardai prima a terra e poi dritto in faccia. «Dato che [le cartucce] sono finite nelle mie borse per sbaglio» dissi «me ne assumo la responsabilità. Ma non avevo intenzione di contrabbandare o pianificato di contrabbandare cannabis in Russia.»

«Ma lei sa che ha infranto la legge» proseguì.

«Sì, ma per errore» dissi. «La mia carriera è tutta la mia vita» continuai mentre combattevo contro le lacrime. «Vi ho dedicato tutto: il mio tempo, il mio corpo, i periodi di lontananza dalla mia famiglia. Ho trascorso sei mesi all'anno lontano da tutti e con un enorme differenza di orario.» Avevo sempre seguito le regole, dissi. Non ho altri mezzi di sussistenza se non giocare a basket. «Avevo una gran fretta» continuai. «Ho aspettato fino all'ultimo perché per tutto il tempo che sono stata a casa ho cercato di riprendermi dal Covid. E poi c'era lo stress e l'affaticamento della stagione sportiva, oltre al lungo viaggio in aereo e al jet-lag.»

Il procuratore fece una pausa e guardò la giudice. «La domanda era un po' diversa» disse. «Ammette di essere colpevole?»

La giudice mi chiese di rispondere alla domanda. «Comprendo le accuse» ribadii. «Mi dichiaro colpevole a causa delle azioni che sono accadute, ma ripeto, non avevo intenzione di portare in Russia alcuna sostanza proibita.»

Qualunque cosa dicessi, il procuratore tornava ad affermare che avevo consapevolmente contrabbandato droga in Russia. La cosa andò avanti per un po', con i miei avvocati che si opponevano e con me seduta e imbronciata in quella gabbia. Non c'era bisogno di tormentare il testimone, sostenne Alex. Avevo espresso chiaramente il mio punto di vista: non avevo alcuna intenzione di infrangere la legge.

Intenzione. Gran parte del mio caso si riduceva a quella parola, dieci piccole lettere, semplici ma potenti, ma quasi impossibili da dimostrare.

* * *

Mentre affrontavo un paio di udienze difficili, Relle era a casa alle prese con la preparazione dell'esame. Il 26 luglio aveva iniziato l'esame di abilitazione, una prova impegnativa che dura due giorni. Dalla mia gabbia, le ho mandato un messaggio d'amore attraverso i continenti. «Vuoi dire qualcosa a Cherelle?» mi chiese un giornalista. «Buona fortuna per l'esame di abilitazione» risposi.

Sono tornata in carcere all'inizio di un fine settimana. Questo significava che potevamo guardare quello che volevamo in TV. Meno male, perché non mi interessava parlare con nessuno. «Com'è andata?» chiese Alena. Scrollai le spalle, e lei sapeva che significava *orribile*. Quella sera mi ero rifugiata in *Magnificent Century*, una serie turca che mi aveva appassionato. Era basata sulla vita di un sultano ottomano, con tanto di pugnalate alle spalle, tradimenti e mogli del sultano che cercavano di uccidersi a vicenda. Era diventato il mio nuovo *Grey's Anatomy* e benedico Alena per aver tradotto ogni battuta per novanta minuti ogni fine settimana. D'altra parte, le dava qualcosa da fare in un posto dove non avevamo altro che tempo e rimpianti. «Secondo voi come finisce?» ci chiese dopo che l'episodio era terminato improvvisamente. Potevamo solo tirare a indovinare: avevano spento le luci prima dei titoli di coda.

Dato che la corrispondenza con la mia famiglia era stata sospesa durante il processo, ho tirato fuori quelle che avevo conservato. «Sto bene» scriveva mia madre. «E.J. mi fa andare avanti. È un tesoro. A volte mi accompagna in camera prendendomi a braccetto. Tua nonna e tuo nonno vegliano su di noi dal cielo. Sono i nostri angeli. Ti voglio bene fino alle stelle e ritorno. Abbracci, mamma.» Ho avuto notizie anche da Pap, che mi inviava risultati di basket insieme a benedizioni di vario genere. «Sono le 4 del mattino e sono sdraiato a letto» scriveva. «Non sono riuscito a dormire, sto solo ascoltando del gospel. Passo molte notti così. Andrà meglio quando ti libereranno. La mia fede nel Signore mi dice che presto sarai a casa.»

La mia lettera preferita era quella di Relle. Mi aveva scritto poco prima del processo. «Per quanto abbia voglia di urlare perché il tuo ritorno non sta seguendo i miei programmi, sto lasciando che la volontà di Dio sia superiore alla mia» scriveva. «Leggete Daniele 3:7-24. È la storia di Azaria, Anania e Misaele tre ebrei gettati in una fornace ardente per la fedeltà al loro Dio. Il re

Nabucodonosor venne ad assistere alla loro esecuzione e rimase sbalordito nel vedere un quarto uomo nel fuoco: il Figlio di Dio. Questa è la nostra situazione. Ci troviamo in una fornace, la nostra vita si sta dissolvendo. Ma Gesù è qui con noi. Ci salverà dalle fiamme.»

Lindz mi ha inviato aggiornamenti sulla campagna, insieme a una personalissima dimostrazione d'affetto. Il reverendo Al Sharpton si era unito a Relle, Sue Bird e Nneka Ogwumike, presidente della Women's National Basketball Players Association, per chiedere clemenza per la sentenza. L'attrice Kerry Washington ha indossato una maglietta «We Are BG» quando è stata ospite al *Jimmy Kimmel Live!* Agli Excellence in Sports Performance Yearly Awards, Nneka, Steph Curry e Sky Diggins-Smith mi hanno fatto un saluto. «Sollecitiamo l'intera comunità sportiva mondiale a continuare a fare il massimo per [Brittney], perché Brittney non è solo una giocatrice della Phoenix Mercury. Non è solo un membro della sua squadra russa. Non è solo un'olimpionica. È una di noi» ha detto Curry durante la trasmissione. Le mie compagne di squadra della WNBA hanno richiamato l'attenzione sul mio caso indossando maglie con la scritta 42 sulla schiena durante l'All-Star Game di Chicago. Poi l'editorialista del «New York Times» Roxane Gay è intervenuta in mia difesa in un articolo intitolato «Brittney Griner è sola e in trappola. Dov'è la vostra indignazione?» «Noi siamo BG» ha scritto Gay. «Dobbiamo ripetere questo mantra fino a sollevare un polverone tale da riportarla a casa. Non siamo liberi finché non lo siamo tutti.»

Il mio stato d'animo cambiava a ogni aggiornamento, dall'euforia per la notizia alla paura che «Ci siamo quasi» significasse che dovevo prepararmi al peggio. Mentre gran parte delle notizie arrivavano per lettera, e dunque non potevo leggerle, Alex è riuscito a riassumerne alcune nel corso di brevi conversazioni durante il processo. «LeBron James ha twittato il suo sostegno» mi ha detto dopo una seduta. *Fantastico*. Per quanto apprezzassi tutte le buone notizie, non riuscivo a farle veramente mie dopo ore di testimonianze torcibudella. Passavo continuamente dalla gratitudine allo scoramento, dalla speranza alla disperazione, da tre uomini consumati dalle fiamme a Dio che li ha salvati.

16
Nove morti

Il meno credibile dei testimoni dell'accusa è arrivato per ultimo. Il 2 agosto, è stato chiamato a deporre il chimico forense che aveva esaminato le cartucce prese dal mio bagaglio. Questo tizio aveva l'aspetto di un vero e proprio tossico: vestiti sgualciti, occhi lucidi.

«Ha un registro dei numeri di serie degli strumenti utilizzati per analizzare le cartucce?» gli chiese Alex. «No» borbottò lui. Inoltre, il rapporto del chimico non includeva i risultati dell'esame della seconda cartuccia. Quando Alex gli chiese perché mancasse il secondo rapporto, lui rispose che era perché il dipartimento era a corto di carta a causa dei tagli al budget. Il controinterrogatorio di Alex rivelò che il tipo non aveva nemmeno riscaldato la sostanza alla giusta temperatura, il che ha influito sulla quantità misurata. Quindi, invece degli 0,7 grammi totali di olio di cannabis dichiarato dalle autorità, potevano essere 0,5 o meno, il che avrebbe abbassato la mia pena massima a cinque anni invece che a dieci. Siccome questo tizio aveva fatto il suo lavoro coi piedi, io stavo rischiando il culo.

I miei avvocati coinvolsero Dmitry Gladyshev, un esperto di medicina legale che mise in discussione i risultati del chimico. Era un professionista, nel settore da decenni, e aveva una posizione di rilievo rispetto a questo giovane chimico. Dmitry analizzò un campione di ciò che gli agenti della dogana avevano sequestrato dal mio bagaglio. La conclusione del nostro esperto fu chiara come lo erano i test precedenti. «L'esame non è conforme alla legge in termini di completezza dello studio e non rispetta le norme del Codice di procedura penale» dichiarò al tribunale. La giudice rimase impassibile.

L'arringa finale e la sentenza erano state fissate per il 4 agosto. Con l'avvicinarsi del verdetto, i miei amici si riversarono sui social media. «Brittney Griner ha vinto 7 campionati russi e 4 titoli di EuroLeague mentre giocava per l'UMMC» scrisse su Instagram Courtney Vandersloot, mia compagna di squadra dell'Ekat. «Siamo tornate all'Ekat anno dopo anno e la consideravamo come una seconda casa. Chiedo, per rispetto alla sacralità dello sport, che la Russia abbia pietà e mostri compassione per BG al termine del suo processo.» In un'intervista alla Reuters, l'allenatrice delle Las Vegas Aces Becky Hammon, ex stella della nazionale russa, chiese il mio rilascio. «Il tempo che ha scontato laggiù è già abbastanza, e quando è troppo è troppo» disse. «Chiedo semplicemente al governo russo di fare la cosa giusta. Non è mai troppo tardi per fare la cosa giusta... è ora di rimandarla a casa.» Dee Taurasi e Breanna Stewart, due mie compagne di squadra nella WNBA, pubblicarono dei video in cui chiedevano ai russi di essere clementi.

La notte prima della sentenza non riuscii a dormire. Sdraiata nel letto alla contea, fissavo il soffitto e mi chiedevo come sarebbe cambiata la mia vita. Alex e Maria vennero molto presto quella mattina, prima della seduta di mezzogiorno. Feci le prove della mia dichiarazione con loro. L'avevo per lo più imparata a memoria, non volevo presentarmi al mondo con gli occhi fissi su un pezzo di carta. Avevo ancora con me gli appunti, con i passaggi chiave scritti a mano in modo chiaro. «Assicurati di ribadire chiaramente che non avevi intenzione di infrangere la legge» mi ricordò Maria. «E mostra di essere pentita» aggiunse Alex. Volevo che la mia dichiarazione fosse perfetta, che la mia famiglia e il mio Paese ne potessero essere orgogliosi. Tutti noi abbiamo visto il video di qualcuno che viene arrestato e si comporta come un pazzo. Ero ben intenzionata ad avere un atteggiamento dignitoso. E anche se avevo i miei dubbi sul fatto che la dichiarazione potesse fare una differenza, pregai che avesse un qualche effetto.

Le guardie mi condussero nel sotterraneo. Tutte le celle erano piene, sia quelle degli uomini sia quelle delle donne. L'ambiente era quindi più fumoso del solito, tanto che quando entrai per poco non svenni. Il fumo denso si abbinava alla perfezione alla mia T-shirt, un grigio scuro come i miei sentimenti. Nella cella, mi sedetti vicino a una giovane che respirava con affanno. Ci guardammo negli occhi. Vedevo che era turbata emotivamente e che non aveva da mangiare. Le offrii caramelle e sigarette, ripagando la gentilezza che una detenuta mi aveva mostrato una volta. Avevo comunque portato degli spuntini extra, sapendo che la giornata sarebbe stata intensa. Quando le guardie vennero a prendermi, lasciai una confezione da quattro di Oreo sulla sedia. Molti detenuti lasciavano il loro cibo nel sotterraneo e non toccavamo mai le cose degli altri. Comunque fosse andata la sentenza, avrei almeno avuto i miei biscotti.

Le guardie mi ammanettarono e mi trascinarono davanti ai media. Il primo giorno la stampa si era scatenata e in quell'occasione lo fece in modo vergognoso. I giornalisti si spinsero oltre l'area recintata e gridarono domande che mi facevano venire i brividi. «Brittney, a quanti anni sarai condannata?» urlò qualcuno. «In quale campo di lavoro sarai mandata?» Fissai il pavimento e continuai a camminare, non che avessi altra scelta. Durante l'udienza finale, la giudice permise ad altri giornalisti di entrare in aula, compresi alcuni membri della stampa americana. Diede loro anche il permesso di videoregistrare. Meglio così. Volevo che il mondo mi vedesse parlare, non solo che sentisse o leggesse quello che avrei detto. La giudice batté il martelletto e richiamò all'ordine l'aula.

Mi alzai in piedi. «Vostro Onore, e tutta la corte» esordii con un groppo in gola «sono cresciuta in una casa normale a Houston, in Texas, con i miei fratelli, mia madre e mio padre.» Feci una pausa per permettere la traduzione, il che mi diede un attimo di tempo per stabilizzare la voce. «Mia madre era una casalinga e si prendeva cura di me e di mia sorella» continuai. «E mio padre andava a lavorare e provvedeva al sostentamento della famiglia. I miei genitori mi hanno insegnato due cose importanti. La prima è che bisogna assumersi le proprie responsabilità. La seconda è che bisogna lavorare sodo per ottenere tutto ciò che si ha. Ecco perché mi sono dichiarata colpevole delle accuse formulate nei miei confronti. Comprendo le accuse che mi sono state rivolte... ma non avevo alcuna intenzione di infrangere la legge russa. Voglio che la corte comprenda che il mio è stato un errore in buona fede, commesso perché ero in preda alla fretta e allo stress, mentre cercavo di riprendermi dal post-Covid e di tornare così alla mia squadra.»

Afferrai le sbarre. «Il duro lavoro che i miei genitori mi hanno inculcato è ciò che mi ha portato a giocare per la migliore squadra dell'EuroLeague e della Russia, l'UMMC. Non avevo idea che la squadra, la città, i tifosi e le mie compagne di squadra mi avrebbero fatto una così grande impressione nei sei anni e mezzo che ho trascorso qui, a Ekat. È diventata la mia seconda casa, con i miei amici, le mie compagne di squadra e i miei tifosi con cui ho sempre interagito. Ricordo benissimo quando uscivo dalla palestra, con tutte le ragazzine sugli spalti che mi aspettavano. È questo che mi ha spinto a tornare qui.

«Voglio scusarmi con le mie compagne di squadra, con il mio club, con i tifosi e con la città di Ekat per l'errore che ho commesso e per l'imbarazzo che ho causato loro» dissi mentre mi salivano le lacrime agli occhi. «Voglio scusarmi anche con i miei genitori, i miei fratelli, l'organizzazione della Phoenix Mercury a casa, le fantastiche donne della WNBA e la mia meravigliosa coniuge. Non ho mai voluto offendere nessuno. Non ho mai voluto mettere in pericolo la popolazione russa. Non ho mai voluto infrangere alcuna legge.» Mi fermai e guardai direttamente la giudice. «Ho commesso un errore in buona fede» continuai «e spero che la sua sentenza non metta la parola fine alla mia vita qui... Grazie, Vostro Onore.»

Mi lasciai cadere sulla panca. Espirai profondamente, sollevata dal fatto che la prima parte dell'incubo era finita. A prescindere da quello che sarebbe successo, almeno avevo superato quella dichiarazione. I miei avvocati si avvicinarono dandomi la schiena e sussurrarono: «Ottimo lavoro». Annuii, mentre il cuore mi batteva ancora forte. Ero orgogliosa di come mi ero comportata. Non era stata un'esposizione perfetta, ma proprio per questo era andato tutto bene. Avevo guardato i miei appunti solo un paio di volte, il che mi aveva permesso di parlare spontaneamente. L'espressione *supplicare per la propria vita* viene spesso pronunciata, ma fortunatamente la maggior parte delle persone non dovrà mai farlo. Ho supplicato quella giudice come se fosse in gioco il mio futuro, perché di lì a poche ore lo sarebbe stato.

I miei avvocati fecero le loro arringhe finali. Entrambi batterono sul tasto che avevamo battuto per tutto il processo: il mio crimine era involontario. Maria ricordò alla giudice le testimonianze positive nei miei confronti e chiese che venissero prese in considerazione, insieme alla mia fedina penale pulita. Sottolineò anche che la confisca del mio telefono e del passaporto e il mio arresto avevano violato le procedure legali russe.

Alex pianse mentre parlava. «Brittney è una brava persona» disse con un fremito nella voce. Ha menzionato le mie attività di beneficenza, ha detto che ero amata dai miei amici e dalle mie compagne di squadra. «Ha persino conquistato alcune guardie e compagne di detenzione» aggiunse. «Quando è partita per il processo, molti di loro le hanno gridato: Brittney, andrà tutto bene!» Cosa che fecero per davvero. In cinque mesi e mezzo di visite, Alex era diventato molto più che il mio avvocato. Era ed è tuttora un vero amico.

Dopo l'arringa del pubblico ministero – che insistette sul fatto che avessi deliberatamente confezionato e contrabbandato cannabis in Russia – la giudice disse che la corte si ritirava per deliberare. Disse che sarebbe rimasta nel suo ufficio per due ore, avrebbe esaminato le prove e avrebbe preso una decisione.

Le guardie mi misero di nuovo le catene e mi scortarono all'uscita. Avevamo attraversato l'atrio della stampa e iniziato a scendere le scale quando il procuratore si avvicinò di corsa e mi batté sulla spalla. Mi girai e lo vidi agitare il suo telefono. «Foto?» disse sorridendo. *Questo idiota sta scherzando?* Era serio. Stavo per dire di no, ma mi sono subito resa conto che avrei rischiato di essere presa a calci nel sedere. «Figo» dissi, scioccata dal fatto che le guardie acconsentivano a questo circo. Non solo lo permisero, ma mi accompagnarono addirittura fuori, sul retro dell'edificio, in modo che il procuratore potesse avere una scenografia migliore. Nel mentre ne approfittarono per fumarsi una sigaretta. «Non sorridere» disse il procuratore avvicinandosi a me. Passò il telefono alla guardia, che scattò la foto. E accidenti, che cacchio: ho sfoggiato un sorriso a trentasei denti.

Nel sotterraneo, la ragazza che avevo incontrato prima non c'era più. Anche i miei Oreo erano spariti. Ero incazzata. Se fosse stata lì, me la sarei presa con lei. Ero così stressata che fumai sei o sette sigarette di fila. Mi fermai solo perché le avevo quasi finite. Misi in tasca le poche che mi erano rimaste per dopo il verdetto. Il fumo mi ha fatto superare la prima ora. In quella dopo ho strisciato. Ho pensato a Relle, probabilmente era da sola, a guardare i notiziari e a pregare. Ho pensato al *prima*, al mio ultimo viaggio a casa, a quel dolce San Valentino che abbiamo condiviso. Ho pensato ai miei genitori, a tutta la mia tribù, che sapevo essere speranzosa a Houston. Ho pensato a quanti anni potevo prendermi. *Cinque? Sei? Tutti e dieci?* Avevo imparato alcuni numeri in russo, da *odin*, *dva* e *tri* (uno, due, tre) a *vosem*, *devyat* e *desyat* (otto, nove, dieci). Ho cercato di ricordare le pronunce in modo da poter capire se nella sentenza veniva detto un numero. Quale che fosse la mia pena, i miei quasi sei mesi di prigione sarebbero stati almeno scontati.

Tornata nella gabbia, attesi il ritorno della giudice, che diede il tempo al pubblico ministero di chiedermi un'altra foto. «Non sorridere stavolta» mi disse mentre si avvicinava e scattava. Io sorrisi ancora di più. Probabilmente si era resa conto che stare in piedi con me che sorridevo non era una bella immagine per lui dal punto di vista professionale. Riuscì a fare entrambe le foto solo perché non c'erano i miei avvocati. Mi sentivo già uno spettacolo durante il processo e il suo comportamento ha accentuato questa sensazione.

Alex e Maria sono entrati pochi istanti dopo, insieme agli altri giornalisti ammessi in aula per la sentenza. Ci alzammo tutti brevemente quando la giudice entrò e poi ci sedemmo di nuovo. Batté il martelletto e richiamò all'ordine il pubblico, o almeno ci provò. I giornalisti ci misero un po' a calmarsi. Facevano a gara per avere la migliore inquadratura, in modo da poter zoomare sul mio volto durante la sentenza. Il giudice mi chiese di alzarmi. Mi diressi verso la parte anteriore della gabbia e mi aggrappai alle sbarre. Il traduttore era in piedi vicino a me.

Il giudice abbassò lo sguardo su un foglio e iniziò a leggere rapidamente. «Brittney Griner, la corte ti dichiara colpevole di aver commesso un reato, ai sensi dell'articolo 228.1 e dell'articolo 229.2 del Codice penale della Federazione Russa» disse senza fare pause. L'interprete si appoggiò alle sbarre e mi sussurrava mentre lei parlava. «La sentenza, ai sensi dell'articolo 228.1, è di un anno e mezzo di reclusione» continuò. Quando ho sentito la parola *uno* in russo, mi sono illuminata prima di ricordare che il mio minimo era cinque. «Ai sensi dell'articolo 229.2 del Codice penale della Federazione Russa» continuò «la pena è di otto anni, con una multa di un milione di rubli.» *Vosem*. Mi strinsi di più alle sbarre, chiedendomi se avessi sentito *otto*. «In conformità con gli articoli 69.3 e 69.4 del Codice penale russo» concluse «la sentenza finale di Brittney Griner è di nove anni di reclusione, con una multa di un milione di rubli, da scontare in una colonia penale.» Una delle guardie sussultò. Il traduttore deglutì a fatica prima di sussurrarmi la sentenza.

Devyat. Gulag. Whoosh.

«Ha capito il verdetto?» chiese la giudice. Tutte le telecamere dell'aula erano letteralmente puntate su di me, in attesa di un mio cedimento. Mi rifiutai di dare al governo russo questa soddisfazione. Fissai la giudice con un'espressione stralunata, mordendomi le labbra per trattenere l'emozione. «Sì, ho capito, Vostro Onore» dissi.

Avevo capito le sue parole, ma mi bloccai di fronte al loro significato. Non riuscivo a sentire il mio viso, il mio corpo, l'aria. Ho vissuto con dolori atroci per la maggior parte della mia carriera, ma in quel momento ero insensibile. Pensavo di essermi preparata al peggio. Ma niente può prepararti ad affrontare la tua vita che implode.

L'udienza durò mezz'ora. Il destino del decennio a venire mi fu comunicato in cinquantadue secondi. Non ricordo molto dopo il colpo di martelletto che concludeva il processo. Così come avevo smesso di percepire, avevo anche smesso di sentire. Mi sono arrivati alcuni dettagli confusi, come i miei avvocati che cercavano di confortarmi. Alex mi ha tenuto la mano e mi ha detto: «Sii forte». Lui e Maria mi assicurarono che avremmo fatto ricorso. Non riuscivo nemmeno a dare un senso a quella promessa. Ero ancora bloccata sul *devyat*. I miei avvocati e altre persone si trattennero dopo la sentenza. Firmai una serie di documenti mentre ero senza parole nella mia cella.

Maria si sporse attraverso le sbarre. «Vuoi vedere tua moglie?» sussurrò. Annuii. Con il suo telefono fuori dalla vista delle guardie, Maria chiamò Relle su Face-

Time. Relle era avvolta in una coperta sul divano, con il viso pieno di lacrime che aveva cercato di asciugare. «Ciao, tesoro» fu tutto ciò che riuscii a dire prima di perdere la testa. Fu così anche per lei. «Tesoro, piccola mia, va tutto bene» le ho detto, mentre cercavo di contenere lo tsunami di emozioni. «Va tutto bene. Ce la faremo.» Niente mi faceva più male che vedere Relle soffrire. Ecco perché sono passata dalle lacrime alla grinta. Dovevo essere la sua roccia. Parlammo per un attimo prima di dare un'occhiata alla guardia, che strizzò l'occhio nella mia direzione. Aveva notato che ero al telefono, il che era contrario alle regole del tribunale, ma lasciò correre. Era la guardia che aveva sussultato quando aveva sentito parlare di nove anni. Era sbalordito come sicuramente lo erano milioni di altre persone.

Maria chiamò anche Lindz. «Sono orgogliosa di te» disse. «Hai fatto un ottimo lavoro. Sii forte, BG. Ti riporteremo a casa.» Ho annuito e le ho detto che mi dispiaceva. Per la cannabis. Per il processo. Per tutto.

Tornati alla contea, Maria e Alex cercarono di confortarmi. Apprezzai la loro sensibilità, ma ero troppo stordita per accettarla. Passai la notte in cella con due signore russe che parlavano un inglese elementare. Le avevo viste in giro per la prigione ma non le conoscevo. Una assomigliava a Callie Torres di *Grey's Anatomy*. Era dentro per truffa. L'altra era una Meredith Grey russa. Non ho idea di cosa fosse accusata. Entrambe erano più vecchie delle attrici che evocavano, ma la somiglianza era innegabile. Non fumavano, quindi non lo feci nemmeno io, per rispetto. «Quanti?» chiese la sosia di Callie. Nel cortile aveva sentito che stava per arrivare il mio verdetto. «*Devyat*» dissi, alzando nove dita. I suoi occhi si spalancarono. «*Devyat*?» strillò. Annuii e iniziai a piangere. Entrambe le donne mi tirarono verso di loro e mi abbracciarono forte mentre piangevo. Sentii un «Va tutto bene». Mi stavano dando la forza che speravo di aver dato a Relle. «Fuma» cominciarono a esortarmi, facendo un movimento come se avessero una sigaretta in bocca. Io rifiutai, ma loro continuarono a insistere. Alla fine, fumai tutte le sigarette che mi erano rimaste.

Quella sera, la guardia principale fece il suo solito baccano tra i corridoi. Stranamente non lo sentii quasi per niente. Ero ancora sotto shock. Nella mente continuavo a rivivere quel momento con mia moglie, il dolore nei suoi occhi, le lacrime nella sua voce. Nel cuore della notte un foglio di carta passò attraverso lo spioncino. Una giovane guardia che mi aveva preso in simpatia aveva scritto una lettera con Google Translate. «Mi dispiace per i tuoi nove anni» diceva. «Mi dispiace per il mio Paese. Non preoccuparti, andrà tutto bene. Tornerai a casa.» La sua gentilezza, nel momento della mia massima debolezza, mi fece piangere. Sulla parte superiore della lettera scrissi *Grazie* ben marcato e la feci scivolare attraverso lo spioncino. Poi mi strinsi il viso tra le mani e singhiozzai in silenzio nel buio.

* * *

Quando tornai in prigione, due giorni dopo, il verdetto aveva cominciato a scavarmi nell'anima. Più penetrava, più soffrivo. La sentenza era su tutti i giornali. Le guardie ne parlavano e anche i detenuti. Alena e Olya mi raggiunsero sulla porta della nostra cella. «Cosa è successo?» chiese Alena. Ovviamente già sapeva. Voleva comunque il racconto completo, che le diedi.

Anche se c'era Olya non mi sforzai di parlare sottovoce. Per quanto non mi fidassi di lei, sapevo che avrebbe comunque allungato le orecchie. Raccontai i fatti, ma misi da parte i miei sentimenti. Se si fosse avvicinata alla guardia a cui aveva passato un biglietto, tutto ciò che poteva riferire sarebbero stati solo i fatti. Processo di merda. Oreo rubati. Quasi dieci anni della mia vita buttati via. «Tutti chiedono di te» disse Alena. Nel cortile, Tanya e altri avevano gridato oltre il muro: «Di' a BG che ci dispiace». Qualche secondo dopo i detenuti dell'altro edificio avevano mandato un messaggio. «Dille che è tutta politica» dicevano. «È una stronzata. Non si chiede a nessuno di pagare un milione di rubli per la quantità di cannabis che aveva lei.» Gli oltre 11.000 dollari li potevo gestire. Il mio grande dolore erano i nove anni senza Relle.

Alex e Maria cercarono di risollevarmi il morale. Durante la loro seconda visita dopo il verdetto, mi portarono alcuni dei miei cibi preferiti: una torta al miele e un dolcetto russo a base di marshmallow. E un piatto chiamato cordon bleu, prosciutto avvolto intorno al formaggio e poi fritto con una noce di burro all'aglio nel mezzo. «Stiamo già lavorando per l'appello» mi dissero. Sapevano che mi avrebbero condannato, ma la sorpresa era stata il numero di anni. Avevamo sperato in un minimo di cinque anni e pensavamo davvero di averne la possibilità. I miei avvocati erano sconvolti quanto me per il fatto che avevo ricevuto il massimo della pena.

In una dichiarazione dopo la sentenza, Alex e Maria avevano espresso il loro sconcerto. Anche il presidente Biden aveva condannato la sentenza, chiedendo alla Russia di rilasciarmi «immediatamente». «La mia amministrazione continuerà a lavorare senza sosta e a perseguire ogni strada possibile per riportare Brittney e Paul Whelan a casa sani e salvi al più presto» aveva dichiarato.

La prima sera che tornai in prigione, le guardie fecero la consueta perquisizione della cella. Uscii dalla stanza per l'appello e mi misi di fronte al muro. «Griner!» gridò la guardia. «Brittney Yevette» mormorai. Più tardi, mi avvicinai al lavandino e mi fissai nel piccolo specchio. Studiai il mio viso, la mia espressione vuota, la gioia scomparsa dai miei occhi. *Brittney Yevette. Una ragazza sola. Nove anni. Si spengono le luci.*

17
Transizioni

Abbandonare ogni speranza a volte è la cosa più ottimista che si possa fare. La mia liberazione è stata un processo graduale. Ad agosto mi sono concentrata su me stessa per elaborare la nuova realtà nella quale mi trovavo. A settembre sono andata in ansia per il livello febbrile al quale era giunta la negoziazione per lo scambio. A ottobre ho compiuto trentadue anni e per poco non me ne dimenticavo.

Dopo la condanna, ho iniziato a fare i conti. Nove anni erano lunghi. In Russia, potevano essere facilmente dieci. «Devi aspettare almeno un anno prima che il tribunale finisca le pratiche per il rilascio» mi dissero le altre donne. E, tutto questo, sempre che si riescano a trovare i tuoi fascicoli. Alena sapeva di un detenuto i cui fascicoli erano andati persi per mesi. Se avessi trascorso un decennio in carcere, avrei potuto non rivedere più i miei genitori, e soprattutto Pap, per i suoi problemi di salute. Nel 2032, mio nipote E.J. avrebbe avuto ventiquattro anni, sarebbe stato ormai grande e avrebbe finito da un pezzo le scuole superiori. Mi sarei persa alcuni dei suoi più importanti traguardi, così come quelli di altri componenti della famiglia. La mia carriera nel basket sarebbe finita. Avrei avuto quarant'anni e sarei stata fuori forma, avrei dovuto trovare un nuovo modo per provvedere a mia moglie. Relle. Mi aveva assicurato che mi avrebbe aspettato, ma dieci anni sono una cosa assurda. Ogni settimana vedevo detenuti a cui venivano notificati i documenti per il divorzio. Avevo così paura che Relle mi lasciasse o che mi riprendesse per dire poi: «No, non è più come me lo immaginavo». La gente pensava che il mio momento più basso fosse stato il processo, ma il mio vero incubo era la possibilità di perdere Relle.

Il 10 agosto io e lei abbiamo finalmente potuto parlare per la prima volta al telefono, a parte quella veloce telefonata con FaceTime durante il processo. La conversazione è durata cinque minuti prima che la linea telefonica della prigione si interrompesse. Siamo state fortunate a riaverla per altri dieci minuti. La storia di quella telefonata non è in ciò che ci siamo dette. È stato quanto non siamo riuscite a dirci.

Relle sembrava essere in un buco profondo. «Riesci a sentirmi, piccola?» Ho passato il primo minuto a chiederglielo. Alla fine, riuscii a sentire un debole sì. Non solo eravamo in continenti diversi, ma il collegamento dalla Russia all'Ambasciata e poi al telefono di Relle rendeva la linea più instabile di quanto sarebbe stato se ci fossimo chiamate direttamente. Non riuscii mai a sentirla veramente presente, ma continuammo.

«Come stai?» le chiesi, come se me lo potesse davvero dire.

«Sto bene» rispose assonnata a notte fonda, dall'appartamento in cui viveva in North Carolina, dov'era a studiare. «Sono qui che dormo con Marcel» il nostro goldendoodle in miniatura.

«Vorrei essere lì» dissi. Anche lei avrebbe voluto la stessa cosa. Vedersi su FaceTime era fantastico, d'accordo, ma ci faceva sentire ancora di più la mancanza l'una dell'altra. Le feci le congratulazioni per aver superato l'Esame di Stato. Le chiesi della mia famiglia. Erano sconvolti, ma pregavano molto.

Ci siamo lasciate andare a chiacchiere generiche perché le domande importanti sembravano troppo grandi per essere affrontate in così poco tempo. Inoltre, come si fa a riassumere sei mesi di sofferenza? Non è facile, ed è per questo che siamo rimaste sul leggero. Si vedeva che Relle cercava di essere calma per il mio bene. Il risultato è stata una conversazione un po' innaturale. Inoltre, sapevamo che i russi ci stavano ascoltando. Mi trattenni dal dire: «Ehi, sono *io*! Possiamo essere un po' autentici?».

Poi siamo arrivati a un argomento serio. «Sai qualcosa della trattativa?» ho chiesto. Il presidente Biden aveva scritto che aveva messo sul tavolo un'offerta.

«Sinceramente non ne so niente» mi ha risposto. «Per adesso credo che sia solo un tira e molla. Andrà avanti così finché non vengono fuori delle idee.»

Abbiamo chiuso con una risata. «Sei fortunata che abbia risposto» ha scherzato Relle. «Sei l'unica persona alla quale risponderei dopo sei mesi in cui non si è fatta sentire.»

Per quanto la linea fosse disturbata, per quanto la nostra conversazione procedesse a fatica, era bello sentire la voce di Relle. «Ti amo» disse. «Io ti amo di più» le dissi. Questa volta non sono crollata. Dopo la condanna, avevo iniziato a costruire una barriera intorno al mio spazio mentale. Era l'unico modo per superare un decennio di reclusione. La speranza ti fa guardare al futuro. Io dovevo concentrarmi sulla sopravvivenza.

***

Più o meno all'epoca della mia condanna, Alena ricevette la sua. Quando lasciò la prigione, disse a me e a Olya che sarebbe tornata dopo sei giorni. Ma non tornò. Avevo paura di non rivederla più, anche se le sue cose erano ancora nella cella. Era normale che i detenuti se ne andassero e non tornassero, senza spiegazioni. Le guardie si limitavano a togliere le loro cose di mezzo e a far entrare la nuova detenuta. Dopo venti giorni, Alena finalmente tornò. Aveva la faccia di marmo.

«Che è successo?» chiese Olya. Io non dissi nulla. Dallo sguardo vuoto di Alena capii che aveva bisogno di essere lasciata in pace. Ignorò la domanda di Olya e si sdraiò sul letto. Poi iniziò a parlare.

«La data della sentenza è stata spostata di un paio di settimane» disse. Piuttosto che riportarla in carcere, l'avevano tenuta nella contea.

«Allora, ti hanno condannato?» chiese Olya.

Alena annuì e si mise a piangere. «Otto anni» disse.

Suo marito aveva ricevuto la stessa condanna. Il massimo della pena per loro era quindici anni, credo.

Lei sperava che ne avrebbero avuti cinque, ma temeva che avrebbe potuto essere a due cifre. Otto era meglio di dieci, ma sono sempre quasi tremila albe. Come me, Alena aveva paura di non rivedere più suo padre. Alcuni detenuti potevano pagare per uscire prima dal carcere. Più la struttura era lontana da Mosca, più era facile corrompere le autorità. Ho sentito di prigionieri che hanno pagato circa 30.000 dollari per vedersi accorciare la detenzione di anni. Avresti pensato che la cosa avvenisse sottobanco, ma i direttori lo sapevano. Gli uomini avevano più probabilità di riuscirci rispetto alle donne. Anche gli uomini lavoravano molto in carcere, soprattutto nell'industria pesante, ma la Russia si affidava alle detenute per cucire le uniformi militari e far funzionare le carceri. Alena non aveva i mezzi per pagarsi l'uscita. E nel mio caso, anche se avessi offerto milioni, non sarei andata da nessuna parte. I funzionari della prigione sarebbero finiti in un bel po' di guai se mi avessero rilasciato. Avrebbero potuto persino essere uccisi.

Alena avrebbe fatto appello, disse, proprio come i miei avvocati avevano fatto con me a metà agosto. Quando ho sentito la parola *appello*, ho pensato al *purgatorio*. Vivevamo tra l'inferno della detenzione e quell'Ade reale che erano i gulag. Non sapevamo quanto saremmo rimaste in prigione, né se saremmo mai state mandate nelle colonie penali. Non c'era nulla di sicuro, se non l'incertezza. Non c'era quasi niente su cui potessimo avere una forma di controllo. Quella sera, dopo che le luci si spensero, sentii Alena piangere nel buio. Mi si spezzò il cuore.

Entrambe tese e agitate per le nostre condanne, non avevamo più pazienza per le indiscrezioni di Olya. Il nostro fastidio arrivò al culmine in agosto. Come al solito, Olya mi stava facendo domande sul mio caso. «Pensi che verrai scambiata?» mi chiese per la decima volta. «Ne sai quanto me, Olya» risposi. Poco dopo andò via per una visita medica.

«Lo so che è una spia» disse Alena. «Ricordi il biglietto che ha passato alla guardia?» *Già*. Avevamo sentito dire che c'erano spie in tutte le prigioni. I detenuti facevano favori a chiunque avesse una divisa in cambio di un trattamento migliore. Non ero sicura al cento per cento che Olya fosse una spia, ma sembrava un buon giorno per scoprirlo. Ero stufa di lei.

Rimasi di guardia alla porta, scrutando il corridoio attraverso lo spioncino. Alena prese il diario di Olya dall'armadio e lo sfogliò. Rimase a bocca aperta. Il mio nome, in inglese, era scritto pagina dopo pagina. Anche quello di Alena. Aveva preso appunti su decine di nostre conversazioni, che risalivano al nostro primo giorno nella cella.

«Sta arrivando!» dissi.

Alena chiuse il diario e lo infilò nell'armadietto, mentre noi saltavamo sui nostri letti.

«Dobbiamo dirle qualcosa?» sussurrò Alena mentre la guardia apriva la porta.

«No» dissi io. Alena annuì.

Ma poi cambiammo idea. Alena era così incazzata che mi lanciò un'occhiata tipo *Io le dirò qualcosa*. Ero d'accordo. Ci sedemmo entrambe al tavolo e chiedemmo a Olya di raggiungerci.

«Che succede?» disse Olya, studiando le nostre espressioni accigliate.

La fulminai con lo sguardo. «Non ti avevo detto che era meglio che il mio nome non finisse nel tuo diario?»

Spalancò gli occhi. «Hm, sì, BG» disse con una voce da bambina.

«Hai mai scritto qualcosa su di me o su Alena nel tuo diario?»

Si bloccò. «No, no, no» disse. Io e Alena ci scambiammo uno sguardo.

«Allora perché il mio nome è scritto dappertutto nel tuo diario?» dissi.

«Non è vero» sostenne lei.

«Prendi il diario» le dissi. Lo fece e lo appoggiò aperto sul tavolo.

«Cos'è questo?» chiesi, indicando più volte la scritta *BG* su una pagina, vicino al nome di Alena.

«Cioè, non ho scritto molto» disse.

Alena prese le redini della situazione. Per un buon minuto e mezzo, le fece il culo in russo. Alla fine della sua sfuriata, il viso di Olya era rosso acceso.

«Prendi un pennarello e cancella i nostri nomi» le dissi. Rimase seduta lì tutto il pomeriggio a cancellarci dalle sue pagine. Le chiesi del biglietto che aveva passato alla guardia. Lei, naturalmente, negò di averlo fatto. «È meglio che non senta che parli di me a queste guardie» le dissi. Alena la mise in guardia sullo stesso argomento.

Il giorno dopo le guardie ci chiamarono nel loro ufficio: avevano visto la nostra litigata sulla telecamera e volevano che parlassimo con il direttore separatamente. Olya andò da sola. Alena venne con me per tradurre.

«Cosa sta succedendo?» chiese il direttore, un giovane in mimetica blu.

«Olya sta facendo la spia per conto vostro» dissi. «C'è il mio nome in ogni pagina del suo diario.»

Lui sorrise e annuì come se lo sapesse. «Dobbiamo spostarla in un'altra cella?»

«Assolutamente sì» risposi. Alena era d'accordo. Tornammo in cella e non dicemmo nulla a Olya della nostra richiesta. Anche lei non ci disse nulla del suo incontro. Dietro le quinte, i miei avvocati chiesero al direttore di spostare Olya.

Una settimana dopo il problema era risolto. Arrivarono due guardie e ordinarono a Olya di raccogliere le sue cose e di spostarsi in un'altra cella. Fingemmo di essere stupite, ma sono sicura che lei sapesse che c'eravamo noi dietro alla faccenda. Del resto, alle detenute veniva spesso imposto di cambiare cella. Eravamo state messe insieme solo perché le mie compagne potessero fare da traduttrici. Olya fu sostituita da Sara, una spagnola che parlava un inglese approssimativo. Aveva circa cinquant'anni, un fisico da pilates e lunghi capelli biondi e ricci; era stata accusata di contrabbando di cocaina. Camminava in continuazione e parlava senza sosta. Metteva anche le salviette per il sedere usate nella pattumiera comune, proprio in cima, ma almeno non era una spia.

* * *

A metà agosto ero ancora alle prese con la sentenza. I miei cari mi avevano scritto e ogni lettera portava con sé ansia e speranza, come quella che ricevetti da Lindz.

«Sai che non possiamo raccontarti tutto, ma le trattative sono in corso» mi scrisse. «I collaboratori del governatore Richardson sanno chi sta conducendo il negoziato e si stanno appoggiando a un altro canale. Hanno in programma incontri di persona e stanno tenendo alta la pressione.» Il governatore Richardson aveva dichiarato a George Stephanopoulos della ABC: «Sono ottimista, penso che verrà liberata... Penso che ci sarà uno scambio due contro due... Non posso dimenticare [Paul Whelan]». Questo era ciò che succedeva dalla nostra parte. I russi tirarono fuori diversi nomi, e soprattutto uno in particolare: Viktor Bout, un famigerato trafficante di armi noto come il Mercante di Morte. Stava scontando venticinque anni in una prigione statunitense. «La questione piuttosto delicata dello scambio di cittadini russi e statunitensi condannati viene discussa attraverso i canali definiti dai nostri presidenti» aveva confermato Alexander Darchiev, un diplomatico russo di alto livello. «La Russia sta cercando da tempo di ottenere il rilascio di Viktor Bout. I dettagli li lasciamo agli addetti ai lavori.»

La mia équipe di difesa era rimasta fermamente ottimista. «Sappi che sì, stai tornando a casa» scrisse Lindz. Volevo crederle, ma due parole mi frullavano in testa: *Paul Whelan*. Anche se il suo nome era parte della trattativa, il governo degli Stati Uniti e il governatore Richardson stavano cercando di riportarlo a casa da più di tre anni. Lo stesso dicasi per molti degli oltre sessanta ostaggi americani sparsi per il mondo. In diversi momenti l'amministrazione ha creduto di essere vicina a ottenere la libertà di Paul. La sua famiglia era ancora in attesa, pregando per un ritorno che non avveniva. Tutte le persone coinvolte erano animate da buone intenzioni, eppure lui marciva in una colonia penale come quella in cui sarei stata mandata io. Inoltre, molti speravano che il mio ruolo di star dello sport russo avrebbe accelerato il ritorno a casa. Evidentemente, non era così. In tutte le lettere, Pap scriveva: «Credo che sarai a casa il mese prossimo». Il suo ottimismo mi rincuorava, ma non potevo permettermi di crederci così tanto come sembravano fare tutti gli altri. Faceva male. Sperare e non sperare sono entrambi modi per proteggerci. La speranza ci dà qualcosa per cui vivere. Accettare le cose per come sono ci permette di affrontare con più forza la cruda realtà. Mi sono detta che non potevo aspettarmi uno scambio a breve, e che forse non sarebbe mai avvenuto, ma restavo comunque all'erta in attesa di possibili sviluppi.

Ce ne furono due di una certa importanza a metà settembre. Il governatore Richardson, che aveva contribuito a riportare Trevor a casa, incontrò privatamente alcuni funzionari russi di alto rango in merito a un possibile scambio di prigionieri. Questo sembra avesse infastidito l'amministrazione Biden. Un alto funzionario americano dichiarò alla CNN che chiunque «vada in Russia è un cittadino privato e non parla a nome del governo degli Stati Uniti». Questo attrito fra poteri poteva essere potenzialmente positivo per me. Nella gara diplomatica per riportarmi a casa, io ero il primo premio. L'incontro del governatore Richardson aveva intensificato la competizione. Lui e i suoi colleghi dissero di non poter scendere nei dettagli. Sui giornali si leggeva spesso il suo *no comment*. Sentivo che stavano succedendo cose importanti, ma nessuno poteva dire esattamente cosa. Questo mi metteva ansia, come quando mi sentivo dire «Tieni duro» o «Ci siamo quasi». *È il momento di festeggiare o correre ai ripari?* Non riuscivo a pensarci. Ecco perché mi ritirai in una personalissima caverna emotiva.

Subito dopo i colloqui segreti del governatore, Relle e Lindsay hanno incontrato il presidente Biden nello Studio Ovale. Un fatto eccezionale. All'epoca non sapevo nulla di questo incontro. Alla fine, ho saputo i dettagli in una lettera di Lindz. Per l'incontro erano previsti venti minuti. È durato due ore. «Il presidente Biden è stato caloroso e sincero» ha scritto Lindz. «Ha abbracciato Relle. Si sono seduti sulle poltrone in fondo ai due divani e io e Jake di fronte a loro, come se fossimo i loro reggilibri. Il presidente ha espresso il suo impegno a riportarti a casa il prima possibile, ha parlato del suo legame personale con la perdita e dell'importanza della famiglia. È stato affettuoso ma diretto. Mi ha colpito per la sua onestà e ci ha detto più di quanto mi aspettassi sui dettagli delle trattative.

«Gli abbiamo parlato di quanto eri sola e spaventata. Ma abbiamo anche fatto molte domande. Non posso scendere nei particolari, ma abbiamo posto tutte le questioni fondamentali. Ho avuto la certezza che farà tutto il necessario per riportarti a casa, anche se l'unico accordo che può fare è uno contro uno. Mi ha chiesto cosa volessi da lui e io gli ho risposto: "Voglio che BG torni a casa domani". Sta lavorando senza sosta per far in modo che possa accadere. L'obiettivo è trovare un accordo entro la fine di settembre. Non andrai in un campo di lavoro. Al momento i negoziati sono in fase di stallo, ma si spera che con gli incontri delle Nazioni Unite a New York di questa settimana possano riprendere.» Ecco di nuovo quella parola: *speranza*.

* * *

A ottobre abbiamo perso l'appello per la riduzione della pena. La cosa non mi ha sorpreso, ma mi ha comunque depresso, insieme al tempo. Il cielo si faceva più grigio, le giornate più corte. Le temperature diurne sono scese a 4-5°C, segno che l'inverno era ormai alle porte. *Rimarrò qui per un altro inverno?* Per salvaguardare la mia salute mentale, ho scelto di dare per scontato che ci sarei rimasta. La mia preghiera era di riuscire, quantomeno, a rimanere in prigione. Dopo otto mesi, mi ero abituata a quell'inferno. Anche Alena la pensava così. Una volta pronunciate le nostre sentenze, ci preoccupammo meno delle voci sulle colonie penali. Era troppo spaventoso parlare di ciò che presto sarebbe potuto diventare realtà.

Quel mese ho compiuto trentadue anni. Era un giorno come un altro, come i 242 infelici giorni precedenti. Eppure, ci furono alcuni bei momenti per i quali ringraziai Dio. Alex e Maria si presentarono con una torta al miele e un mucchio di lettere della mia famiglia, di Lindz e delle giocatrici della WNBA. Il papà di Alena le portò un biglietto di auguri da darmi. Relle inviò alcuni biglietti di auguri umoristici che Alex mi consegnò. «Bambiniiinaa» mi scrisse. «È il tuo compleanno!

Di solito ti avrei preparato un sacco di regali e mi dispiace non poterlo fare anche quest'anno. MA... Voglio sempre dimostrarti quanto te li meriti. Quindi eccoti diversi biglietti d'auguri e regali-da-prigione (merendine e libri). Spero che oggi tu possa pensare a tutte le cose belle, e la tua nascita è un buon punto di partenza perché la mia vita non sarebbe così perfetta senza di te. Mi manchi tanto e ti amo da pazzi. Buon compleanno! Con amore, la tua mogliettina.» Sono scoppiata a piangere quando ho letto quello che aveva scritto, lacrime di gratitudine miste a tristezza.

In quel periodo la giudice mi concesse un'altra telefonata di quindici minuti e io e Relle parlammo di nuovo. Questa volta fui più sincera con lei, e lasciai scorrere le lacrime. Mi sentivo sola. Ero terrorizzata. Ero sicura che avrei passato l'inverno in galera. Il mio amore cercò di tirarmi su di morale, ma non funzionò. Poco dopo, Relle partecipò a un'altra intervista con Gayle King della CBS. Disse che la nostra telefonata era stata sconvolgente e raccontò che le avevo detto «La mia vita non ha più importanza». Mi sentivo veramente così.

La sera del mio compleanno, mi sedetti sul water e fumai una sigaretta, pensando a cosa avrei fatto se fossi stata a casa. Probabilmente io e Pap saremmo andati a pesca in alto mare, oppure io e Relle saremmo partite per Cabo San Lucas. Invece, me ne stavo lì da sola al buio, con la vita ridotta a tre metri di isolamento, con il cuore che desiderava alberi, cielo, rapporti umani. Mi sentivo distante dal mondo e persino da me stessa. Quel distacco si era indurito fino a diventare cinismo. Forse Relle aveva ragione. Forse avrei dovuto concentrarmi sulla Parola del Signore, considerare le cose positive ed essere più fiduciosa. Mentre la notte diventava mattina e ottobre si avvicinava alla fine, ho provato a permettermi di sperare. Poco dopo aver lasciato entrare quella luce, la mia vita è diventata completamente buia.

PARTE IV
Colonia penale

Si dice che nessuno conosce veramente una nazione finché non è entrato nelle sue prigioni. Una nazione non dovrebbe essere giudicata per il modo in cui tratta i suoi cittadini più importanti, ma quelli più umili.

Nelson Mandela, attivista anti apartheid ed ex presidente del Sudafrica

Novembre 2022

Caro presidente Putin,

spero che abbia sentito parlare di me. Ho vinto due volte la medaglia d'oro olimpica nella pallacanestro e sono una campionessa della WNBA. Cosa ancora più importante, sono anche un'atleta del club di pallacanestro UMMC Ekaterinburg e orgogliosa di esserlo. Con l'UMMC ho vinto sette campionati russi e ho portato in Russia quattro titoli di EuroLeague.

Le scrivo dalla colonia penale n. 2 di Mordovia. Sono stata condannata a nove anni di prigione per aver portato accidentalmente in Russia delle cartucce di svapo nella mia borsa. Scontare questa pena in Russia potrebbe significare non rivedere più i miei genitori. In particolare, mio padre, che ha superato settant'anni di età e ha problemi di salute. Non potrò mai più giocare a basket in vita mia. La mia famiglia e il basket sono la mia vita. Senza di loro, la mia vita avrà poco senso.

So di aver infranto le leggi russe e mi dispiace. Non

è mai stata mia intenzione. Amo e rispetto la Russia e ho trascorso più di sette anni nel vostro bellissimo Paese. Ekaterinburg è diventata la mia seconda casa e amo il popolo russo. Spero che anche molti di loro mi vogliano bene. Mi sono dichiarata colpevole in tribunale per riconoscere il mio errore e ora chiedo umilmente il suo perdono.

So che lei ha detto in diverse occasioni che lo sport dovrebbe essere al di fuori della politica. Ha parlato della sacralità dello sport. So che lei ama lo sport, signor presidente, e che lei stesso è un atleta. Conosce bene la gioia dello sport e le sfide che ne derivano. Lo sport russo è ricco di storia. Le Olimpiadi russe e la Coppa del Mondo FIFA del 2018 sono davvero tra i migliori eventi sportivi di questo secolo.

Signor presidente, lei è l'unica persona sul pianeta che ha l'autorità di aiutarmi. La prego di concedermi la sua grazia. La prego, mi permetta di porre fine alle sofferenze della mia famiglia e di tornare a praticare lo sport che amo, lo sport che mi ha dato così tanto.

Cordiali saluti,

Brittney Griner

18
Lontana da tutto

La mia strada verso il campo di lavoro è iniziata con un sussurro. L'ultimo giorno di ottobre, una guardia aprì la porta della cella e fece cenno ad Alena di avvicinarsi. «Brittney sarà trasferita presto» disse in tono sommesso. Aveva sentito il direttore parlarne. Non conosceva la data.

Quando Alena me l'ha detto, ho pianto. Anche lei. L'episodio più straziante della nostra vita si era svolto in prigione, eppure quella era diventata la nostra zona di comfort. Io ero lì da otto mesi, Alena da molto di più. Avevamo un nostro sistema ben rodato. Dipendevamo l'una dall'altra per il cibo quando eravamo a corto, per le chiacchiere quotidiane, per i pettegolezzi e i giochi per passare il tempo, e per la spalla su cui piangere se ce n'era bisogno. Sapevamo sempre di poter contare l'una sull'altra. Era anche la traduttrice di cui mi fidavo di più, che ogni giorno mi aiutava a dare un senso a una lingua a me completamente estranea. Il pensiero di separarci mi riempiva di angoscia.

Alena chiamò suo padre e gli chiese di avvisare Alex, che si precipitò da me il giorno dopo. «Quale guardia ti ha detto questa cosa?» mi chiese, dando un'occhiata per assicurarsi che quella dell'area delle visite non fosse in ascolto. Uno nuovo, gli dissi, giovane e in gamba. Aveva preso in simpatia me e Alena. Alex mi chiese di ripetere ciò che aveva detto, non perché non mi avesse sentito ma perché era scioccato. Lui e Maria avevano sperato che la trattativa si sarebbe conclusa subito dopo l'appello. Avevamo pregato che, se fossi stata trasferita, la data sarebbe stata lontana. Ora sembrava spaventosamente vicina.

Iniziammo a prepararci. Quel giorno Alex portò degli articoli da toilette e del salame. Io e Alena preparammo dieci panini e li mettemmo in frigo. Così come non avevamo una data precisa, né sapevamo se sarei stata realmente trasferita, non sapevamo nemmeno quanto tempo sarebbe durato il trasferimento. «A una ragazza il viaggio è durato sei settimane» disse Alena. *La strada per il gulag*. Questo era il modo in cui i detenuti si riferivano al trasferimento in treno, spesso pericoloso. I detenuti non venivano informati con largo anticipo se e quando sarebbero stati trasferiti o dove sarebbero finiti. Anche quando un prigioniero veniva prelevato, i suoi familiari non ricevevano alcuna informazione durante il trasferimento. Sapevano solo che il prigioniero sarebbe stato irraggiungibile per giorni o addirittura settimane; spesso il viaggio attraversava tutto il Paese e il treno si fermava di tanto in tanto per prendere altri detenuti, sia uomini sia donne. Alex mi disse che mi sarebbero state concesse due borse che avrei dovuto trasportare da sola. Riempii un borsone di vestiti. Un altro lo riempii con panini, carne secca, barrette di Mars e i miei dolcetti preferiti, quelli di San Valentino. Alex tornò il giorno dopo con altri snack e una lettera di Lindz: «Questa mossa è arrivata molto prima di quanto sperassimo. Sii coraggiosa. Facci sapere tutto quello che puoi. Ti vogliamo bene, BG».

Alena mi suggerì di alleggerire i bagagli. Avevo con me più di cento tra lettere e foto da casa. Diedi ad Alex quelle che volevo salvare, insieme al mio libro di sudoku, che non sarebbe stato permesso nel campo. Distrussi tutto il resto perché non volevo che la Russia lo esaminasse. Io e Alena strappammo una pagina dopo l'altra fino a ridurle in piccoli brandelli e poi le bruciammo sul water con i nostri mozziconi di sigaretta prima di tirare l'acqua. Mi sbarazzai anche dei vestiti. Alena prese una giacca. Ho spedito una delle mie magliette dei Nipsey Hussle a Tanya attraverso una guardia gentile. Ho tenuto il mio pesante parka Nike, gli stivali da neve e le felpe più calde.

Qualche giorno dopo la soffiata della guardia, il direttore chiese di vedermi. Alena venne a tradurre. «Stai per essere trasferita» mi disse seccamente. Lo fissai, non sapendo bene cosa dire o cosa provare. «Hai qualche domanda?» mi chiese. «Dove sta andando?» Alena chiese per me. Lui sorrise. «Questo è al di fuori delle mie competenze» disse. Alena implorò per avere maggiori informazioni. Alla fine, il direttore si lasciò sfuggire che non saremmo state nello stesso campo. Un disastro. Anche se sentivo che lo sapeva, non mi disse dove si trovava il mio campo né in che giorno sarei partita. «Manca poco» era l'unica cosa che disse. «Potrebbe essere uno qualsiasi dei prossimi giorni.»

«Uno qualsiasi dei prossimi giorni» si è rivelato essere il giorno dopo. Subito dopo colazione, la guardia disse ad Alena che sarei stata trasferita tra poche ore. Alena mi aiutò a chiudere la cerniera del mio borsone stracolmo di viveri. Dopo aver fatto i bagagli, io e Alena ci sdraiammo sui letti e fumammo lanciandoci un'arancia avanti e indietro. «Non creare problemi alle guardie e andrà tutto bene» mi disse. Scherzò anche sulla sua destinazione sconosciuta. «Finirà che mi troverò una fidanzata in prigione» disse, ridendo delle detenute che avrebbero potuto provarci con lei. «No che non lo farai; di' a tutte che hai una fidanzata americana in prigione che le prenderà a calci in culo» le dissi. Finalmente, verso le tre del pomeriggio, bussarono alla porta. Ci abbracciammo. Piangemmo. Promettemmo di rimanere in contatto tramite Alex.

Sei ore dopo ero ancora nell'ufficio della prigione. Il treno era in ritardo. Il camioncino squadrato poteva portarmi alla stazione solo quando c'era un'ora di arrivo prevista. Le guardie mi ammanettarono di nuovo e mi riportarono in cella. Quando entrai, Alena mi guardò con una espressione da *Che diavolo ci fai di nuovo qui?* Le luci si spensero poco dopo, ma rimanemmo sveglie a bisbigliare, a farci domande, a preoccuparci. Alle 3 del mattino sentii abbaiare e capii cosa volesse dire. Ogni volta che le guardie spostavano un detenuto dopo il tramonto, portavano con sé dei cani, nel caso in cui il prigioniero cercasse di scappare. Io e Alena ci siamo commosse di nuovo e questa volta ci siamo abbracciate più a lungo.

Una guardia, un uomo, mi ammanettò sul davanti e mi mise in mano le mie pesanti borse. Portò la scatola con il pasto che il personale del carcere aveva preparato per me. Nel camion, spinse me e le mie cose nella minuscola gabbia e chiuse le manette a una sbarra. Ero l'unica prigioniera. Nel buio pesto piangevo sommessamente, spaventata da ciò che stava per accadere. Dopo due ore di viaggio ci fermammo. Sentii il fischio di un treno. Il nostro furgone fece retromarcia.

La guardia aprì la gabbia e mi fece uscire. Il bordo posteriore del nostro camion era a pochi centimetri dal vagone del treno. La guardia mi fece cenno di superare lo spazio. Quando lo feci, diedi un'occhiata di lato e vidi un lungo treno. Entrai in una carrozza solo per donne. Gli uomini erano in vagoni separati.

Il vagone era senza finestre e dotato di gabbie simili a quelle del camioncino, ma più grandi. Ogni gabbia aveva tre cuccette di metallo incassate nelle pareti. La guardia mi spinse in una gabbia con due anziane russe. Ci salutammo con un cenno del capo e io salii sulla cuccetta superiore. Le due donne parlarono per un po', mostrando le foto dei propri figli. Tirai fuori una foto di E.J. e gliela feci vedere. «È tuo figlio?» chiese una di loro in un inglese approssimativo. Cercai di spiegare che era mio nipote, ma loro si limitarono a fissarmi. «È il figlio di mia sorella» dissi alla fine. Lo capirono. Ci scambiammo le nostre condanne alzando le dita. Una signora sei, l'altra otto. Non sembrarono sorprese quando alzai nove dita. A quel punto tutti in Russia conoscevano la mia faccia e la mia sentenza.

Non riuscivo a dormire. Fissavo il soffitto, desiderando di avere il mio libro di sudoku. Sul retro avevo scoperto un puzzle che Relle aveva risolto quando avevo comprato il libro da poco. Aveva scritto il suo nome e il tempo che le era servito per completarlo: dieci minuti. Era l'unico vero pezzo di lei che avevo. Quando mi sentivo giù, tornavo a quella pagina e mi strofinavo la sua firma sulla guancia. In treno, desideravo quella pagina. Desideravo ancora averla tra le braccia.

Dopo cinque o sei ore di viaggio, mi venne fame. Aprii la scatola dei pasti. Era piena di cibo secco e gelato, come le razioni dell'esercito. Lo misi da parte e presi i miei panini al salame, mangiandone due di fila. Avevo portato dell'acqua ma non l'avevo ancora bevuta. Alena mi aveva avvertito di non bere perché aveva sentito dire che alcuni detenuti non potevano usare il bagno sui treni. Ma lo feci lo stesso. Ogni tanto una guardia chiedeva chi avesse bisogno di andare. Quando alla fine ho alzato la mano, mi ha scortato in un vagone adiacente. Mi sono accovacciata per evitare di toccare il sedile sporco mentre una guardia aspettava alla porta. Un'ora dopo fecero salire tre detenute, che furono messe nella gabbia accanto alla nostra.

All'alba di due giorni dopo ci fermammo di nuovo. La porta del vagone si aprì. Questa volta, quando guardai di lato, potei vedere che era notte ma poco altro. Le guardie ci condussero in un altro furgone squadrato. Da un vagone vicino uscirono all'incirca una dozzina di uomini. Li incatenarono l'uno all'altro per le caviglie, come i condannati ai lavori forzati che si vedono nei film, e li condussero al loro furgone. Un'ora dopo ci fermammo al suono dell'apertura dei cancelli. Le guardie ci scaricarono davanti a un edificio, buio e vuoto. *Forse le procedure sono previste per domattina*. Le donne furono scortate in un corridoio, gli uomini in un altro e io da sola in una minuscola cella. Chiesi perché. «Sei americana» disse la guardia. Mise un materasso macchiato sul letto, mi chiuse dentro e se ne andò bofonchiando in russo. *Mi farò nove anni in isolamento?* Pensai.

La mattina dopo un uomo aprì la porta e mi diede delle lenzuola. Non indossava l'uniforme, quindi immaginai che fosse l'assistente di una guardia. Tirai fuori alcuni sigari corti che avevo comprato al Market. Erano una merce molto richiesta in Russia e pensai di usarli come moneta di scambio per ottenere dei favori. Lui sorrise e li prese. «Un altro materasso?» chiesi, indicando quello macchiato che mi aveva dato prima. Annuì. Tornò con uno molto più pulito. Più tardi, una guardia mi portò all'aperto, in un'area con un terreno sconnesso e muri fatiscenti: il loro cortile. Un detenuto stava dipingendo una parete. «Sei russa?» mi disse. «Americana» risposi. «Parlo poco inglese» mi disse. Il mio viso si illuminò. «Devo rimanere qui?» chiesi. «No» disse ridendo. «Questo è per gli uomini.» Ci eravamo fermati in un campo di lavoro maschile. Non sapevo perché. Ero solo sollevata dal fatto che saremmo andati verso un'altra destinazione. Poco dopo, l'uomo andò a chiamare tre suoi amici. Vennero con le foto dei loro figli e mi chiesero di autografarle, cosa che feci. «Il tuo Paese ti riporta a casa» disse uno di loro. «Starai bene.» *Non fino a quel momento.*

Tornata sul treno, il viaggio è proseguito. Abbiamo raccolto altre otto donne prima dell'ultima fermata. All'epoca non ero sicura della durata del viaggio: sei, sette, otto giorni? Sapevo solo che era buio e pioviggi-nava quando entrai nel mio nuovo inferno.

* * *

La Colonia Correzionale n. 2 o IK-2 si trova in Mordovia, una regione a più di cinquecento chilometri a est di Mosca. La prigione femminile fa parte della vasta rete di ex gulag dell'era sovietica. I detenuti chiamano la Mordovia «il buco del culo della Russia», e per una buona ragione. Le due dozzine di colonie penali sono note per le condizioni orribili, i lavori forzati e la tortura dei detenuti. Le temperature invernali scendono a meno quindici.

Una fila di guardie ci accolse all'interno dei cancelli. Avevano gli AK-47 puntati su di noi, con pastori tedeschi che abbaiavano al loro fianco. Ci condussero in una stanza con una piccola cella. Due guardie donne ci prelevarono una alla volta per una perquisizione, mentre le altre ci guardavano dalla cella. Una ragazza uzbeka fu la prima. Le guardie rovesciarono le sue cose su un tavolo. Versarono il suo zucchero nel detersivo, ridussero in frantumi le sue caramelle, infilzarono le saponette con un coltello. Io fui chiamata per ultima. «Droga?» chiese la guardia mentre apriva la cerniera del mio borsone. Scossi la testa. Aprì le confezioni sigillate di salame, schiacciò i noodles secchi e mise da parte tutti i vestiti colorati. Erano ammessi solo il bianco e il nero e solo due magliette e la biancheria intima. Cercò di prendere la mia pila di boxer. «*Nyet*» protestai, tirando giù la tuta per dimostrare che i boxer erano la mia biancheria intima. Con un cipiglio me li lasciò tenere. Tutto il resto lo sequestrò. «*No Russki?*» mi chiese mentre cercava. «*Nyet*» risposi alzando le spalle. Lei lanciò un'occhiata all'altra guardia e loro scoppiarono a ridere. «*Nyet, no Russki*» ripeté con tono di scherno.

La guardia mi fece cenno di spogliarmi. Mi tolsi tutto tranne i boxer. Le due donne guardarono il mio corpo prima di farmi ruotare e farmi fare quattro squat. Una scarabocchiava appunti mentre l'altra mi guardava. Ero a metà dello squat quando la porta dietro di me si aprì. Mi misi in piedi. Mi girai e vidi una donna, sulla quarantina, capelli neri, occhi gentili. «Sono Ann» disse in perfetto inglese. Disse di essere la detenuta che si occupava della cucina e si scusò per aver finito il turno in ritardo. «Le guardie vogliono che traduca per te» disse. Ero così sopraffatta dalla gratitudine che quasi mi dimenticai di essere mezza nuda.

Dopo essermi rivestita, seguii Ann attraverso un enorme cortile con un campo da pallavolo al centro. Il campo era circondato da diversi edifici recintati. «Starai lì» disse Ann, facendo un cenno verso gli edifici. Alcune decine di detenute si radunarono lungo i cancelli e mi fissarono mentre passavo. «Abbiamo tutte saputo del tuo arrivo» disse Ann ridacchiando. Sembrava che tutti, tranne la mia famiglia, sapessero che avrei scontato la pena all'IK-2.

Entrammo nell'edificio dell'amministrazione per un rapido incontro con il direttore, un uomo basso e calvo. Mi guardò come se fossi feccia. «Fai quello che ti viene detto e non avrai problemi» abbaiò. Dopo che ce ne fummo andati Ann sussurrò che questo direttore aveva torturato una detenuta in un'altra prigione. Invece di essere licenziato, era stato mandato all'IK-2.

La nostra ultima tappa fu per il ritiro dell'uniforme. Le due anziane detenute che gestivano il magazzino mi guardarono e sospirarono, come se stessero pensando *Non abbiamo niente che ti possa andar bene.* Tutti i detenuti dovevano indossare uniformi di velluto a coste verdi. La giacca era come una Levi's button-down; i pantaloni avevano una cintura abbottonata in vita. Una delle signore pescò l'uniforme più grande che riuscì a trovare. L'orlo dei pantaloni mi arrivava agli stinchi. La giacca, sorprendentemente, si adattava alla mia schiena, ma era troppo corta e mi faceva mostrare la pancia quando mi alzavo. Per fortuna, mi fu permesso di tenere i miei indumenti intimi per proteggermi dal freddo, soprattutto perché non avevano un giaccone abbastanza grande per me.

Mi diedero una fascia per capelli, simile a un hijab. Cercarono di insegnarmi ad avvolgerla, ma alla fine la infilai nella giacca. Non c'erano scarpe del mio numero, quindi tenni i miei stivali. Uscii che sembravo Steve Urkel di *Otto sotto un tetto*, passando davanti al doppio delle detenute che prima si erano radunate ai cancelli. Con tutti gli sguardi che mi seguivano, tornai indietro attraverso il cortile fino alla quarantena, un piccolo edificio con una ventina di letti. Le mie compagne di cella erano le donne che erano state con me durante il viaggio in treno.

Ann mi lasciò con una guardia. «Verrò a vedere come va quando potrò» mi disse. Il suo lavoro di capo cuoca comportava lunghi orari. «Kate passerà la notte con te» mi disse. Kate, una donna bassa con i capelli color sale e pepe e un bel sorriso, si presentò poco dopo. Il suo inglese era zoppicante ma comprensibile. Delle circa ottocento detenute dell'IK-2, Kate e Ann erano quelle che parlavano meglio la mia lingua, Ann come una madrelingua. Un tempo era un'insegnante di inglese. Ora le era stato affidato un lavoro che non avrebbe mai immaginato di fare: tradurre per la prima detenuta americana dell'IK-2.

***

Il carcere è più di un luogo. È anche una mentalità. Quando sono entrata nell'IK-2, mi è scattato un interruttore in testa. Ora sono una detenuta, mi sono detta. Resterò qui per almeno nove anni. Ho persino calcolato la data del mio rilascio: 20 ottobre 2031. Sapevo che sarebbe potuta cambiare. Tuttavia, concentrarmi su un obiettivo mi avrebbe fatto superare quell'incubo. Per quanto tenessi profondamente a Relle e alla mia famiglia, dovevo in qualche modo rimodellare questi sentimenti. Avrei continuato a sentire la loro mancanza, ma avrei nascosto le lacrime. Sentivo che la tenerezza avrebbe compromesso la mia tempra. Ho adottato questa mentalità fin dal primo giorno.

La quarantena nelle carceri russe dura solitamente

due settimane, anche se può variare da una struttura all'altra. Anche prima della pandemia, i nuovi detenuti venivano isolati e sottoposti a test per varie malattie infettive, dalla tubercolosi all'epatite B. Questo isolamento è diventato più rilevante con l'aumento dei casi di Covid in tutto il mondo. Le carceri russe ne sono state particolarmente colpite: il sovraffollamento, le pessime condizioni igieniche e la vita in comune hanno favorito la rapida diffusione del virus. Ricordo di aver trascorso solo una settimana in quarantena, forse perché i miei test erano risultati negativi. In quei giorni, una guardia veniva al mattino e leggeva un regolamento in russo per due ore mentre io me ne stavo seduta lì ad annoiarmi. C'erano altre cinque donne. Su delle targhette spillate sulle uniformi c'erano i nostri nomi e uno o più colori, dal bianco al giallo, dal verde al bordeaux. I colori fornivano alle guardie la tua storia con un colpo d'occhio: aggressiva nei confronti del personale, suicida, piromane, truffatrice, fuori controllo, e così via.

In seguito, ho saputo che una detenuta anziana, mezza cieca, aveva cercato di uscire da lì con il proprio bastone. La riportarono indietro e le diedero una nuova targhetta. La mia era bianca e indicava una condanna legata alla droga. Lo stesso valeva per le altre in quarantena, oltre che per Kate e Ann. In tutto il campo di lavoro avevo visto l'arcobaleno, compreso il nero per i crimini più efferati: omicidio, terrorismo, tortura.

La mia iniziazione avvenne di notte. Fu allora che Ann e Kate vennero a trovarmi dopo i loro turni. Kate assisteva la vicedirettrice, che i detenuti chiamavano

Madre del Drago: alta, in mimetica blu, sessantenne, truccata, sputava fuoco agitando il manganello. Quella sera Ann ci portò una torta, un vantaggio di essere la capo cuoca. Ci stringemmo in fondo alla cella e lei e Kate mi spiegarono tutto, a partire dalla prima regola. «Se una guardia ti ferma» disse Ann «devi dirgli il tuo reato e la data di rilascio.» Mi insegnò ogni parola in russo. Mi esercitai, ma non riuscii mai a capire bene cosa dovessi dire.

Mi descrissero anche come era fatto il campo e le altre regole. Tutti i detenuti erano alloggiati in edifici gemelli a più livelli chiamati distaccamenti, a pianta quadrata. Ognuno era sorvegliato da un detenuto, il più anziano del gruppo. «Qui non ci sono manette» disse Ann. Le guardie sorvegliavano ma non scortavano i detenuti attraverso la colonia, che ruotava intorno al cortile. Da un lato c'era la mensa, dove venivano serviti i tre pasti giornalieri: commestibili ma comunque cattivi, a parte la torta al miele che mi piaceva. Dietro c'erano la chiesa, la sala visite, l'infermeria e il Market. Tutti potevano ricevere visite in determinate fasce orarie durante i fine settimana. Su un altro lato c'era l'amministrazione, dove avevo incontrato il direttore. C'era anche un orfanotrofio per i figli che le detenute avevano partorito durante la detenzione. Potevano tenere lì i loro bambini fino a quando non raggiungevano i due anni di età. Venivano concesse loro delle (brevi) pause per vederli. Nascosto alla vista c'era il Buco, per i piantagrane. «Non ci finire» mi avvertì Ann. Si raccontavano storie di donne che erano state picchiate a sangue e poi lasciate per settimane in isolamento.

Alcune regole erano simili a quelle della prigione: appello alle 6 del mattino, luci spente alle 22, letti fatti alla maniera degli hot dog, TV a orari prestabiliti. Altre regole erano diverse: divieto di fumare all'interno ed esercizi di gruppo nel cortile. Tre cose erano nuove e terribili. Una era il bagno. La seconda era il mio lavoro. La terza era la capa del mio edificio. La striscia sulla sua spilla mi fece venire i brividi.

19
Alienata

Per sette giorni sono stata completamente isolata. Il mio team di sostegno era stato informato del trasferimento, ma non sapevano né quando era avvenuto né dove mi avevano portata. Inoltre, non erano preparati al crescente stato di allerta che avrebbero provato man mano che i giorni si susseguivano. «Non ho idea di dove tu sia o se riceverai questa lettera» mi scrisse Relle prima di sapere che ero stata trasferita. «Sono sotto shock e incredula. Vorrei che tutto questo non fosse successo. Ti troveremo, piccola, te lo prometto.» Aveva sentito le stesse storie che avevo sentito io, di detenuti stipati in vagoni bui e squallidi, che attraversavano la Russia a volte per mesi. Stavo mangiando? Dormendo? Ero ancora viva? La mia famiglia non lo sapeva. Questa incertezza aveva aumentato la loro ansia.

Lindz e Relle hanno condotto la campagna dormendo poco e con molto stress. Al momento del mio trasferimento, stavano lottando per contenere stanchezza ed esaurimento. Relle si è chiusa in preghiera. A Lindz sono venute le vertigini. A settembre, consapevole del peso che la gestione di così tanti impegni comportava per la campagna e della necessità di tutti gli sforzi che stavano facendo, Lindz ha chiesto alla leadership di Wasserman un maggiore sostegno. «Tutto quello che ti serve» le disse Casey. Il team di supporto lanciò un'altra serie di campagne, con tanto di postazioni per scrivere lettere di sostegno in occasione di eventi sportivi in tutto il Paese. I dipendenti dell'agenzia lavoravano senza sosta. Molti hanno pregato durante quei sette giorni in cui sono sparita dalla circolazione. L'ottavo giorno mi ritrovarono. Maria passò due giorni a cercare di rintracciarmi e contattò numerose colonie penali. Alla fine, riuscì a trovare qualcuno che le spifferò dove mi trovavo e confermò il tutto in una lettera: «Sì, Brittney Yevette Griner è con noi». I miei cari erano sollevati dal fatto che fossi stata rintracciata, ma erano anche inorriditi da quello che avrei dovuto affrontare.

Alex e Maria avevano programmato il lungo viaggio per venirmi a trovare mentre io mi trasferivo nel mio padiglione. Una donna bassa con i capelli neri mi ha accolto all'ingresso. Tramite Ann, si è presentata come Val, la responsabile del blocco. Anche se mi ha salutato calorosamente, sapevo che era un problema, a partire da quello che diceva la sua targhetta. Ann mi disse che Val era stata a capo di un'organizzazione criminale. Sceglieva le persone da far assassinare. Nella società la rendeva una persona pericolosa, ma in prigione le faceva guadagnare rispetto. Era all'IK-2 dal 2008 ed era il braccio destro del direttore. Una delle regole fondamentali della prigione era quella di stare alla larga dai detenuti al soldo del capo. Con Val era impossibile. Cercò di farmi diventare la sua migliore amica, probabilmente per guadagnare punti con il direttore. Lei e Ann mi accompagnarono nel cortile, mentre Val mi stava alle calcagna.

Il nostro edificio aveva tre livelli. Io ero al terzo. I piani erano strutturati come dormitori rettangolari, con una sala comune al centro. In un'area c'era una piccola cucina. In un'altra c'erano degli armadietti, uno per ogni detenuto, per gli oggetti personali e il cibo confezionato. Accanto c'era un enorme armadio per le borse e le uniformi, dato che non si poteva tenere nulla nella zona notte. Ogni piano aveva tre enormi camerate, nelle quali erano distribuite cinquanta donne. Nella mia c'erano venti detenute. Quando entrai, tutte mi fissarono. Nessuno parlava inglese e Val lo parlava a malapena. Si fece largo tra diverse donne e mi guidò verso il mio letto. Prima del mio arrivo aveva fatto in modo che mi trovassi nel suo edificio, invece che in quello di Kate e Ann, e che dormissi accanto a lei. La stanza era affollata, per lo più di cuccette. Anche i letti singoli erano attaccati l'uno all'altro. Mi confortò vedere che i saldatori-detenuti avevano preparato un letto più lungo per me. Potevi socializzare solo con le donne del tuo piano. E potevi metterti nei guai se andavi in altri piani o in altri edifici.

Il bagno era un vero inferno. All'IK-2 non c'era acqua calda. Se volevi farti una doccia – e la maggior parte non la faceva – dovevi scaldare l'acqua in un bollitore elettrico e versarla nella bacinella personale. La doccia era un minuscolo box piastrellato dietro un paravento a soffietto. Io ero troppo grande per il box. Così mi dovevo accovacciare dietro il paravento, versare l'acqua sui dreads e cercare di lavarmi versandomi l'acqua addosso. Nel frattempo, il bagno era tutto un parlottare. Era una grande area aperta con quattro water uno di fronte all'altro e sei lavandini condivisi da tutte e cinquanta le detenute. Vidi molte cose che non avrei voluto vedere. Alcune donne si infilavano gli assorbenti mentre immergevano la spugna nei lavandini che usavamo per lavarci i denti. La stanza puzzava, così come la maggior parte delle donne. Non si poteva mai essere veramente puliti in quella porcilaia. Inoltre, le nostre ginocchia si toccavano ogni volta che ci accovacciavamo per fare i bisogni. La scena era disgustosa.

Val stabilì una gerarchia per usare i bagni. Le guardie permettevano ai capi dell'edificio di fare quasi tutto quello che gli pareva. Val aveva il bagno tutto per sé alle 5.30, mezz'ora prima dell'accensione delle luci. Tutte le altre detenute entravano quando volevano, e ci potevano stare al massimo dieci minuti. Dopo una settimana che ero lì, Val iniziò a insistere perché mi alzassi presto e usassi il bagno mentre lo faceva lei. Pretendeva anche che la sua principale galoppina, una donna mite di nome Sveta, mi scaldasse l'acqua. Ho resistito su entrambi i fronti. Per quanto detestassi il bagno sporco e caotico, odiavo ancora di più essere controllata da Val. Le donne erano spaventate dal suo sguardo gelido e dalla sua vicinanza con il direttore. Tutte dicevano che poteva renderti la vita un inferno. Non volevo essere considerata la sua gemella cattiva. Ma non volevo nemmeno essere vista come un'americana arrogante che non riusciva nemmeno a scaldarsi l'acqua. Alla fine, ho ceduto alla doccia fatta presto, ma per il resto ho fatto del mio meglio per mantenere le distanze.

Ma c'era poco da fare, perché Val era anche il mio capo. Tutte avevano turni diversi a seconda del lavoro che svolgevano. La nostra routine nei giorni feriali dopo la sveglia era così organizzata: tutte le detenute dovevano presentarsi nel cortile entro le 6.30 per fare venti minuti di esercizio nel freddo pungente, facevamo cerchi con le braccia, esercizi calistenici in stile anni Sessanta, mentre ci scuotevamo la neve dalle fasce che avevamo sulla testa; poi si andava a fare colazione entro le 6.55: erano concessi dodici minuti per mangiare in modo da garantire che tutte le ottocento persone venissero servite prima del lavoro; dopo il porridge, tornavamo di corsa ai nostri alloggi per l'appello. Una guardia era assegnata a ogni edificio. Con una lista su una lavagnetta in mano, la guardia gridava il tuo cognome, «Griner!», e tu rispondevi con il resto, «Brittney Yevette!». Una volta chiamato il tuo nome, ti mettevi in fila dietro la guardia, fino a quando tutti i membri dell'edificio erano stati chiamati. Dopodiché, tornavamo di corsa ai nostri padiglioni per raccogliere tutto ciò che ci sarebbe servito durante il lavoro, come le barrette di dolciumi (proibite) che infilavamo nelle tasche e i bollitori elettrici (consentiti) per l'acqua calda. Tra le 8 e le 9 del mattino, ci affrettavamo ad attraversare il cortile per raggiungere i metal detector che si trovavano all'ingresso dell'enorme edificio in cui lavoravamo. Le guardie gridavano: «Mettetevi in fila!» e ci spingevano con i manganelli. Una volta superati i metal detector, andavamo velocemente verso le nostre postazioni. Se non portavi a termine il tuo lavoro, l'avresti vista brutta.

I campi di lavoro russi si chiamano così per un motivo. Tutti i detenuti lavorano per dieci, dodici, quindici o anche più ore al giorno. Quelli che avevano un lavoro come quello di Ann lavoravano 24 ore su 24. Ann supervisionava tutti i pasti dei detenuti e serviva personalmente i funzionari della prigione. Anche Kate, assistente della Madre del Drago, era sempre in servizio. Sebbene il suo lavoro avesse un lato positivo – girare per il campo per sbrigare le commissioni – il grande svantaggio era quello di non avere mai un attimo di tregua dalla guardiana più cattiva del campo. Guadagnavamo pochi rubli all'ora, circa 25 centesimi. In pratica si trattava di un lavoro da schiavi.

Lavoravo in sartoria, in una specie di fabbrica con file e file di macchine per cucire dell'epoca sovietica, priva di ventilazione e a malapena riscaldata. Non erano consentite pause per andare in bagno. Potevi giusto svuotare la vescica durante la pausa pranzo di venti minuti. A ogni gruppo era assegnata una quota, circa cinquecento uniformi militari al giorno. Le squadre che non riuscivano a raggiungere l'obiettivo venivano strigliate. Una ragazza vicino a me lavorava così velocemente che si cucì le dita, con il risultato di macchiare di sangue le divise e rallentare il lavoro. Il suo capo le strappò il materiale di mano, lo gettò per terra e le urlò di raccoglierlo e continuare. Se ti tagliavi, te ne facevi una ragione, senza lamentarti o fermarti.

Non sono mai stata un granché con ago e filo. Mia nonna, mia madre e le mie zie cucivano e lavoravano all'uncinetto, quindi sono cresciuta in queste attività. Ho anche fatto un po' di cucito in terza media, nelle ore di economia domestica. Non era il mio forte. Volevo stare all'aria aperta, correre, non lottare per infilare un ago con le mie grandi mani. Quindi, quando ho saputo che il mio lavoro sarebbe stato cucire, ho pensato: *Saranno nove anni molto lunghi*. Ma non potevo dire un bel niente, come nessuno dei nuovi detenuti. Durante la quarantena si era sottoposte a valutazioni psicologiche. Se le superavi – e io le superai – ti veniva detto: «Sei sana di mente, quindi lavorerai». La tappa successiva era l'ufficio del direttore. Ci chiamò, una alla volta, e ci disse: «Questo sarà il tuo lavoro. È chiaro?». Dovevi rispondere chiaramente di sì. La maggior parte di noi finì in sartoria perché era quello di cui la Russia aveva più bisogno. I campi di lavoro erano fondamentalmente fabbriche di uniformi militari.

Per una volta, le mie dimensioni mi hanno portato un po' di fortuna. Ero troppo alta per stare alle macchine da cucire, così Val si inventò un lavoro per me: tagliare i fili dei bottoni con delle forbicine, come quelle che si usano per tagliare i peli del naso. I bottoni erano cuciti su giacche fatte di materiale rigido e impermeabile. Una volta tagliati i fili vaganti, usavo una grande spugna umida per eliminare i segni di gesso che le cucitrici avevano usato come guida. Infine, abbottonavo la giacca da cima a fondo, operazione lenta e frustrante visto che le mie dita sono grosse. Lo stesso vale per le forbici: le mie dita non entravano negli occhielli. Il lavoro sembrava semplice, ma non faceva per me e avevo le mani piene di lividi a dimostrarlo. Il mio «addestramento» prevedeva che Val mi mostrasse come svolgere il compito una volta e poi mi controllasse per un paio di giorni. La parte più difficile è stata quella di stare ore e ore ingobbita su un tavolo da lavoro. Le ginocchia mi si gonfiavano, la schiena mi pulsava. Questo è stato il mio primo lavoro. Quello successivo avrebbe comportato un'altra serie di pericoli.

La sera voleva dire cena, TV nell'area comune e chiamate nella stanza dei telefoni che era a ogni piano. Val si occupava anche di questo. Lei e le altre detenute con pene lunghe si accaparravano i telefoni per prime, mentre le altre avevano a disposizione il tempo che rimaneva. Le nuove arrivate nel nostro edificio non ricevevano chiamate il primo anno, semplicemente perché Val aveva deciso così. Anche se mi avesse lasciato usare il telefono, avrei potuto chiamare a casa solo con un permesso esterno. Le chiamate degli stranieri dovevano essere effettuate tramite un'Ambasciata. Ci voleva una vita.

Mentre le donne litigavano per il tempo passato al telefono, io mi sono messa in pari con la mia serie TV, *Magnificent Century.* Senza Alena che traduceva, era difficile seguirla. Sentivo la mancanza della mia amica. Tra la fine del lavoro e il momento in cui venivano spente le luci, stavo per lo più seduta da sola a leggere la Bibbia. Ero circondata da donne, decine in più rispetto alla prigione, ma non mi ero mai sentita così sola.

* * *

I miei avvocati sono venuti a trovarmi circa una settimana dopo il mio arrivo all'IK-2. Ero felicissima di vedere volti familiari e ho dovuto trattenere le lacrime quando li ho visti. L'incontro si è svolto in una piccola stanza. Dovevo arrivare prima dell'orario previsto per poter essere perquisita. Dopo essermi spogliata fino ai boxer, mi sono vestita e sono entrata nella stanza con una telecamera che mi osservava dall'alto. C'era una guardia in piedi nelle vicinanze, che controllava le nostre conversazioni più da vicino di quanto non facessero in prigione. Inoltre, Alex doveva tenere in mano tutte le lettere e farmele leggere attraverso il divisorio. Lì non ti lasciavano tenere nessuna lettera.

Alex e Maria hanno portato notizie da casa. Le elezioni di metà mandato erano passate, il che – secondo loro – aveva aperto la strada alle trattative per gli scambi degli ostaggi. Lindz era in costante contatto con la Casa Bianca e la SPEHA. «Il presidente Biden si è espresso pubblicamente riguardo al suo impegno per riportarvi a casa e questa settimana è al G20» ha scritto Lindz in una lettera che Alex teneva in mano. «Putin non è presente, ma ci sono funzionari russi, quindi ci saranno degli incontri.» I miei avvocati hanno ribadito che credevano fermamente che sarei stata rilasciata, anche se gli dispiaceva molto per come erano andate le cose. La nostra lotta per la libertà si stava svolgendo nella realtà di una vera detenzione.

Pap mi inviò le Scritture alle quali potevo affidarmi. Relle cercò di sollevarmi il morale con il suo solito umorismo. «Il tuo lato del bagno sente la tua mancanza» ha scritto. «Quando ho aperto il rubinetto del tuo lavandino l'acqua usciva a malapena. Forse dovrò spostarmi su quel lavandino per lavarmi la faccia. Tieni la testa alta, campionessa. Ti amo. Un giorno tutto questo sarà un ricordo.» Quel giorno, nella mia testa, era il 21 ottobre 2031.

Una volta terminata la mia settimana di quarantena e trasferitami nel dormitorio, Kate e Ann vennero a trovarmi quando potevano, ma molto meno di quanto avessero fatto all'inizio. Il loro lavoro le teneva occupate. Le ho pregate di poter andare a stare nel loro dormitorio, nel quale la maggior parte delle detenute si comportava bene. Mi dissero che avrei dovuto stare all'IK-2 per due anni prima di poter fare quel genere di richiesta. Ann cercò di muovere qualcuno dei suoi agganci per farmi entrare, ma quelli di Val erano più forti. Aveva convinto il direttore a tenermi vicino a lei. Anche da lontano, Ann e Kate sono diventate la mia sanità mentale. Erano anche il mio passaporto nella colonia penale.

«Vuoi vedere gli animali?» mi chiese Kate un fine settimana mentre andava a fare una commissione.

«Certo» risposi, con una faccia che diceva *Quali animali?*

Mentre camminavamo verso un'area periferica del complesso, mi spiegò che il lavoro di alcuni detenuti consisteva nell'allevare conigli, da vendere agli agricoltori locali per finanziare la colonia penale. Arrivammo in un edificio dove lei tirò via un telo. Rimasi di stucco: c'erano decine di conigli grandi come gatti, in gabbie alte quanto me. Ce ne saranno stati una cinquantina lì dentro.

«Vendono *tutti* questi conigli?» chiesi. «Solo quelli che non uccidiamo» disse lei. La fissai. «Se la prigione è a corto di cibo» disse «macellano i conigli.» Le detenute che gestivano la fattoria erano delle vecchie, molto stile ex URSS di campagna, cresciute uccidendo animali a mani nude. Sono sicura di aver mangiato coniglio senza saperlo. La nostra mensa era piena di cibo che non sapevo riconoscere.

Kate mi ha fatto uscire dal mio dormitorio e Ann mi ha dato l'aggancio. La cuoca della colonia conosceva tutti. Poco dopo il mio arrivo, mi portò da un'altra Sveta, diversa da quella del mio edificio che era costretta a scaldarmi l'acqua. Questa era alta meno di un metro e mezzo, aveva lunghi capelli biondi ed era la persona più dolce che si potesse incontrare, super femminile. Era la sarta che realizzava tutte le uniformi della prigione. Mi prese rapidamente le misure e in breve tempo mi consegnò due uniformi, una per il lavoro e l'altra per i fine settimana, con lo scopo di ridurre la puzza, oltre a un soprabito. Mi fece anche un pigiama, delle muffole e delle sciarpe extra. «Come sta la mia grande amica?» scherzavo quando la vedevo. «Come sta la mia piccola amica?» mi rispondeva. Anche lei non parlava inglese, ma le ho insegnato quella frase. La mia nuova uniforme almeno mi copriva interamente. Ma non sarebbe bastata per affrontare l'inverno russo.

20
Congelata

Dopo tre giorni passati a cucire, riuscivo a malapena a stare in piedi. Una cosa è tirare a canestro per ore ed essere in movimento per tutto il tempo. Un'altra è stare tutto il giorno piegata su un tavolo che mi arrivava alle ginocchia. «Ho bisogno di lavorare in un altro posto» dissi ad Ann. Volevo anche allontanarmi dalla mia capa assassina, che continuava a essere servile con me mentre tiranneggiava le mie compagne.

Da un lato, Val cercava di entrare nelle mie grazie. Dall'altro, cercava di sminuirmi. Lei era il pezzo grosso del campo e si assicurava che nessuna se ne dimenticasse. Quando entrava in una stanza, tutte si ammutolivano o si dileguavano. Se voleva un posto sul divano, ordinava a chiunque vi si trovasse di alzarsi. Un fine settimana, molte di noi stavano guardando la TV nella sala comune. Val aveva una ragazza che le massaggiava i piedi mentre stava sdraiata; si alzò per andare in bagno e io andai a prendere qualcosa nel mio armadietto. Quando siamo tornate nella sala TV, Val mi urtò, di proposito e con forza. Nell'urto la feci cadere a terra, mentre le altre ragazze assistevano alla scena. Lei fece finta di ridere. Anch'io. L'ho anche aiutata a rialzarsi da terra, dicendo: *colpa mia.* Ma entrambe sapevamo che quello scontro non era stato un incidente, ma un tentativo di Val per affermare il suo potere.

Anche se in quel caso non funzionò, le altre sue tattiche fecero centro. Una volta spifferò al direttore che avevo saltato la cena. Tutti i pasti erano obbligatori, ma io ero rimasta in branda perché mi facevano male le gambe, gonfie per il lavoro. Il direttore mi chiamò nel suo ufficio e mi rimproverò, mentre Val si compiaceva del proprio potere.

Già il mio lavoro faceva schifo. Avere a che fare con i giochi passivo-aggressivi di Val lo rendeva ancora peggiore. Io e Ann andammo insieme a chiedere al direttore se potessi fare un altro lavoro. «Dille che non avrà un trattamento speciale» sbraitò ad Ann mentre mi guardava appena. Non mi aspettavo di essere coccolata; volevo solo sopravvivere ai miei nove anni senza finire su una sedia a rotelle.

Tentammo la mossa con una delle viceresponsabili, una donna alta che in passato aveva giocato a pallavolo. Quello sport era molto diffuso in Russia, persino più della pallacanestro, e molte fra secondine e guardie erano atlete in pensione. «Le ginocchia e la schiena la stanno uccidendo» tradusse Ann. Quel giorno il direttore non c'era e questa vice, anche se severa, sembrava più comprensiva di quanto fosse stata in precedenza. Ann chiese se potessi lavorare nella saldatura. In terza media adoravo le lezioni di applicazioni tecniche, mi piaceva lavorare con le mani. Troppo pericoloso, mi disse, perché nessuno in quella squadra parlava quel po' di inglese necessario per spiegarmi come usare gli utensili elettrici. Non conoscere il russo poteva costarmi un braccio. Ero disperata e mostrai alla vicedirettrice le mani screpolate e lei acconsentì a trovarmi un altro ruolo. Fu così che passai dal cucito al taglio dei tessuti.

La mia nuova squadra era composta da detenute navigate. Non si era mai visto che una nuova detenuta lavorasse a fianco delle veterane, che in un certo senso hanno regole tutte loro, ma non si era nemmeno mai visto che un'americana lesbica si trovasse in un campo di lavoro russo, quindi bisognava accettare delle eccezioni.

Il mio nuovo compito sembrava altrettanto pericoloso di quello che avrei potuto svolgere nella saldatura. Tagliavo grandi pezzi di tessuto con una lama rotante. Se ricevevamo un ordine per delle giacche militari, per esempio, io e un'altra detenuta prendevamo un enorme rotolo di tessuto, lo issavamo su un grande tavolo, srotolavamo la quantità di tessuto necessaria per una giacca, lo bloccavamo e poi abbassavamo la lama rotante per tagliarlo. Per un ordine di cento giacche, abbiamo sfidato la lama rotante un centinaio di volte. Dopo il taglio, posizionavamo una grande sagoma su ogni pezzo di tessuto e tracciavamo i contorni con il gesso. La squadra di cucitura avrebbe usato quei segni come guida per assemblare l'indumento. Poi contavamo i pezzi, li impacchettavamo e li portavamo nell'edificio accanto. Tutte nel mio gruppo tagliavano, impacchettavano e trasportavano, ma io ero quella che trasportava di più perché potevo sollevare pesi notevoli. Portavo due enormi sacchi alla volta, uno su ogni spalla.

Il nostro macchinario sembrava un residuo dell'epoca sovietica. Era praticamente una vecchia sega da banco, senza copertura di sicurezza della lama, e arrugginita. Se perdevi la concentrazione, rischiavi di rimetterci un pollice. A parecchie delle trenta donne del mio gruppo mancava qualche dito. La mia collega aveva una lunga cicatrice sul viso, che iniziava vicino all'occhio. Il mio capo, Olya (ogni altra donna in Russia si chiamava Olya, poiché i nomi di famiglia passavano da una generazione all'altra) una volta si ferì gravemente alla mano quando la lama si ruppe e le schegge volarono in mille direzioni. Una delle mie compagne di squadra parlava un po' di inglese, quindi cercò di tradurmi la storia. Alex mi aveva regalato un dizionario da viaggio che ho portato al lavoro. Ma c'erano frasi come «Dov'è il ristorante più vicino?» e «Come faccio a raggiungere un nightclub?» piuttosto che «Come faccio a non uccidermi con una lama?» «Se senti un botto» mi disse la mia compagna di squadra «abbassati». È stato difficile tagliare alcuni tessuti, come il materiale scivoloso usato per le fodere. Ho rischiato di avere diversi incidenti, ma non ho mai perso un dito. Tuttavia, le mie mani erano terribilmente ammaccate.

Il nostro gruppo aveva una quota. Non ho mai saputo quale fosse, probabilmente perché Olya faceva in modo di giocare in anticipo sugli obiettivi assegnati. Le detenute anziane non avevano bisogno di portarsi avanti con il lavoro. Avevano capito come lavorare in modo intelligente per poter uscire non più tardi delle sette o delle otto di sera, pause incluse. Olya, come quasi tutti nell'IK-2, non poteva stare un'ora senza fumare. Questo significava che avevamo frequenti pause per una sigaretta e andare in bagno, a differenza delle squadre di cucitura. Ci trovavamo fuori nel freddo pungente, fumando e tremando per il gelo. All'interno, la musica pop russa risuonava dallo stereo portatile di Olya mentre lavoravamo. La musica aiutava a far passare il tempo, ma il lavoro era comunque estenuante: dovevamo fare mille o più tagli al giorno. Almeno, potevo farlo con veterane che non erano sorvegliate da vicino dalle guardie. Anche se le condizioni erano tremende, ero contenta di aver da fare. Una delle fonti di angoscia della prigione era quella di non avere nulla da fare se non piangere. Poco dopo aver iniziato il mio secondo lavoro, mi sono ammalata. Non è stata una sorpresa. Gli strati di vestiti extra che Anna e Sveta mi avevano procurato mi tenevano più caldo di quanto non sarei stata altrimenti, ma di certo non al *caldo*. Quando inspiravo, mi sembrava che l'aria si congelasse nei polmoni. Le mie mani erano sempre gelate e la testa sempre fredda. Era obbligatorio fare gli esercizi mattutini anche se c'era una bufera di neve. La neve che mi si accumulava costantemente in testa si scioglieva e quindi la fascia per capelli era sempre umida. Lo stesso valeva per l'uniforme. Inoltre, dovevamo lavarci i vestiti a mano nei lavandini dei bagni e poi farli asciugare all'aria o sugli stendini all'esterno (ma si congelavano), o sui termosifoni. Se riuscivi a trovare un posto su uno dei pochi termosifoni della sala TV. Val aveva la precedenza. Era lei a decidere chi potesse avere un posto sul termosifone – le sue tirapiedi – e alcune non l'hanno mai avuto. A me ne concedeva uno per stendere i calzini e le mutande bagnate, ma non si asciugavano mai. La cosa peggiore del freddo era essere bagnati *e* al freddo. Ecco perché mi ammalai.

E poi c'erano i miei capelli. I miei dreads si erano annodati nel corso dei mesi. All'IK-2, si sono congelati in una massa compatta. Le mie ciocche ghiacciate hanno iniziato ad ammuffire sotto quella calotta umida. E siccome non avevo un asciugacapelli, impiegavano tre giorni per asciugarsi completamente dopo la doccia. Durante l'esercizio fisico in quelle gelide mattine, potevo letteralmente sentire il raffreddore che arrivava.

Come se non bastasse, a un certo punto mancò l'elettricità all'intera struttura, come avevo sentito dire di un'altra colonia penale. La temperatura scese molto rapidamente. Iniziò un sabato e durò tre giorni. Anche se non dovevamo lavorare, abbiamo resistito per ore nel nostro stanzone freddo e buio. Mi ero messa tutti i vestiti (umidi) che avevo. Per fortuna non sono scoppiate risse e nessuno ha cercato di scappare attraverso i cancelli aperti. I cani da guardia erano ancora ben svegli. Alcune detenute hanno approfittato del fatto che le telecamere fossero spente e si sono abbracciate con le fidanzate degli altri piani.

Cercai di riscaldarmi aiutando Ann a cucinare per la colonia. In uno spiazzo vicino alla cucina, lei e la sua squadra preparavano i pasti su fuochi da campo improvvisati. Ho trasportato mezza mucca dal congelatore allo spiazzo. I miei avvocati erano preoccupati che mi venissero affidati i lavori più duri a causa della mia stazza, ed era così. Una volta le guardie mi hanno fatto spalare la neve e rompere il ghiaccio intorno a un edificio e sono rimaste sorprese dalla rapidità con cui l'ho fatto. Anche se i miei avvocati avevano ragione, volevo i lavori difficili perché mi allontanavano mentalmente dalla desolazione che mi circondava.

La fatica del lavoro ha probabilmente indebolito il mio sistema immunitario. Questo, insieme ai capelli e all'uniforme bagnati e all'interruzione di corrente, mi ha dato il colpo di grazia. Mi sentivo morire. Non ho fatto il test per il Covid. Non so perché. L'addetta all'infermeria mi ha misurato la temperatura, che era alta, dato il Theraflu e rispedita al lavoro. Mi sentivo esattamente come la prima volta che avevo preso il Covid: petto pesante, mal di gola, difficoltà a respirare. La mia équipe di difesa mi ha messo in contatto con due avvocati locali, Natalie e Yury, per aiutarmi a risolvere eventuali problemi, dato che Alex e Maria erano troppo lontani. Non potevano fare nulla dal punto di vista legale, ma si aggiornavano spesso sulla mia situazione e informavano Alex e Maria su tutti gli aspetti della mia vita all'IK-2. Natalie e Yury non parlavano inglese (abbiamo parlato attraverso un interprete), ma Natalie ha portato medicine e rifornimenti vari. Dio la benedica. Mi ha anche fatto visita mentre ero malata, solo per permettermi di fare una pausa dal lavoro. Ho appoggiato la testa sul mio lato del divisorio e ho fatto un pisolino. Il giorno dopo mi sentivo così male che Ann ha pregato una guardia di concedermi di staccare dal lavoro. All'inizio ha detto di no, ma alla fine ha ceduto. Anche se ammalati, non era consentito stendersi sul letto durante il giorno. Quella mattina non ero nemmeno riuscita ad alzarmi dal letto.

Mi ero appena rimessa in piedi quando la Madre del Drago ha iniziato a urlarmi contro. «Tu *imparerai* il russo» mi disse. All'inizio della quarantena, lei e il direttore continuavano a ripetere che non avrei avuto un trattamento speciale. «Nessuno continuerà a parlarti in inglese» mi disse attraverso Ann. Io mi limitai a fissarla. Anche se avessi imparato il russo, non le avrei dato la soddisfazione di sentirmi parlare nella sua lingua.

In quel periodo festeggiai il Ringraziamento da sola, in stile carcerario. Comprai una coscia di tacchino affumicata al Market. Nella cucina del mio dormitorio, una sera, disossai il tacchino e preparai il riso, li misi entrambi in una ciotola e ci versai sopra la salsa di soia. Pensai a Relle, alla mamma e a Pap, a tutta la mia famiglia riunita a Houston per le vacanze. Soffrivo per non poter essere lì con loro.

* * *

Le ciocche dei miei dreads continuavano a congelarsi anche dopo essere guarita. Ho iniziato a pensare che ce l'avrei fatta a superare il prossimo inverno e forse anche gli altri otto. Ma lo straccio umido che tenevo in testa avrebbe reso tutto più difficile. A fine novembre decisi di tagliarli.

Conosci una donna nera solo quando sai cosa fa con i suoi capelli. Le due cose sono intimamente legate. Quando frequentavo la scuola elementare, mia madre provò a lisciarmeli con un gel bello denso, ma la cosa durò due minuti. Non appena iniziavo a correre e a sudare, la mia folta massa di riccioli si increspava. E pettinarli nei fine settimana era uno strazio. Mi ritrovavo sul pavimento tra le ginocchia della mamma, con lei che me li pettinava e io che mi lamentavo. Qualche volta ha anche provato a stirarmeli. Niente da fare: i miei riccioli tornavano immediatamente come erano prima.

Mia madre ha i capelli più sottili dei miei. Io li ho più simili a quelli di mio padre. Vedevo la mamma in bagno che faceva girare la spazzola tra le sue ciocche. Una volta ho provato a farlo quando ero alle medie. La spazzola si è subito incastrata. Ho dovuto farmeli tagliare e poi riorganizzare le treccine per coprire la parte più corta. Per fortuna i miei capelli crescono in fretta. Più tardi, quando ero in terza media, mia sorella SheKera mi regalò un kit per lisciarli. Volevo solo vedere come sarebbero stati i miei capelli trattati chimicamente. «Inizierà a bruciare» mi avvertì mentre spalmava la crema. «Fammi sapere quando senti che pizzica e te la risciacquo.» Immagino che la mia tolleranza al dolore fosse alta, perché quel pizzicore mi è sembrato piacevole. Ma poi è diventato più caldo, e poi bollente, e poi ancora più bollente, e alla fine ho detto: «Sto andando a fuoco». «Quando ha iniziato a bruciare?» mi ha chiesto mentre mi metteva la testa sotto l'acqua. «Dieci minuti fa» ho risposto. Non mi sono solo bruciata. Il mio cuoio capelluto era coperto di chiazze. SheKera mi spruzzò un prodotto all'olio d'oliva su tutta la testa. Al liceo portavo le trecce o i capelli tirati all'indietro in una gigantesca palla. Di tanto in tanto mi facevo una grande pettinatura afro, tipo Angela Davis. Poi, alla fine del mio primo anno al Baylor, ho iniziato a chiuderli con un nodo. I dreads sono impegnativi – se non ti piacciono, non resta altro che tagliare tutti i capelli e ricominciare da capo – quindi ho iniziato poco alla volta. Ho fatto dei torciglioni a due trecce sul davanti, mentre dietro avevo ancora le trecce solite. Da quel momento in poi ho continuato ad attorcigliare la parte anteriore con la cera d'api giamaicana e ho pensato che *mi piacevano*. L'anno dopo li ho attorcigliati tutti. Quando ho incontrato Relle, avevo una bella testa piena di ciocche. Mi piaceva la *vibe* rasta, la libertà totale. Mi piaceva anche il fatto che mi avevano reso la vita più facile. Non dovevo pensare molto ai miei capelli. Potevo pensare solo giocare a basket.

Dopo quasi vent'anni di dreads, ero pronta a cambiare. Si stavano rompendo in alcuni punti. Se li tiravo, si spezzavano. Per due anni, prima del mio arresto, sono stata indecisa se tagliarli o meno. Il dubbio che avevo era sulla forma della mia testa. Ho un avvallamento nella parte posteriore che i miei capelli lunghi hanno sempre coperto e mi preoccupavo che si sarebbe visto una volta tagliati. Inoltre, io e i miei dreads avevamo una storia: il coming out con Pap, il draft della WNBA, la mia crescita sportiva alla Baylor, la mia storia d'amore con Relle. Li ho portati corti, lunghi, intermedi e persino biondi. Insieme abbiamo affrontato cose belle, brutte e disastrose. Ora dovevo affrontare malattia e congelamento. Quei capelli dovevano andarsene.

Per tagliarmi i capelli avevo bisogno di un permesso. Ann mi aiutò a scrivere una domanda da consegnare alla Madre del Drago, dicendole che dovevo tagliare i capelli per motivi di salute: avrei continuato ad ammalarmi se li avessi tenuti. Lei era d'accordo. Nella colonia c'era un locale apposta per la parrucchiera. Le famiglie dei detenuti potevano consegnare prodotti per capelli, una prerogativa di cui approfittavano due detenute che avevo visto in giro per la colonia. Le avevo soprannominate «le ragazze di Twilight» perché assomigliavano in tutto e per tutto ai vampiri della saga: capelli biondo platino, pelle così pallida che avrebbero potuto essere le sorelle di Edward Cullen. Nel salone, la parrucchiera era la ragazza di Val, Jenya, una donna anziana con un taglio corto e biondo. C'era un bell'arredamento essenziale: poltrona da barbiere, strumenti da parrucchiera e foto di acconciature alle pareti. E Jenya faceva di tutto, dalla permanente al taglio, dal colore ai ricci. Tuttavia, quando mi sono seduta sulla sua poltrona, ha guardato i miei dreads come per dire *Che ci faccio con questi?*

Le ho mostrato una foto di mio nipote E.J., che aveva il taglio corto che volevo. Le feci cenno di tagliare i capelli. Un dread alla volta, la vecchia me cadde sul pavimento. Poi mise un pettine alla sua tosatrice e... *bzzzz*... iniziò a rastrellarmi il cuoio capelluto con quell'acciaio vibrante. Non potevo vedere mentre tagliava. Dovevo solo fidarmi di lei. Poco dopo, quando mi girò verso lo specchio pensai *Niente male*.

Da quando ero arrivata all'IK-2, mi ero congelata, ammalata e mi avevano tagliato i capelli. La ragazza che ero una volta ora giaceva in un mucchio di dreads sul pavimento di cemento. Ma la vera me, la sopravvissuta, era rimasta. Ho sempre pensato a me stessa come a una persona in grado di sopportare quasi tutto. In un campo di lavoro in Russia, nel cuore dell'inverno, scoprii quanto fossi tosta.

21
Presa

Relle e Lindz hanno tentato con ogni mezzo di riportarmi a casa. Come i miei avvocati e tutti gli altri che chiedevano la mia libertà, non si sapeva se mi avrebbero mai scambiata. Hanno continuato a lavorare come se la loro vita dipendesse da questo, perché erano consapevoli che io avevo solo questa possibilità per portare a casa la pelle. Ai «Glamour's Women of the Year Awards» di New York, Relle ha usato la sua piattaforma digitale per riportare l'attenzione sul fatto che ero in galera e ha lanciato la nuova fase della nostra campagna, centrata sulle lettere. «Ho trascorso gli ultimi otto mesi travolta dal dolore e, a essere sincera, dalla totale incredulità» ha detto. «Non posso credere di essere davanti a voi oggi, senza la persona che ho scelto, il mio più grande amore, il mio più grande sostegno e il mio rifugio. Le parole non riescono a esprimere il dolore straziante che si prova quando una persona cara viene tenuta in ostaggio» ha concluso chiedendo al pubblico di scrivere lettere di sostegno per me e di condividerle sui social media con l'hashtag #WeAreBG. «Insieme, dimostriamo a BG e al mondo intero che l'amore può risolvere questa situazione» ha concluso. Da questo evento e da decine di postazioni per la scrittura allestite dal team, si sono riversate sulla piattaforma migliaia di lettere via e-mail.

Anche Lindz stava elaborando le sue strategie; per esempio, trovare un filo diretto con Putin. Le vie del basket non si stavano rivelando fruttuose, ma sapeva che lui apprezzava lo sport. Fiona Hill, ex funzionario del Consiglio di Sicurezza Nazionale degli Stati Uniti ed esperta di Russia, ci aveva consigliato di concentrarci sulla difesa della sacralità dello sport e di sottolineare l'importanza del suo ruolo nel rendere la Russia parte di una comunità globale. Lindz e il nostro team hanno stilato una lista di atleti a cui Putin teneva molto. Tra i primi c'era il leggendario lottatore di MMA Khabib Nurmagomedov, segnalato a Lindz da un altro cliente dell'agenzia Wasserman, la medaglia olimpica di scherma Ibtihaj Muhammad. Khabib è un cittadino russo e amico di Putin. Forse avrebbe potuto fare appello al presidente per il mio rilascio, costruendosi al tempo stesso un ruolo di mediatore su questioni umanitarie: questa era la speranza di Lindsay. Per entrare in contatto con Khabib, ha prima cercato il suo agente, poi ha chiesto al proprietario dei Las Vegas Aces di presentarla alla presidente dell'Ultimate Fighting Championship (UFC) Dana White, che ha sostenuto pubblicamente il presidente Trump. Ma non si trattava di politica. Era la ricerca di un contatto con Khabib. Hanno organizzato una telefonata con questo intento, ma Dana aveva altri piani.

«Ho appena parlato al telefono con Trump» ha detto Dana a Lindz.

«Cosa vi siete detti?» ha chiesto lei.

«Il presidente Trump sta pensando di intervenire per riportare Brittney a casa.»

Pausa. «Come?» ha chiesto.

«Sta pensando di andare in Russia a prenderla» ha detto. Ha aggiunto che entro poco tempo il presidente avrebbe potuto esprimere pubblicamente questa intenzione. Trump aveva appena lanciato la propria campagna presidenziale per il 2024. Riportarmi a casa poteva essere una vittoria politica.

Lindz ha valutato la notizia e ha deciso di chiamare la Casa Bianca per riferire ciò che aveva sentito. Se il presidente Trump avesse voluto intervenire, la Casa Bianca avrebbe dovuto saperlo. Ha ricevuto due risposte diverse: un funzionario ha accolto la notizia con calma e l'ha ringraziata per averla comunicata. Un altro non era affatto contento e le ha chiesto perché avesse chiamato Dana. Forse quel funzionario sapeva qualcosa che il mio agente non sapeva su quanto fosse vicino l'accordo. O forse quella rivelazione ha pungolato la Casa Bianca per impegnarsi di più nel farmi tornare a casa.

Nel frattempo, il mio team aveva fatto un excel con tutti i detenuti che i russi avrebbero potuto scambiare. Sarebbe stato un accordo uno contro uno o uno contro due? Tutto era possibile, ma loro spingevano per avere me e Paul Whelan in cambio di due prigionieri russi. Durante i mesi di detenzione, i miei avvocati e la famiglia Whelan sono rimasti regolarmente in contatto e Lindz ha lavorato a stretto contatto anche con l'avvocato di Paul, Ryan Fayhee, e con l'avvocato di Trevor Reed, Jonathan Franks. L'unità ha reso più forte il nostro messaggio: ogni ostaggio americano, indipendentemente dalla provenienza, meritava di essere riportato a casa.

Dopo la mia sentenza, Relle aveva programmato un'intervista televisiva con il fratello di Paul, David. Ma il piano cambiò perché intanto era morta la regina Elisabetta e i riflettori dei media si erano spostati su quell'avvenimento. Comunque, le nostre famiglie continuavano a lavorare mano nella mano. Molti fecero ipotesi su quali potessero essere i prigionieri che volevano i russi per lo scambio. Roman Seleznev, l'hacker che stava scontando una condanna a ventisette anni, era una delle possibilità. Lo stesso si poteva dire per Vadim Krasikov, un assassino, all'ergastolo in Germania dopo aver ucciso un combattente ceceno. Viktor Bout era su tutte le liste. Se ci fosse stato uno scambio – e a novembre era ancora un *se* – il trafficante d'armi fedele a Putin avrebbe quasi certamente fatto parte dell'accordo. Non mi importava con quale prigioniero sarei stata scambiata o chi mi avrebbe riportato in America, se Biden, Richardson, Trump o l'ex giocatore dell'NBA Dennis Rodman, che aveva detto che avrebbe cercato di fare un accordo. La BG prigioniera non avrebbe fatto la schizzinosa, avrebbe accettato qualsiasi soluzione pur di tornare a casa.

* * *

Ann si presentò sul mio posto di lavoro e mi disse di seguirla nell'edificio principale. Era il 29 novembre. Il motivo della convocazione era sconosciuto.

«Ci sono delle persone che vogliono parlarti» mi sussurrò mentre camminavamo. La vice del direttore e tre uomini che Ann non aveva riconosciuto le avevano detto di portarmi subito da loro. Le guardie avevano sigillato l'edificio, disse, e non lasciavano entrare le detenute. «Si comportano tutti in modo strano» mi disse. «Se ti chiedono qualcosa, fai attenzione.» Annuii ed entrai. Quel giorno il direttore era malato. La vicedirettrice, quella alta, era seduta di fronte a due degli uomini. Un altro era seduto in disparte. Tutti e tre indossavano abiti eleganti e orologi costosi. Ho pensato che lavorassero per l'FSB, i servizi segreti russi, ma nessuno li presentò. Io e Ann ci sedemmo. «L'Ambasciata degli Stati Uniti ha bisogno di parlarle» mi disse la vicedirettrice tramite Ann, che traduceva. «Dovrai rispondere qui nel mio ufficio, in vivavoce. La chiamata sarà registrata.» Annuii e deglutii a fatica.

Pochi istanti dopo, al telefono della scrivania della vicedirettrice c'erano due uomini che si presentarono come funzionari dell'Ambasciata americana. Riconobbi una delle voci e mi sentii sollevata. Era il funzionario dei Consular Affairs che era venuto a trovarmi in prigione.

«È in corso un accordo di scambio per riportarti a casa» disse uno dei funzionari. Mi avvicinai al telefono. Io e Ann ci scambiammo uno sguardo sorpreso.

«Davvero?» dissi.

«Sì» rispose lui. «È ancora presto e dovrai mantenere il massimo riserbo. Se la notizia si diffonde prima che la Russia voglia renderla pubblica, potrebbe mettere a rischio l'accordo.» Devo aver detto che era assolutamente ok. Ero così sorpresa che non riuscivo a parlare.

«Hai idea con chi sarai scambiata?» chiese il funzionario.

«Sì, ce l'ho un'idea» risposi. «Può dirmi chi è?»

Non poteva dirmelo, al che mi sono domandata perché me l'avesse chiesto.

«Puoi fare un'ipotesi?» mi ha chiesto.

«Viktor Bout» risposi.

Silenzio.

«Stai pensando bene» disse infine. Non voleva confermarlo esplicitamente, ma non ne aveva bisogno. Tutti avevano sentito che Viktor avrebbe probabilmente fatto parte di qualsiasi scambio. I funzionari non mi dissero quando sarei stata rilasciata né mi fornirono altri dettagli. Volevano solo farmi sapere che la mia libertà «poteva» essere vicina. Ribadirono infine che la cosa doveva rimanere segreta.

La vicedirettrice e gli uomini dell'FSB si diressero in un ufficio vicino per discutere del caso. Mi avvicinai ad Ann e le squittii sommessamente: «Potrei tornare a *caaaasa*!». Sorrise e si portò un dito alle labbra. Era probabile che nella stanza ci fossero dei microfoni nascosti, mi sussurrò.

La vicedirettrice e due agenti dell'FSB tornarono nell'ufficio. Il terzo uomo gironzolava nel corridoio. Uno degli agenti, quello che sembrava essere il capo, iniziò a parlare in un inglese perfetto. Soppesava ogni parola.

«Sì, c'è un possibile accordo» disse. «Ma per far in modo che vada in porto, il tuo Paese deve fare tutte le cose giuste.» Lo guardai come per dire: *per esempio?* Lui strinse le labbra. «Devi pagare subito la multa di un milione di rubli» disse. Poi sottolineò quello che avevo già sentito: non potevo parlarne con nessuno. Disse ad Ann che anche lei non poteva parlare di questa faccenda con nessuno, nemmeno con Kate. Sapeva che noi tre eravamo molto unite.

«Se non posso dirlo a nessuno» dissi «come faccio a organizzare il pagamento? Non posso accedere al mio conto da qui.» Mi fissò come se il pensiero non gli fosse venuto in mente e poi si avvicinò brevemente agli altri. «Puoi dirlo ai tuoi avvocati ma a nessun altro» mi disse.

Ero piena di domande: quando sarebbe stato concluso l'accordo? Quanto tempo avrei avuto per prepararmi? Quante borse avrei potuto portare con me? E per contattare i miei avvocati, il direttore avrebbe approvato una telefonata dal dormitorio? L'agente non diede risposte vere e proprie, ma quel poco che disse fu apparentemente troppo per l'altro agente che ascoltava dal corridoio. Entrò, diede un colpetto sulla spalla al collega e disse: «Basta così». La vicedirettrice mi zittì ulteriormente: «Basta domande».

L'agente capo mise sul piatto un'ultima questione: mi sollecitò a scrivere una richiesta di grazia direttamente a Putin. Quando ero arrivata all'IK-2, la mia équipe legale aveva impiegato ore per aiutarmi a redigere con cura una richiesta personale di grazia al presidente russo. Quella lettera, tuttavia, non fu mai inviata né resa pubblica. La tenevamo pronta, da giocare nel momento in cui l'accoglienza di Putin sarebbe stata al meglio e avesse potuto così ottenere il risultato più vantaggioso. Quella possibile mossa nella trattativa era nata ben prima che fosse richiesta esplicitamente.

Dunque, per far sì che la Russia accettasse uno scambio di prigionieri, mi dissero gli agenti della FSB, sarebbe stato opportuno rivolgermi direttamente al loro presidente. L'agente mi consegnò un foglio scritto in russo con una calligrafia veramente minuscola e mi disse di ricopiarla su un foglio a parte. Mi sedetti per un'ora e ricopiai minuziosamente ogni parola, senza sapere cosa stessi scrivendo. In seguito, Ann mi disse cosa diceva la lettera. Era una confessione. Ero stata costretta a dire a Putin che mi ero «pentita» del mio crimine, come se fosse una specie di divinità. Questo aspetto mi colpì, era strano, ma non me ne importava nulla. Visto quello che avevo subito, avrei scritto qualsiasi cosa pur di andarmene dal suo Paese.

La vicedirettrice ci congedò e Ann mi riaccompagnò al lavoro. Ogni detenuta che incrociavamo mi fissava con una domanda stampata in faccia: *Stai per andare a casa?* In prigione non c'erano segreti. Nel momento in cui si erano visti tre estranei arrivare alla colonia penale, erano partite le voci di corridoio. «È vero?» ci chiese una ragazza. Rispondemmo col silenzio. Mantenemmo la promessa di non dir nulla a Kate, ma era inutile. Quando tornai al lavoro, le mie compagne di squadra sapevano già dell'incontro. L'avevano saputo da altri nell'edificio. Temevo che gli agenti mi avrebbero accusato di aver spifferato tutto e che qualsiasi accordo sarebbe saltato.

Come si fa a tornare a tagliare stoffa quando la tua testa è da tutt'altra parte? Dovevo fare tutto con molta attenzione, in modo che l'ansia non mi costasse un dito. Volevo credere a ciò che mi avevano detto, ma sentivo anche di non potermi fidare. Una parte di me sapeva che la libertà doveva essere vicina perché i russi chiedevano soldi, anche se avrebbero potuto prendere i miei 11.000 dollari e tenermi in prigione. Un'altra parte di me si rendeva conto che tutto ciò doveva essere corretto perché era coinvolta l'Ambasciata degli Stati Uniti. Sia come sia, ero lì, in un campo di lavoro in pieno inverno. Fino a quando i miei piedi non avessero toccato il suolo americano, non avrei potuto tirare un sospiro di sollievo. L'incontro sembrava un passo in avanti, ma non era ancora il momento di festeggiare.

Quella notte non riuscii a dormire. La mattina dopo arrivai al lavoro intontita. *Oh mio Dio, sta veramente succedendo*, pensavo. Un attimo dopo respingevo quella sensazione e mi convincevo che mi stavano *prendendo in giro*. Dopo il lavoro mi fu permesso di chiamare Alex. All'inizio era così scioccato che rimase in silenzio. Sapeva che le trattative erano in corso, ma non immaginava che l'accordo fosse così vicino. Lui e Maria fecero in modo che il denaro arrivasse dal suo studio legale. Il denaro fu inviato al dipartimento dei trasporti del ministero degli Affari Interni all'aeroporto di Sheremetyevo.

Dopo l'invio del denaro, i russi si tranquillizzarono. Ma questo intensificò la mia ansia. Non è che avevano cambiato idea? *Ti sei beccata nove anni*, mi dicevo dopo tre giorni nei quali non c'era stata nessuna novità. *Sei arrivata qui solo poche settimane fa. Faresti meglio a concentrarti sulla realtà e ad ambientarti.* Se fossi uscita di prigione subito dopo aver scontato la pena, sarebbe stato già gratificante. E se fossi stata rilasciata solo un po' prima, sarebbe stato un miracolo. *Calmati, BG*, mi dicevo in una sorta di training psicologico, perché nel momento in cui mi fossi lasciata andare all'entusiasmo mi sarebbe arrivato dritto in faccia un «Non andrai da nessuna parte». Mentre la Russia se ne stava zitta, dentro di me infuriava una battaglia. Ero preoccupata. Avevo paura. Ero molto incasinata.

Dopo un'intera settimana dalla chiamata dell'Ambasciata degli Stati Uniti, Ann venne di nuovo alla mia postazione di lavoro. Era raggiante. «È fatta!» sussurrò eccitata. Studiai il suo viso. «Dici sul serio?» le chiesi. «Smettila di prendermi in giro. Ho ancora cinque ore di lavoro.» «No, è vero» disse lei. «Mi hanno detto di portarti nell'edificio principale per compilare i documenti di uscita.» Lasciai cadere il tessuto che stavo per tagliare e me ne andai senza dire una parola alle mie colleghe. Mi fissarono. Avevano capito.

Quel pomeriggio mi dissero che sarei stata rilasciata il giorno successivo. Potevo prendere gli effetti personali che avevo portato con me e la mia uniforme. La sera prima della partenza, diedi via quasi tutto: cibo, vestiti, prodotti per capelli, articoli da toilette. Molte ragazze si fermarono per salutarmi. «Torni a casa in aereo?» mi chiese una ragazza. Alzò la mano mimando un aereo in decollo. Annuii e ridemmo. Molte detenute mi portarono le fotografie dei loro figli. Mi chiesero di autografarle e lo feci volentieri.

Passarono anche alcune delle detenute recidive, con lunghe pene, che avrebbero potuto finire nei guai per aver lasciato il loro dormitorio. Poco prima del rilascio di una detenuta, raccontò Ann, le guardie più gentili allentavano il rigore delle regole. La libertà di una ragazza era una festa per tutte. Anche Ann e Kate vennero a trovarmi. Ann portò una torta al miele che aveva preparato durante il suo turno. Ci abbracciammo tutte e tre mentre mi auguravano ogni bene e mi dicevano: «Non tornare mai più qui». Come regalo d'addio, diedi ad Ann i soldi che avevo ricevuto per il lavoro in carcere. Per tutte le mie lunghe ore avevo guadagnato meno di cento dollari.

Le mie ultime ore all'IK-2 furono lo specchio delle prime: fotografarono i miei tatuaggi, ispezionarono i miei effetti personali, mi fecero fare degli squat. Una volta indossata di nuovo l'uniforme, una guardia con in mano una macchina fotografica mi fece cenno di seguirla. Mi scattò delle foto in vari luoghi della colonia penale: mentre giocavo a carte nella sala comune, oziavo su un divano con Ann, rifacevo il letto nel dormitorio o pranzavo con delle colleghe alla caffetteria. Ognuna di queste foto era una messa in scena e alcune sono state poi pubblicate. Nelle immagini della propaganda le cose sembrano tutte pulite, ordinate, persino gradevoli. La realtà era esattamente l'opposto.

Ho lasciato l'IK-2 venerdì 2 dicembre verso l'ora di pranzo. Nessuno mi ha detto dove mi avrebbero portata. *Stiamo andando in un aeroporto per prendere un volo per casa?* mi sono chiesta. *Mi faranno salire su un treno per Mosca per andare all'Ambasciata degli Stati Uniti? La mia famiglia sa che sto lasciando la prigione proprio oggi? La notizia è già arrivata alla stampa?* Proprio come successe al mio arrivo, venni tenuta all'oscuro di tutto. Inoltre, non avevo un interprete. Le guardie mi condussero fuori dai cancelli e ripresero la mia partenza con un video. Nel filmato sembro esausta, perché lo ero. Non avevo dormito la notte precedente. Ero troppo ansiosa. Sono uscita indossando l'uniforme e con i due borsoni.

Firmai gli ultimi documenti prima di salire su un furgone. Invece del solito furgone squadrato, questo sembrava il tipo usato per trasportare i disabili. Ero in gabbia ma non ammanettata. Sebbene fossi l'unico passeggero, salirono a bordo quattro guardie. Su una piccola branda nel retro, ho viaggiato per sette, otto ore prima che finalmente ci fermassimo. Nel silenzio e nel buio pesto, le guardie mi scaricarono davanti a un enorme edificio di mattoni. Sembrava un'altra prigione. Mi guardai intorno. «Mosca?» chiesi alla guardia. Lui annuì e mi guidò verso l'edificio.

All'ingresso la mia paura si rivelò giusta: ero di nuovo in una colonia penale. In quel momento non lo sapevo, ma si trattava di una grande prigione maschile vicino alla capitale. Mi fecero passare attraverso i metal detector mentre cercavo di capire perché fossimo lì. Ricordavo la fermata del treno notturno sulla strada per la Mordovia, ma quella era per raggiungere il campo. Pensavo di essere sulla via della libertà, ma era vero? E se mi avessero rimandato in carcere, per quanto tempo sarei rimasta lì? Sarei mai tornata a casa? Ero sconvolta dall'incertezza. Ero terrorizzata. Una guardia, un uomo, mi fece cenno di seguirlo, mentre altre due guardie mi scortavano da dietro. Trascinando i miei borsoni, salii a fatica una scala ripida, poi una seconda e una terza. Alla quinta mi mancava il fiato. All'ottava avevo le gambe e i polmoni in fiamme. Mi fermai e posai le borse, ma una delle guardie dietro di me mi incitò ad andare avanti. Avremmo salito dieci, dodici piani prima di arrivare a un altro punto di controllo di sicurezza. La guardia principale mi fece cenno di mettere le borse vicino a uno scanner. «Prendi spazzolino e biancheria intima» mi disse. Feci tranquillamente quello che mi era stato detto mentre le mie budella urlavano: *Ehi, ma che cazzo sta succedendo?* Dopo aver tolto alcuni oggetti, una guardia fece passare i borsoni attraverso la macchina a raggi X e poi se ne andò portando con sé i bagagli.

Le altre guardie mi portarono in un ufficio. «È qui che devo stare?» continuavo a chiedere. Una guardia mi ignorò mentre compilava un modulo con il mio nome. Un'altra mi guardava fisso, senza alcuna espressione. Alzai nove dita davanti alla terza.

«*Devyat* qui?» chiesi. «Sì» rispose. Il mio cuore batteva forte. «Sì?» ho esclamato. Mi diede la stessa risposta. «Quanto tempo?» chiesi. *Silenzio.* «Rimango qui *devyat*?» chiesi ripetutamente, sempre più innervosita. Tutti e tre mi ignorarono. Trattenni le lacrime mentre venivo perquisita come quando ero entrata nell'IK-2: squat, foto dei miei tatuaggi. Avevo la faccia impassibile ma in realtà ero fuori di testa. Pensavo che mi avrebbero scambiato. Invece, stavo per essere rimessa in un'altra prigione.

Non so che ora fosse quando una guardia mi condusse finalmente in una cella vuota. Sembrava tardi, qualche ora dopo le nove di sera. Girò la chiave nella serratura e mi fece cenno di entrare. Mi diede un materasso e se ne andò. Mi guardai intorno. La cella era di circa due metri per tre. C'erano due letti a castello, un piccolo tavolo, un angolo cottura con lavello e mobiletto, una finestra con le sbarre coperta di polvere e una piccola telecamera sopra la porta. Il bagno era il solito buco nel pavimento, ma abbastanza pulito. Dato che le guardie non pulivano mai le celle, gli ultimi detenuti dovevano essere stati gente educata. In un angolo c'erano una piccola TV e un telecomando. Avevo sentito dire che i detenuti maschi potevano scegliere da soli quale canale guardare, quei fortunati bastardi. Alle sei di mattina si accesero le luci. Distesa sulla branda inferiore, ero ancora vestita con l'uniforme dell'IK-2 e mi ero appisolata con una sensazione di terrore. Una guardia sbraitò in russo dall'esterno della cella, ma non entrò. Poco dopo, un vassoio passò dalla feritoia della porta: porridge e latte di capra. Mi alzai dal letto e mi sedetti al tavolo, mangiando e chiedendomi cosa mi avrebbe riservato la giornata. Non ero stata portata in quarantena né mi era stata data un'altra uniforme. Sembravano indizi che la mia permanenza sarebbe stata temporanea. Ma *quanto* temporanea? Alla contea ero stata trattenuta per settimane con pochissime informazioni. Mi sembrava di essere di nuovo lì, in quelle ore dolorose prima dell'arrivo di Alex. Non avevo un interprete. Nessun telefono o orologio. Nessun contatto umano. Almeno all'IK-2 avevo delle compagne di dormitorio. Per quanto la colonia penale fosse orribile, il lavoro e la comunità la rendevano sopportabile. In questo posto sarei morta per l'isolamento.

Accesi la TV e navigai tra i canali, godendomi il semplice lusso di poter controllare *qualcosa*. I programmi erano tutti in russo. Tuttavia, trovai alcuni telefilm che Alena aveva tradotto per me e cercai di ricordarne le trame. Verso mezzogiorno, arrivò una guardia e mi ordinò di seguirla. Salimmo le scale che portavano al tetto fino a raggiungere il cortile, un recinto con circa una trentina di gabbie di cemento chiuse da sbarre sul soffitto. Era pattugliato da una guardia con un mitra che camminava su un marciapiede sopraelevato. Sentivo degli uomini urlare tra le celle, ma non vidi nessuno dalla mia gabbia. Mi sedetti su una panchina e fumai per un'ora, cercando di convincere la guardia a riportarmi in cella. Faceva un freddo boia là fuori. E mi sentivo come un cane che era stato portato fuori a pisciare.

Il secondo giorno trascorse più o meno come il primo: TV, cortile, isolamento, oltre al fatto che mi presero le impronte digitali. Stavo impazzendo e desideravo ardentemente chiamare Alex. Era uno scherzo perverso? L'accordo era stato annullato? Al posto delle risposte avevo solo l'ansia, che cresceva di ora in ora. La seconda notte, dopo una cena di pesce e patate, ho battuto sulla porta per attirare l'attenzione della guardia. Ero accovacciata vicino allo spioncino quando l'ha aperto e ho gridato: «Che sta succedendo?». Lui ha urlato una parolaccia in russo, ha sbattuto lo spioncino e se ne è andato. Gli ho risposto con un'imprecazione. Non mi importava di essere punita. Essere trattenuta senza spiegazioni era già una crudeltà di per sé. Ma non poteva essere paragonata a ciò che stava per accadere.

Il terzo giorno fui portata in infermeria per gli esami medici. Vidi per la prima volta delle donne, dottoresse che sfrecciavano da una stanza all'altra. Una guardia mi rinchiuse in una gabbia all'interno di una sala per le visite mediche. Entrarono due infermiere, una dal viso fresco e sorridente, l'altra rugosa e imperturbabile. La più giovane parlava un po' di inglese. «Sangue» disse, facendomi cenno di infilare l'avambraccio attraverso le sbarre. Mi rifiutai. Non avrei dato il mio sangue finché qualcuno non mi avesse detto perché mi trovavo lì. «Quanto tempo devo restare qui?» chiesi. Lei sorrise e scrollò le spalle. «Nove anni qui?» insistetti.

Proprio in quel momento, l'infermiera anziana mi tirò il braccio verso di sé. Io diedi uno strattone indietro. Feci una tale scenata che due guardie entrarono di corsa, come speravo. Volevo che tutti i funzionari della prigione sapessero che avevo bisogno di risposte. La mossa fu inutile. Dopo che l'infermiera più giovane tradusse ciò che stavo urlando, le guardie insistettero: «Devi dare il sangue». Esausta ed emotivamente distrutta, allungai il braccio e permisi alla Russia di prendere un'altra parte di me. In seguito, l'infermiera più anziana mi infilò un tampone nel naso e nella gola per un test Covid. Spalmò il tampone su un cartoncino con il mio nome. Spalmò anche un po' del mio sangue, accanto alle mie impronte digitali.

Quella sera, tornata in cella, cercai una via di fuga nella Coppa del Mondo di calcio. Il 6 dicembre il Portogallo aveva battuto la Svizzera per 6-1. Mi scatenai in un tifo sfrenato, felice di potermi distrarre con un po' di divertimento. Poco dopo, ebbi un altro scambio con la guardia che mi aveva mandato a quel paese. Avevo battuto sulla porta, chiedendo del mio avvocato o del direttore. Mi disse di stare zitta. Era quasi il momento in cui spengono le luci, quando lo spioncino si aprì. Un foglio cadde all'interno. Lo raccolsi e lo guardai. C'erano due frasi scritte a mano in alto: «Partirai stasera. Stai pronta». Fui attraversata da una scarica di adrenalina.

Raccolsi i miei pochi oggetti e li gettai in una busta di plastica. *Sta succedendo davvero*, pensai. Nessuna guardia mi aveva mai dato un biglietto del genere. Probabilmente gli era stato detto dai suoi superiori di comunicarmi delle istruzioni, e il fatto di esserne consapevole mi spinse a credere al messaggio del biglietto. E se non fosse stato vero, avrei avuto comunque bisogno di crederci. Per mesi avevo cercato di proteggermi tenendo la speranza fuori dalla cella. Quella sera l'ho lasciata entrare. Dovevo farlo o sarei impazzita.

Si spensero le luci. Mi sdraiai sul letto, con un piede sul pavimento, pronta a saltare in piedi. Mi appisolai ma continuai a cercare di stare sveglia. Non volevo che le guardie arrivassero mentre dormivo, ma avevo anche tutte le ragioni per essere stanca morta. Ore dopo, poco prima delle sei, una guardia bussò alla porta. Gettai via le coperte e balzai in piedi mentre lui guardava dallo spioncino. Feci un pollice in su, come a dire: *sono pronta*. Lui mi rispose con lo stesso gesto. Qualche istante dopo sentii avvicinarsi qualcuno con un passo pesante. Quando la porta si aprì, quattro guardie in tenuta mimetica si misero sull'attenti. Le seguii fino a una scala, dove altre tre guardie mi aspettavano. Il fatto che fossi circondata, sette contro uno, mi aiutò a credere che tutto ciò fosse reale.

Entrammo in una grande stanza fredda. Una guardia mi fece strada e le altre sei la seguirono. Un uomo anziano con una cartelletta si presentò come un medico. Parlava un inglese rozzo. «Fare il check» disse. Aggiunsi mentalmente *out*. Mi osservò in lungo e in largo e i suoi occhi si fermarono sui tatuaggi del braccio. «Gang?» mi chiese. «*Nyet*» risposi. Prese degli appunti. «Cicatrici, problemi medici, droghe?» chiese. No, no, no. «Camicia» disse, facendomi cenno di togliermi la parte di sopra. La tolsi e l'appoggiai su un tavolo nell'angolo. Il dottore iniziò a fotografare la parte superiore del mio corpo. «Pantaloni» disse un attimo dopo. Cercai di prendere la camicia per indossarla di nuovo. «No» disse «lasciala lì.» Mi avvicinai di nuovo alla camicia, ma lui mi allontanò. «Lascia stare, lascia stare, lascia stare» mi ordinò. La stanza era gelida e io ero già in topless. Insistette per controllarmi il sedere nudo.

Le guardie mi fissarono mentre mi toglievo i pantaloni ma lasciavo i boxer. «Togliti tutto» ordinò il dottore. Lo guardai, stupefatto. *Tutto?* «Via tutto» ribadì. Sotto shock per l'umiliazione, mi tolsi i boxer. Poi le calze. Persino gli occhiali. Non mi sono coperta le parti intime, né mi sono rannicchiata o mi sono messa a tremare. Ho solo cercato di sfuggire al mio corpo, facendo finta di non essere lì. Due guardie si scambiarono un'occhiata. Le altre mi guardarono. Sentivo che si aspettavano che io cadessi a pezzi, una mezza tacca di americana. Rimasi in piedi mentre il dottore scattava foto e mi faceva cenno di girare su me stessa. *Davanti. Dietro. Lato. Click.* Mi veniva da piangere ma non avevo più lacrime.

22
Lo scambio

Ho lasciato il carcere maschile dopo quattro giorni – e dopo 293 giorni di detenzione totali. La mattina della mia partenza sono stata umiliata. Le guardie mi hanno sequestrato anche il taccuino sul quale c'erano scritti i nomi-utente di Instagram delle mie compagne di dormitorio all'IK-2. Mi hanno preso anche l'uniforme, il che mi ha fatto ben sperare. Probabilmente stavo lasciando le colonie penali, dato che lì le uniformi sono obbligatorie. Mi sono messa i vestiti che ho preso dal borsone: una felpa con cappuccio, un giaccone rosso e un berrettino grigio. C'era un altro segnale che stavo davvero tornando a casa: ho visto il mio passaporto blu spuntare dalla mia cartelletta, che una guardia teneva in mano. L'avevo visto l'ultima volta a febbraio.

La prigione era collegata a quella che sembrava una segreteria della contea. Le guardie mi portarono lì e aspettammo in un corridoio. La giovane infermiera che mi aveva prelevato il sangue si fermò. «Così oggi sarò libera?» le chiesi. «Sì» mi rispose con un sorriso.

«Deve solo firmare i documenti per la grazia.» *Quindi oggi torno a casa? In che modo? Lo scambio è andato in porto?* Avevo queste e altre domande ma non le ho fatte; aveva risposto a quella che contava. Avrei voluto esultare, lì, in quella sala, ma ho frenato l'impulso. *Non sei libera finché non sei a casa*, mi sono detta.

Le guardie mi condussero all'ingresso, dove mi aspettavano tre agenti dell'FSB. Avevano un equipaggiamento tattico e sembravano abbastanza muscolosi da poter combattere contro un grizzly. Presero le mie borse e mi caricarono nei sedili posteriori del furgone, senza manette. Loro si sedettero davanti. Nessuno mi disse dove stavamo andando. Dal finestrino vedevo scorrere Mosca. Era così presto che c'erano poche auto in giro. Andammo a prendere un altro agente, una donna. Ci fermammo anche in una stazione di servizio con un minimarket. «Vuoi un caffè?» mi chiese l'agente che parlava inglese. «Prendo dell'acqua» risposi. Qualsiasi cosa può essere mescolata al caffè. L'acqua in bottiglia perlomeno era sigillata.

Siamo passati nella zona del Cremlino. «Conosci questo palazzo?» mi chiese l'agente che parlava inglese, puntando il dito. Annuii. «È il palazzo di Putin» disse ridacchiando, io feci una risatina finta. *Vedremo il presidente?* Cominciai a preoccuparmi. Ricordai la lettera di pentimento che gli avevo scritto. Forse aveva bisogno di qualcos'altro da me, una firma o semplicemente un incontro. Ero stressata. Non volevo vederlo se non era necessario. Girammo intorno al Cremlino tre volte ma non ci fermammo. Non so perché mi abbiano portato lì. Poteva essere un modo per ricordarmi che ero ancora sotto il controllo di Putin, oppure un'espressione di orgoglio nazionale.

Il sole era già alto quando arrivammo in un aeroporto alla periferia di Mosca. Gli agenti mi condussero a un aereo pronto a partire e mi fecero cenno di seguirli su per le scale del jet. Nonostante il mio cuore battesse a mille, camminai lentamente, senza rendermi conto di dove mi trovassi. Un assistente di volo mi raggiunse in cima alla scala insieme a un interprete, che mi presentò due persone che si trovavano a bordo, dovevano appartenere alla versione russa della SPEHA, l'agenzia americana che si occupava degli ostaggi. Mi fecero sedere in un posto davanti al divisorio, vicino a un giornalista dei media statali russi, che mi puntò la telecamera addosso.

«Come si sente?» mi ha chiesto con un accento marcato.

Mi è uscita una risatina nervosa. «Felice» ho risposto. Per tutto il viaggio in macchina mi ero ripromessa di non mostrare ai russi la mia eccitazione, ma in quel momento non potevo farne a meno.

«È pronta per il volo?» mi chiese.

«Sì, sono pronta» risposi.

«Sa dove è diretta?»

«No» risposi.

«Sta per volare verso casa» mi ha detto.

Ho aspettato un attimo per chiedergli: «Negli Stati Uniti?».

«Sì» mi ha risposto. «Andrà tutto bene.»

Questa fu la prima conferma che stavo tornando in America. Non conoscevo ancora il percorso. Lo scambio con Trevor Reed era avvenuto a Istanbul, in Turchia. Mi chiedevo se lo sarebbe stato anche il mio. Inoltre, non conoscevo i dettagli dell'accordo, due contro uno o uno contro uno. Speravo di vedere Paul Whelan sul mio volo. Mi si è stretto il cuore quando non l'ho visto. *Quindi sarò scambiata con Viktor Bout?* Non ne avevo idea.

In volo l'agente dell'FSB che parlava inglese ha intavolato una conversazione mentre i suoi colleghi gli si facevano intorno. Ho capito che era il simpaticone del gruppo, che rideva quando gli altri rimanevano seri. Tra me e me lo chiamavo Mr. Funny Man.

«C'è qualcuno che l'aspetta a casa?» mi chiese.

«Mia moglie» risposi. L'interprete riferì a tutti quello che avevo detto.

Mr. Funny Man strabuzzò gli occhi. «Tua *moglie*?» disse.

Annuii.

«Perché una moglie?» chiese. «Perché non un uomo?»

«Perché sono lesbica» gli dissi.

«È legale?» mi chiese.

«Certo» gli risposi.

Uno dei diplomatici, che ci aveva sentito per caso, si mise a ridere e ci interruppe. «Oh, lui vuole solo un visto» disse, facendo un cenno al signor Funny Man. Chiaramente, non ero il suo biglietto per l'America.

«Ho buone conoscenze» dissi sorridendo. «Lei è alto. Scommetto che posso farle avere un posto, in qualche squadra.»

Avevamo volato per due ore quando iniziammo a scendere, un tempo troppo breve per essere a Istanbul.

Sbirciai fuori dal finestrino e vidi montagne, verde, campagna. «Stiamo atterrando per fare rifornimento» mi disse il diplomatico. Deve aver letto la domanda sul mio volto perché aggiunse: «Questo è il Daghestan» la patria del lottatore di MMA Khabib Nurmagomedov.

«Dove stiamo andando?» chiesi all'interprete.

«Abu Dhabi. Ancora quattro ore. E per favore...» si raccomandò «mangi.»

Rifiutai. Ero sopravvissuta per mesi senza essere stata avvelenata, non potevo rischiare proprio ora. Piuttosto, mi preoccupai per quello che poteva ancora andare storto, come per esempio che il nostro aereo si schiantasse in un campo. Per settimane ho avuto incubi del genere. Stavo volando verso l'America quando il mio aereo improvvisamente precipitava in picchiata o veniva spazzato via da un missile. Mi svegliavo sudata e tornavo subito dove mi trovavo: così dovevo cercare di dimenticare entrambe le tragedie. Il brontolio dello stomaco interruppe tutto quel rimuginare. Dopo un'ora di volo, cedetti al profumo di una bistecca con le patate, che gli altri stavano mangiando di gusto. Avevo abbastanza fame da rischiare, ma comunque annusai il cibo prima di metterlo in bocca. Il pasto era appetitoso, a cinque stelle rispetto a quello della prigione.

Dopo aver mangiato iniziai a chiedermi *Relle sa che sto tornando a casa? Come sarà vederla? Sarà felice ma anche arrabbiata per tutto questo casino?* Per quasi un anno è stata da sola, continuando a occuparsi della casa senza di me. Avevo paura di come tutto questo tempo passato lontane avrebbe potuto cambiarla, cambiarmi e cambiare la nostra relazione. Pensavo anche a quando avrei rivisto i miei genitori. Sapevo che la mamma avrebbe pianto a dirotto. Ero stressata per le condizioni di papà. Già prima di partire per la Russia, avevo notato che stava perdendo colpi. Ero nervosa per lo stato in cui l'avrei trovato.

Mentre scendevamo, gli agenti mi chiesero se avessi bisogno di qualcos'altro. *Sì, ridatemi i miei ultimi nove mesi.* Atterrammo ad Abu Dhabi poco prima del tramonto e aspettammo sulla pista. Ero ansiosa ed eccitata. Ma ora ero pienamente convinta che lo scambio stesse proprio per avvenire. Ci spostammo in un'altra zona della pista. Pochi istanti dopo la scaletta del jet si abbassò e un uomo salì, parlò per un po' con i due diplomatici, poi si diresse verso di me.

«Mi chiamo Roger Carstens. Sono del dipartimento di Stato degli Stati Uniti» disse con un ampio sorriso. *Roger.* Da mesi conoscevo il suo nome ma non il suo volto. Feci un sospirone quando capii che era lui. «Sono qui per conto del presidente Joe Biden e del segretario Antony Blinken per accompagnarla a casa» disse. Mi ha consegnato una spilletta «We Are BG» e mi ha detto: «Ci sono molte persone che muoiono dalla voglia di vederla di nuovo a casa e mi hanno dato questa perché se la mettesse proprio nel momento in cui la incontravo».

Mi spiegò come si sarebbe svolto lo scambio. «Sarà su un aereo degli Stati Uniti tra meno di cinque minuti» mi disse, con una sicurezza che mi rilassò. Mi disse che sarebbe sceso dall'aereo su cui eravamo e che avrei dovuto raccogliere le mie cose. Mi spiegò che mi avrebbero fatto scendere dall'aereo e mi avrebbero accompagnato al centro della pista. «Ringrazieremo tutti e poi la porteremo via da qui.» Accennò al prigioniero con cui aveva volato e che probabilmente lo avrei incontrato, ma non mi disse il suo nome. Prima di tornare al suo aereo, Roger chiese: «È pronta?». Mi alzai. Ero pronta.

Il cameraman russo scese per primo dall'aereo. Aspettai il via libera dei diplomatici. Finalmente sentii: «È ora». Mi diressi verso la scaletta del jet, con due agenti che mi seguivano con i miei borsoni. Dall'altra parte della pista vidi Roger con un uomo che inizialmente non riuscii a identificare. Entrambi i gruppi si diressero l'uno verso l'altro. Capii subito che il prigioniero era Viktor.

Il Mercante di Morte non assomigliava affatto al personaggio cattivo e minaccioso che sembrava durante il suo periodo di maggiore notorietà. Se l'avessi visto per strada, gli sarei passata accanto pensando che fosse un uomo di mezza età come tanti. Avevo visto le sue foto dopo l'arresto del 2008, con quell'espressione assassina e nessun briciolo di rimorso. Sull'asfalto sembrava il guscio di sé stesso, i baffi grigi, la brutalità sbiadita. Mi ha guardato, io l'ho guardato e poi mi ha chiesto una stretta di mano. «Congratulazioni» disse mentre ci stringevamo la mano. «Buona fortuna per il ritorno a casa.» Istintivamente gli augurai lo stesso.

A differenza delle mie mani ammaccate, quelle di Viktor erano morbide, così come i suoi lineamenti. Avevo sentito dire che aveva scontato gran parte della pena disegnando, dipingendo gatti. Io avevo trascorso la mia con una sega da banco. Abbiamo allentato la presa, e a me è rimasta sulla mano una sensazione persistente di malessere come di morte.

***

Air Force BG: così avrebbe dovuto chiamarsi il mio volo di ritorno. Dal momento in cui sono salita a bordo del jet, l'equipaggio si è preso cura di me. Un'équipe medica si è occupata dei miei tagli e delle mie ferite e ha misurato i miei parametri vitali.

Uno psichiatra del SEAL addestrato a lavorare con i militari che rientrano da situazioni traumatiche, mi ha spiegato con molto tatto come sarei stata assistita nei giorni a venire. Mi disse che saremmo andati in un ospedale militare per una valutazione completa della mia salute mentale e che avrei potuto scegliere la struttura. Il Brooke Army Medical Center di San Antonio era la scelta migliore. Io sono del Texas, la mia famiglia è vicina a Houston e Relle poteva arrivare facilmente da Phoenix. «Ho preparato una borsa per lei» disse lo psichiatra. Ci saremmo fermati a Londra per fare rifornimento e poi avremmo volato verso lo stato dove sono nata.

Un assistente di volo mi ha offerto una bistecca e una Coca-Cola. Ho accettato perché potevo. La bistecca era due volte più spessa di quella dei russi ed è stata seguita da un fantastico dessert. Roger e il suo collega Fletcher avevano saputo che amavo le caramelle Lemonhead: le avevano fatte portare sull'aereo così come i sudoku. Mi sono sdraiata su una sedia girevole e ho mangiato le caramelle di gusto, mentre l'equipaggio mi si era raccolto attorno. «Non vuole dormire?» Roger e gli altri continuavano a chiedermelo. Non volevo. Conversare nella mia lingua mi ha dato la sensazione di ritrovare un centro, dopo mesi in cui mi ero sentita «lost in translation». All'inizio ho fatto fatica a ricordare le parole. Per esempio, non riuscivo a pensare alla parola *simile*. Questo perché avevo passato tanto tempo a cercare di comunicare le cose in modo semplice a chi non parlava inglese. Avevo perso un po' di scioltezza. Avevo perso molto altro.

Ho raccontato all'equipaggio alcune esperienze drammatiche, come il viaggio in treno fino all'IK-2. Ma in tutta franchezza, volevo parlare di tutto *tranne che* della Russia. Oltre allo psichiatra, a bordo c'erano tre delle forze speciali con esperienza in operazioni particolari e in combattimento e ho scoperto che Fletcher e Roger erano entrambi ranger dell'esercito degli Stati Uniti. Roger era delle Forze Speciali e un Berretto Verde. Sono sempre stata affascinata da tutto ciò che ha a che fare con le forze armate; quindi, gli ho chiesto di raccontarmi le loro storie di guerra. Ho anche chiesto a Fletcher e Roger del loro lavoro. «Quali sono alcuni dei Paesi da cui avete fatto uscire le persone?» Afghanistan. Myanmar. Nigeria. Venezuela. E, speravano, ne sarebbero arrivati altri. Se Pap fosse stato lì, avrebbe voluto conoscere tutti i dettagli, dissi. Risero con un'aria d'intesa. Avevano avuto molte lunghe conversazioni con mio padre durante la mia detenzione. La lotta comune per ottenere la mia libertà li aveva resi abbastanza intimi.

Durante la sosta a Londra in un aeroporto privato, a una signora che lavorava lì si accese il viso quando mi vide. «Oh mio Dio, posso avere il suo autografo?» mi chiese. *Ma certo*. Aveva giocato a basket in passato e aveva seguito la mia carriera. Era stata anche una delle tante persone che avevano pregato per la mia libertà e ora mi trovavo sul suo posto di lavoro. Abbiamo posato per una foto mentre lei ripeteva: «Non posso *crederci*!». È stato bello. Ma anche un'anticipazione di ciò che mi aspettava.

«La faccio parlare al telefono con la sua famiglia» disse Roger. Chiamai mio padre da una linea di bordo e rispose la segreteria telefonica. «Sono stato scambiata, Pap» dissi nel messaggio. «Sto tornando a casa. Scommetto che rimpiangerai di non aver risposto!» Ho provato a richiamarlo più tardi. «Cavolo, oggi non l'azzecco» ho detto ridendo. Ora so che il vecchio stava dormendo. La mia odissea l'aveva ridotto a uno straccio.

Relle rispose al primo squillo. «Ciao, tesoro!» disse con la voce emozionata. Aveva tenuto la suoneria accesa e si aspettava una mia chiamata. «Allora, sai dove mi trovo in questo momento?» le ho detto. *Certo che sì.* Due giorni prima era stata convocata alla Casa Bianca per incontrare il presidente. I dettagli degli incontri e dello scambio non erano stati rivelati. «Prepara una borsa per BG» aveva detto Lindz a Relle. Il mio agente aveva appena bevuto un drink con il team SPEHA e sentiva che la mia libertà era vicina. Quando Relle era arrivata, era stata accolta dal presidente Biden e dalla vicepresidente Harris nello Studio Ovale. «BG sta arrivando a San Antonio» le avevano detto. Relle era ancora sotto shock.

Alla fine, mi sdraiai per riposare su un divano. I ragazzi della SEAL giocarono a carte e raccontarono altre storie, risero e rievocarono varie cose. Ho lottato contro la stanchezza per poter assaporare i loro racconti, poi il sonno mi ha vinto. Qualche tempo dopo, mi sono svegliata al suono della voce del capitano attraverso l'interfono. «Stiamo entrando nello spazio aereo degli Stati Uniti» annunciò. Mi alzai a sedere con le lacrime agli occhi. Ero a casa.

PARTE V
Casa

Quando ti dicono che non sei abbastanza brava, rispondi: «Non solo sono abbastanza brava, ma sono più *di abbastanza». Quando ti dicono: «Rimandatela a casa» tu rispondi: «Io* sono *la casa. Io sono le fondamenta di ciò che chiamiamo casa». Quando ti dicono che sei arrabbiata o una cattiva persona, rispondigli che si sbagliano: «Questa sono io. Sono io che sono determinata e ferma nella mia verità».*

Angela Bassett, attrice e icona pluripremiata, discorso al Black Girls Rock

BG

Sei la migliore amore mio 😍

Dimmi di più lol! 😍🖤

Noo, non c'è niente da dire di più: sei la PIÙ BELLA donna del pianeta, 🌎. Wow, sono così contenta di potermi svegliare con te accanto per il resto della mia vita

Ooooh, come sei dolce! Mi sento una privilegiata a potermi svegliare accanto a te PER SEMPRE 🖤

BG e Relle nella loro casa a Phoenix, Natale 2022, dopo 293 giorni passati lontana l'una dall'altra.

23
Grandi cambiamenti

Roger mi disse che Relle mi avrebbe aspettato sulla pista di San Antonio. Era stata portata lì da Washington con un aereo privato della Casa Bianca dopo aver incontrato il presidente. La mia famiglia sarebbe arrivata più tardi. Durante l'ultima tratta del volo pensai solo a mia moglie: vederla, toccarla, abbracciarla di nuovo. Per dieci lunghi mesi avevo immaginato quel momento e mi ero anche convinta che non sarebbe mai successo. *Nove anni.* Sognare di tornare a casa prima mi faceva sembrare il traguardo più lontano e aumentare l'agonia. E ora ero lì, che mi preparavo a vederla, era qualcosa alla quale non si poteva non credere eppure ero ancora sbalordita. Iniziammo la discesa alle 3.30 del mattino, ora di San Antonio. Sentivo l'aereo scendere, la pressione che saliva nella cabina e il mio cuore che batteva più veloce a mano a mano che perdevamo quota. A 9000 metri, guardavo le nuvole. A 6000, mi aggrappavo al sedile. A 3000 metri, ho visto la pista e ho cercato di trattenere l'emozione. E finalmente le ruote hanno toccato terra.

Mi tremavano le mani durante l'atterraggio. Alla fine, ci accostammo all'hangar. «Riesco a vedere tua moglie» disse Roger. Ho strizzato gli occhi attraverso il finestrino ma non sono riuscita a vederla dal mio lato. «Vuoi che ci cambiamo di posto?» mi chiese. *Assolutamente sì.* Quando ho visto Relle ho perso la testa. Era lì, con le lacrime che le inondavano le guance, in piedi su una X che serviva per le riprese televisive. Ho appoggiato il viso al finestrino. Lei mi ha salutato e io mi sono messa a piangere ancora di più. Era circondata da sostenitori, con una bandiera americana alle spalle. La scaletta dell'aereo si abbassò e un'altra équipe medica salì a bordo, mi fecero altri controlli. «Sei pronta ad abbracciare tua moglie?» chiese Roger dopo cinque minuti. Il mio *sì* era bloccato in gola.

Mi avvicinai alla porta. *Non scivolare giù per la scaletta*, mi dissi, non volevo aggiungere una caduta al mio brutto pianto. All'inizio feci i primi passi con cautela, un gradino alla volta, ma il desiderio di sentire Relle tra le mie braccia mi ha preso la mano. Scesi con un balzo gli ultimi gradini e sfrecciai sull'asfalto. La tirai a me, la avvolsi col mio corpo e la strinsi più forte di quanto avessi mai fatto. Piangemmo senza sosta, lacrime di gioia, 293 giorni che avevano accumulato il desiderio, il bisogno l'una dell'altra. Il nostro abbraccio durò un minuto intero. Gli altri ci guardavano, asciugandosi le lacrime, ma io e Relle ne eravamo inconsapevoli. Su quel pezzo d'asfalto c'eravamo solo noi due. «Scusa se puzzo di fumo» sussurrai all'orecchio di Relle. «Non è vero» mi ha risposto lei sottovoce. «Dài, tesoro» mi disse «andiamo via da qui.» Il vero primo abbraccio ci aspettava ancora. Abbracciai Lindz che mi disse quanto le ero mancata e mi presentò il piccolo esercito che aveva combattuto per la mia libertà. C'erano una ventina di sostenitori tutti lì. Li ho abbracciati e ho scattato foto con la maggior parte di loro. Un cameraman portato dalla mia squadra ha ripreso quella specie di festa del pianto. Il pavimento dell'hangar era un lago di lacrime.

Per me e Relle era stata preparata una saletta privata. Ci siamo precipitate dentro, c'erano i miei snack preferiti, allineati su un tavolo: Skittles, Junior Mints, Flamin' Hot Cheetos. Ma Relle era l'unico snack che volevo. Mi sedetti su un divano e trascinai mia moglie sulle ginocchia, liberando le ultime lacrime che avevo in corpo mentre ci sbaciucchiavamo. Ci toccammo le guance, le ciglia, i nasi. Relle mi tolse il berretto dalla testa. «Oh, mio Dio, sei così diversa!» esclamò, passandomi le mani tra i capelli. «Ti piace?» chiesi. «Sì» mi assicurò, con la testa come un melone e tutto il resto, sarei stata sempre carina per lei. Relle era, ovviamente, ancora uno schianto, più bella di quanto non fosse stata anni fa alla Baylor. Aveva delle trecce che le scendevano oltre il sedere, proprio come piace a me. Eppure, per quanto fosse fantastica e in piena forma, sentivo il prezzo che aveva pagato per quell'incubo. Era sfinita. Mezz'ora dopo eravamo ancora immerse in una sorta di beatitudine quando bussarono. Il personale dell'hangar avrebbe iniziato a lavorare a momenti, alle 5 del mattino, ci dissero. Avremmo dovuto lasciarci fino a dopo il mio controllo medico. Saremmo state lontane per le successive ventiquattro ore mentre l'équipe medica mi avrebbe aiutata a rientrare nella realtà, un protocollo post-trauma per gli ostaggi appena liberati. In totale, avrei trascorso otto giorni alla base.

Tre van bianchi ci aspettavano per portare me all'ospedale della base e Relle nella sua stanza al campus. Due dei van erano delle esche, per evitare che i media che si trovavano lì vicino potessero capire in quale auto fossimo e dove saremmo andate. All'ospedale, i medici mi portarono in una sezione riservata, dove non c'erano altri pazienti. Ho cambiato i miei vestiti con un camice blu e bianco e mi sono infilata in un grande letto d'ospedale abbastanza lungo per me. Non mi hanno mai fatto un check-up più completo. I medici e le infermiere entravano e uscivano, tanto gentili quanto scrupolosi. Uno mi ha inserito una valvola nel braccio per le flebo; un altro mi ha esaminato la pelle centimetro per centimetro e sistemato le mani malconce dopo gli strapazzi subiti nel campo. Mi hanno fatto radiografie al torace, al cuore, all'addome e ai polmoni e tutti i test per ogni malattia infettiva immaginabile. Per un paio d'ore mi hanno punzecchiata ed esaminata: scoprirono che ero anemica e gravemente disidratata. È un miracolo che i miei polmoni fossero a posto dopo aver fumato come una ciminiera per dieci mesi.

Ma quella era solo la visita al fisico. Lo psichiatra dei SEAL che avevo incontrato in volo si è fatto affiancare da un collega per controllare la mia salute mentale. Dopo avermi guidato con pazienza attraverso alcune delle esperienze che avevo vissuto, mi hanno spiegato cosa sarebbe potuto accadere in futuro, ovvero i sintomi della sindrome da stress post-traumatico (PTSD).

Sentire una porta che si chiude, per esempio, avrebbe potuto ricordarmi la porta della mia cella che sbatteva. «Potresti avere sbalzi d'umore, rabbia ed essere improvvisamente irritabile, soffrire di insonnia e incubi o provare un forte desiderio di chiuderti in te stessa. Dopo un trauma e una separazione prolungata, è abbastanza comune che le dinamiche familiari cambino. Tua moglie è sopravvissuta senza te per quasi un anno. Ora che sei a casa, potrebbe avere meno bisogno di te o potrebbe aspettarsi che tu faccia tutto.» Mi hanno detto che queste esperienze sono frequenti e promesso che mi avrebbero aiutato per tutto il tempo necessario. Mi hanno anche consigliato di non guardare o leggere notizie sulla mia storia perché avrebbero potuto innescare delle reazioni. Dissi di sì ma accesi la TV non appena se ne andarono. Avevo appena trascorso quasi trecento giorni senza avere alcun controllo su niente. Prendere il telecomando era il mio modo di ristabilirlo.

Inoltre, ero curiosa da morire di sapere cosa dicevano i media e di sentir parlare in inglese. Tutti i telegiornali parlavano del mio ritorno a casa. Era strano vedermi come una protagonista delle news: sapevo che il mondo stava seguendo la mia storia, ma per mesi mi ero sentita sola in quella orribile situazione. E ora le mie personalissime sofferenze erano sciorinate davanti agli occhi di tutti. Era abbastanza *sconcertante*. Avrei voluto seguire il consiglio dei miei psicologi, ma la curiosità ebbe la meglio. Infine, passai ad altre notizie scrollando l'iPad. Ketanji Brown Jackson aveva prestato giuramento come prima donna nera della Corte Suprema. Serena Williams aveva appeso la racchetta al chiodo. Drake aveva pubblicato un nuovo album. Era uscito il secondo film di *Black Panther*. Il marito di Nancy Pelosi, Paul, era stato aggredito con un martello in casa sua. Ho letto e mi sono commossa. Mi ero persa così tante cose.

Alle 11 del mattino iniziai a chiedere di mia moglie. Capivo il consiglio dei medici di ricongiungersi gradualmente con i propri cari. Alcuni ex-ostaggi soffrono ancora di gravi disturbi da stress post-traumatico dopo anni di torture e di isolamento. Il passaggio dall'inferno alla libertà può sopraffarti. Chiesi agli psichiatri di fare uno strappo alla regola: sentivo che la presenza di Relle poteva essere parte del mio processo di guarigione. Accettarono e la chiamarono. A mezzogiorno era rannicchiata con me in quel letto, facendo del suo meglio per evitare la valvola delle flebo che mi faceva male. Ci coccolammo fino a notte fonda, raccontandoci tutti i dettagli che non avevamo potuto scrivere nelle lettere. Quella prima notte non abbiamo affrontato temi importanti, abbiamo solo parlato di lavoro, della famiglia, dell'esame di laurea e di quello di abilitazione alla professione di avvocato. Non ci siamo nemmeno addormentate. Avevamo già perso dieci mesi ed eravamo decise a non perdere nemmeno un minuto della presenza dell'altra.

Pap e Carlo arrivarono la mattina seguente, poco prima del mio passaggio dall'ospedale al soggiorno nella base. Mamma e E.J. si stavano riprendendo dal Covid con l'aiuto di mia sorella Pier, quindi dovevo aspettare per vederle. Io e Relle eravamo già in piedi e vestite quando entrarono mio padre e mio fratello. Ci abbracciammo tutti forte cercando di non piangere. «Sai quanto mi sei mancata, ragazza?» chiese Pap. *Certo che lo so.* «Mi hai quasi fatto venire un infarto» scherzò. Io continuai a fare dell'umorismo. «Bene, ragazzone, hai un bell'aspetto» gli dissi, accarezzandogli la pancia. Giurava di aver fatto ginnastica, ma sapevamo entrambi che probabilmente non aveva fatto un bel niente. Papà si era dato una sistemata per il mio ritorno, voleva essere il padre forte su cui poter contare. Ma era evidente che la mia odissea gli era pesata molto. La sua leggera zoppia era un segno dello stress che aveva dovuto sostenere. Il mio ritorno a casa ha senz'altro alleggerito lo stress, e lo stesso valeva per la mamma. Quando mi sono collegata con lei in video, ha pianto fino a consumare un pacchetto di fazzoletti. Ma dopo le lacrime è arrivato il sollievo. La sua bambina era finalmente a casa.

Alla base mi hanno assegnato una bellissima casa arredata come un bed-and-breakfast. Gli psichiatri venivano spesso a controllare i miei progressi e ad ascoltare i miei racconti da sopravvissuta. Mi sono commossa mentre facevo uno dei compiti a casa che mi avevano assegnato. Mi era stato chiesto di disegnare ognuna delle celle in cui ero stata, oltre alla zona della prigione. Disegnare la prima cella della contea mi ha distrutto. Non perché fosse la più sporca nella quale fossi stata, ma per il modo in cui mi ero sentita lì: come se non fossi una persona. Strappavo le magliette per usarle come carta igienica, cercavo di tenermi pulita per sentirmi un essere umano.

Alla base, ogni giorno c'erano lacrime fresche quando arrivavano i miei parenti. Sono venute a trovarmi

SheKera e sua figlia, mia nipote Niyah, e anche mio zio Tony e mia zia Evelyn, oltre ai miei cugini Jasmine e T.J. Janell Roy, una mia amica che era come una sorella. Tra un abbraccio e l'altro ho mangiato... un sacco. Quando ero partita per la Russia, dieci mesi prima, ero arrivata a pesare 113 chili. Durante la detenzione, e soprattutto con l'avvicinarsi del processo, io e Alena ci siamo date alla pazza gioia mangiando: salame, latte condensato, muffin, noodles. Non avevo una bilancia, ma avevo visto che mi si formava la pancia. Durante le lunghe giornate di lavoro alla colonia penale, ho perso quella ciccia e anche di più. Adesso pesavo 100 chili, troppo poco per essere alta due metri e sei. La mia famiglia mi ha aiutato a prendere peso. Jeremy Cassano, il coordinatore del progetto SPEHA per le famiglie, era stato incaricato di aiutarci per qualsiasi cosa. Per esempio, avevamo un addetto che ci portava il cibo da asporto 24 ore su 24, da Whataburger (il migliore del Texas) a Smoke Shack BBQ (carne così tenera che si staccava dall'osso). Poi, durante la mia ultima notte a San Antonio, io e Relle abbiamo cenato da Pappasito's Cantina. Le quesadillas erano una bomba piccante. Così come le Flamin' Hot Cheetos che avevo ingurgitato per tutta la settimana. Avevo i polpastrelli tutti rossi e che bruciavano – infatti si dice avere le dita Cheeto. Tra i Cheetos e il barbecue, sono sicura di aver messo su almeno due chili.

Ho ridotto le calorie con l'esercizio fisico. Agli inizi ho fatto un breve allenamento, era la prima volta in palestra dopo mesi. Mi sono mantenuta sulle basi – addominali, panca, esercizi per i bicipiti – e comunque mi mancava il fiato. A quel punto ero meno dipendente dalle sigarette, tant'è che non fumavo sempre. Da quando ero tornata a casa, avrò fumato in tutto una quindicina di sigarette. Per fortuna non ho avuto crisi di astinenza da nicotina, nessun sintomo. Tuttavia, dopo aver passato dieci mesi a fumare un pacchetto di sigarette o più al giorno, la mia capacità cardiocircolatoria faceva schifo. Lo scoprii quando andai al campo da basket della base dopo il primo allenamento. Ho fatto qualche tiro con Relle, che sa giocare. Alla Baylor, ho allenato la sua squadra di basket amatoriale. All'inizio mi è sembrato strano tenere in mano la palla, ma anche fantastico. Mi mancava. Ero sempre più stanca mentre io e Relle facevamo un po' di uno contro uno. Sul finale, l'ho scartata veloce e ho schiacciato a canestro solo per vedere se ero ancora in grado di farlo. Che. Male. INFERNALE. Quando mi sono allungata verso il canestro, la mia schiena si è come spezzata e ogni articolazione del mio corpo ha gridato aiuto. Ma ho comunque fatto la schiacciata. Anche se mi sono distrutta la schiena. Mi ha fatto male per giorni.

Siamo partiti da San Antonio il 16 dicembre, mancavano nove giorni a Natale. Prima della partenza mi sono fatta fare un taglio di capelli preciso e pulito. Me lo ha fatto il barbiere dei San Antonio Spurs, che ha affinato il mio nuovo stile. Sono quasi caduta dalla sedia quando il barbiere mi ha steso addosso la mantellina degli Spurs... I Phoenix Suns e gli Spurs erano stati rivali per decenni. Ma ha fatto un buon lavoro con la sfumatura posteriore e i riccioli davanti a cascata. Ho deciso in quel momento che li avrei tenuti corti ai lati e dietro, ma che li avrei fatti crescere sopra.

Per l'ultima parte del viaggio di ritorno, sapevo che la mia squadra aveva organizzato un volo privato. La cosa che più mi ha sorpreso è stata la persona con cui l'avrei condiviso.

Dee Taurasi, la mia compagna di squadra delle Mercury, scese di corsa i gradini della scaletta dell'aereo e spalancò le braccia. Ci siamo abbracciate, abbiamo pianto e ci siamo dondolate avanti e indietro. C'erano anche il presidente della Phoenix Mercury, Vince Kozar, e l'allora direttore generale Jim Pitman. Il meglio. Sorprese. Ancora sorprese. I Suns ci hanno prestato il loro jet. Durante le oltre due ore di volo ho raccontato parte di quello che avevo passato. Mi sentivo così libera di parlare, soprattutto con Dee, che aveva giocato all'estero molto più a lungo di me. «È tutto così russo» continuava a dire mentre raccontavo le mie storie: le condizioni di detenzione di merda, le detenute-spie, la lettera di pentimento a Putin. Ho assaporato ogni istante del nostro gioioso riavvicinamento. Che cosa vuol dire essere a casa se non sentirsi conosciuti, compresi, amati?

* * *

Tornati a Phoenix, io e Relle abbiamo avuto un'altra sorpresa, questa volta sconcertante. Sapevamo che all'inizio non potevamo tornare a casa nostra. Il nostro indirizzo era diventato di pubblico dominio durante il mio processo e non tutti erano contenti che fossi stata liberata: basta un solo pazzo per farti saltare in aria. Mentre ero ancora in Russia, a Relle era stato detto che avremmo dovuto stare temporaneamente in un'altra casa. Pensavamo di stare in un Airbnb per qualche settimana, ma, una volta a Phoenix, abbiamo saputo che non saremmo mai più tornate a casa nostra. Credevamo che una volta che la notizia si fosse spenta, avremmo continuato a vivere come prima. Ma la nostra vita di prima non era più sicura. Avremmo dovuto vendere la casa e cercarne un'altra.

Gli atti persecutori sono iniziati quando ero ancora in prigione. Poco dopo il verdetto, Relle stava parcheggiando nel nostro vialetto quando un giornalista, insieme a una troupe televisiva, ha preso d'assalto la portiera dell'auto. «Può rispondere alle domande sul caso Brittney Griner?» le aveva urlato in faccia il giornalista. Relle non aveva detto nulla e si era precipitata in casa, sentendosi spaventata e violata. Quando sono venuta a saperlo, mi sono spaventata ancor più di Relle. Proteggere mia moglie era una mia responsabilità. Da dove mi trovavo non potevo, il che mi faceva incazzare con me stessa per la situazione in cui ci avevo cacciate e mi spinse a fare del mio meglio per proteggerla. Dopo quell'incidente, sono arrivate decine di lettere minatorie nella nostra cassetta delle lettere e presso la sede degli allenamenti della Mercury. «Per nessuna ragione avresti dovuto essere scambiata con Viktor Bout» scrisse qualcuno. «Spero che tu dorma bene la notte sapendo che il Mercante di Morte è a piede libero. Migliaia di persone moriranno perché una giocatrice di basket lesbica è stata liberata.» Un altro ha scritto che Paul Whelan, un marine rispettabile, avrebbe dovuto essere scambiato al posto di «una negra gay». Quel disprezzo faceva veramente paura e la nostra ipervigilanza era assolutamente giustificata.

Comunque sia, la perdita della casa è stata un duro colpo, soprattutto per Relle. Anche se avevamo quella casa da soli cinque anni, non ci eravamo mai veramente ambientate. Io ero all'estero per lunghi periodi e Relle studiava legge in North Carolina; quindi, ci passavamo insieme solo le estati. Durante la mia detenzione, Relle aveva finalmente dato gli ultimi ritocchi al nostro nido. Che fossi tornata a casa tra un anno o tra nove, voleva che il mio rientro filasse il più possibile liscio. Eravamo riconoscenti per il fatto di avere un posto provvisorio e, soprattutto, insieme. Inoltre, le cose sono solo cose. Eppure, l'ambiente e gli oggetti che ci circondano ci guidano. Ci sentiamo radicati nei nostri salotti, nelle nostre camere da letto, nei nostri rifugi. E quando tutto questo viene a mancare, si prova un profondo senso di disorientamento, come avevo appena sperimentato per 293 giorni. Relle non lo sopportava per niente. Lei è ordinata per natura, ha bisogno di strutture ben definite per rimanere in asse con sé stessa. Il nostro team aveva spostato alcuni oggetti dalla nostra casa all'Airbnb, ma la nuova casa non sembrava affatto la nostra. Sono passata dal sopravvivere in una scatola al vivere in mezzo agli scatoloni, finalmente a casa eppure senza casa. La prima notte nell'Airbnb, Relle è crollata mentre la tenevo in braccio. «Non sto bene» singhiozzava. Le sue lacrime non riguardavano solo il nostro sradicamento, ma era il suo modo di esporre la propria vulnerabilità dopo dieci mesi passati a tener duro.

Ci aspettavano altri importanti cambiamenti, come avere degli addetti alla sicurezza ventiquattr'ore su ventiquattro. Il lato positivo era che ci sentivamo al sicuro perché la squadra di sicurezza era sia dentro sia fuori dalla casa. Ma abbiamo dovuto abituarci alla perdita della nostra privacy.

Quando arrivammo all'Airbnb, gli addetti alla sicurezza stavano installando le telecamere, sorvegliando il perimetro e controllando i campanelli. Non c'erano alternative quando si trattava di rendere il posto sicuro: la situazione lo richiedeva. Non è che un ex ostaggio di due metri e sei, che era su tutti i giornali, potesse stare nascosto. Ero una faccia molto nota ormai e questo ci rendeva un bersaglio. Anche Relle era diventata riconoscibile. Per mesi aveva rilasciato interviste nel tentativo di riportarmi a casa. Si era anche rivolta al mondo dalla tribuna della Casa Bianca il giorno del mio rilascio. Con il presidente e il vicepresidente raggianti alle sue spalle, aveva detto: «Negli ultimi nove mesi, siete stati tutti testimoni di uno dei momenti più bui della mia vita». E ora il mondo era al corrente di dove ci trovavamo. Questo ci rendeva vulnerabili.

Ho fatto tutto il possibile per agevolare la nostra nuova vita. Con la squadra di sicurezza sono riuscita a stabilire una routine con la speranza di mantenere l'equilibrio mentale di Relle. Le guardie erano presenti ma ci lasciavano comunque spazio, per esempio ci seguivano a distanza quando facevamo la spesa da Target. Mentre facevo un po' da scudo a mia moglie, vivevo in silenzio il mio rimorso. Chiunque non creda nel rimorso probabilmente non è mai stato rinchiuso in una prigione russa. Non meritavo l'inferno che mi hanno fatto passare, eppure la mia leggerezza in quella mattina di febbraio ci è costata cara. Per tutto il tempo in cui sono stata in prigione ho avuto paura che Relle si arrabbiasse con me una volta tornata a casa. Ma non lo fece. Era però amareggiata per la mia sbadataggine ed era scossa dalle sue conseguenze. Mi aveva perdonato. E nessuno avrebbe insistito di più sul fatto che mi avevano trattato in modo crudele e ingiusto. Ma questa consapevolezza non ci ha protetto dalle scosse di assestamento della nostra crisi. Quando la tua vita viene violentemente sconvolta, non ti limiti a piangere per le perdite immediate: soffri anche per un futuro che non sembra più possibile, per quella pace che ci sarebbe potuta essere. La prima sera nell'Airbnb mi sono letteralmente tuffata sul letto matrimoniale. Non era il mio, ma era comunque una benedizione, con lenzuola immacolate che ormai non davo più per scontate. Stendermi su quel materasso è stato come riposare su una nuvola, senza molle di metallo che mi entravano nella schiena. E quella sera la doccia fu entusiasmante: un flusso costante di acqua calda e pulita che mi scorreva addosso. Quando ci sono entrata per la prima volta, mi sono affrettata istintivamente, un'abitudine che avevo acquisito durante le docce a tempo della prigione. *Ehi, rallenta*, dovevo ricordarmelo. Sono rimasta lì dentro per una buona mezz'ora. Stessa cosa per il cibo. Mi piaceva godermi il cibo e non mi era stato possibile farlo nel campo di lavoro. Una volta a casa, mi trattenevo mentre mangiavo e pensavo a Paul Whelan. Paul avrebbe dato qualsiasi cosa per essere al mio posto. Durante le trattative per il suo rilascio, i russi avevano proposto al presidente Biden un accordo «o uno o nessuno»: o mi scambiava da sola o rischiava di lasciarci entrambi là, detenuti ingiustamente. Per quanto impegnativa sia stata la trattativa per liberarmi, ero riconoscente di essere a casa e di pregare per Paul.

Abbiamo trascorso il Natale nella nostra casa temporanea, con le nostre nuove vite in costruzione. Accoccolate sul divano, abbiamo guardato *Come il Grinch rubò il Natale* e *Mamma ho perso l'aereo*, oltre a *Frosty the Snowman* e *Rudolph la renna dal naso rosso.* Quando io e Relle abbiamo iniziato a frequentarci, la prendevo in giro per il fatto che non avesse mai visto i film di Natale «classici» e la convincevo a guardarli; è diventata la nostra tradizione. Lei invece mi ha fatto appassionare alle storie d'amore delle principesse. Quando ne metteva una, io dicevo: «No, non la guardo questa roba». E un'ora dopo, mentre alle sue spalle seguivo un personaggio ero lì a chiederle: «Ma cosa sta facendo?». Quel Natale li guardammo tutti: film per bambini, classici e anche *Il mago di Oz.* Dorothy aveva trovato la sua casa. La mia era Relle.

24
Una casa divisa

Durante le vacanze ero impegnata a controllare il picco di adrenalina causato dal fatto di essere finalmente a casa. Col nuovo anno è iniziato il crollo. Il primo segnale di disturbo post-traumatico da stress (PTSD) fu l'insonnia. Rimanevo a letto per ore rivivendo scena per scena l'incubo che avevo vissuto, a partire dalla perquisizione ai controlli di sicurezza fino allo spogliarello e all'umiliazione dell'ultimo giorno. Non riuscivo a spegnere il cervello. Quando finalmente mi addormentavo, avevo un incubo in particolare. Qualcosa era andato storto con la documentazione relativa allo scambio, e dovevo tornare in Russia per sistemare le cose. Una volta lì, gli ufficiali mi riportavano alla colonia penale. Il sogno sembrava così reale che il mio corpo ci credeva. Mi svegliavo tremando nelle lenzuola zuppe di sudore.

Anche prima di questo calvario, ero una nottambula. In parte per natura, ma soprattutto per le circostanze in cui mi trovavo. Ho giocato per la prima volta all'estero, in Cina, nel 2013. Mi svegliavo nel cuore della notte e mi mettevo a giocare con la Xbox, per adattarmi al fuso orario e affrontare il senso di isolamento. Ho preso l'abitudine di guardare la TV e giocare ai videogiochi nelle ore piccole perché non mi faceva pensare alla solitudine. Dopo la prigione, questo tentativo di fuga non ha più funzionato. Anzi, è diventata la causa scatenante di altri malesseri. Quando l'insonnia mi colpiva, me ne andavo in punta di piedi in un'altra camera da letto a guardare la TV. Pochi minuti dopo l'ansia cominciava a salire. In prigione la mia vita era costituita dal mio letto: mi ci svegliavo, ci stavo sdraiata tutto il giorno a guardare la TV, ci andavo a dormire quando spegnevano le luci. Mi è sempre piaciuto guardare i film, ne ho scaricati più di cinquecento da iTunes. Ma guardarli da sola, sul mio letto, nel buio, mi faceva sentire di nuovo in prigione.

Cominciai a ritirarmi in me stessa. Ero strafelice di essere a casa con Relle, eppure mi ero abituata a stare da sola. Anche se all'IK-2 ero sempre in mezzo ad altre detenute, la lingua agiva come una barriera che isolava la mia vita dalle altre. Inoltre, sono più una che osserva e ascolta che una che parla. Per forza di cose, questa mia attitudine si è accentuata durante la detenzione. Quando sono tornata a casa, io e Relle abbiamo parlato molto. Ma dopo una iniziale esplosione di racconti, ho condiviso sempre meno. I miei ricordi erano troppo laceranti e vedevo che facevano soffrire Relle. Voleva affrontare insieme il mio dolore e mi ha spinto a continuare a parlarne. Ma il mio istinto era quello di proteggere sia i suoi sentimenti sia i miei. Se fossimo state a casa nostra, sarei fuggita in garage, il mio rifugio per eccellenza. Ma nell'Airbnb non avevo nessuno dei miei attrezzi e non c'era uno spazio equivalente per ritirarmi a fare cose per conto mio. Piuttosto che aggeggiare o parlare, mi sono chiusa in me stessa. Per quanto Relle mi amasse, non riusciva a capire la particolare sofferenza che provavo nell'essere stata prigioniera in un Paese straniero. Gli psichiatri di San Antonio cercarono di farmi aprire facendomi domande molto comprensive, ma io non avevo voglia di parlare.

A gennaio ho parlato con Alex per la prima volta da quando sono stato liberata. Dopo un giro di batti cinque virtuale, mi ha chiesto: «Come stai?». Gli ho risposto nel solito modo che usavo con tutti: bene. Non ero pronta per parlare di cose intime. Volevo che fosse sempre come il mio primo giorno di libertà, crogiolarmi nell'essere su di giri e quindi restare al di sopra del dolore. Alex mi aggiornò sulla situazione di Alena: aveva fatto sapere, tramite suo padre, che era stata assegnata a una colonia penale piuttosto vicina a Mosca, il che significava che suo padre poteva farle visita spesso. Ero sollevata e felice per lei. Avrei voluto aiutarla e lo avrei fatto prima o poi. Ma, soprattutto quando tornai a Phoenix la prima volta, pensare ad Alena mi ricordava l'inferno che avevamo sopportato. Ero tornata a casa, sì, ma una parte di me si sentiva persa in Russia. E qualcosa che mi apparteneva era ancora lì. La sera in cui ero in prigione nell'edificio di mattoni rossi, mi ero sfilata la fede nuziale carica di buoni auspici simbolici e avevo chiesto ad Alex di tenerla per me. Una volta a casa, ho iniziato a portare la semplice fede d'oro con cui mi ero fidanzata. L'altra è ancora in Russia, un oggetto che non ho più ritrovato fra le tante cose che mi sono lasciata dietro.

Per certi versi, volevo dimenticare quello che avevo passato, ma per altri non ero in grado di lasciarmelo alle spalle. Sono rimasta attaccata all'iPad e ho cliccato su tutti gli articoli. Dopo aver giocato a basket tutto l'anno per otto stagioni, quando sono tornata a casa ero senza lavoro e questo mi permetteva di avere ore e ore a disposizione per leggere. All'inizio lo facevo perché ero ansiosa di vedere i titoli delle news, ma poi è diventato il mio modo per dire a me stessa: *È successo per davvero*. Più restavo a casa, più il tempo trascorso in prigione diventava surreale. Cliccavo su un video in cui parlavo dalla gabbia del tribunale o su quello dello scambio con Viktor Bout. Quando vedevo la mia faccia, ero un po' sorpresa ma anche stranamente sollevata. La mia testa non mi stava giocando brutti scherzi: sì, ero stata un ostaggio, quello che vedevo me lo riconfermava. Forte di quella conferma sono tornata sui telegiornali e sui social media: pessima idea. Molti hanno apprezzato che il presidente sia riuscito a negoziare per la mia libertà. Ma ce n'erano molti altri che dicevano che dovevo essere lasciata a marcire in Russia, mentre altri definivano l'accordo «parziale» e dicevano che era Paul Whelan, il marine, che avrebbe dovuto essere scambiato al posto mio. Ero abituata alla negatività. Su un post su Instagram ho trovato scritto «negra stronza e gay» e che mia madre avrebbe dovuto strangolarmi nella culla. Una volta sentite cose del genere, non c'è molto altro che vi possa stupire. Eppure, la vera sorpresa contro la quale sono andata a sbattere dopo il mio rilascio è stata la quantità enorme e preponderante di vetriolo che mi hanno rovesciato addosso, una cosa che mi ha quasi distrutto.

Anche prima della mia odissea, l'America era sempre più divisa, sia dal punto di vista politico sia da quello razziale. Nelle strade come nelle discussioni a tavola, i contrasti erano ruvidi. Non era una cosa nuova di per sé, i movimenti di protesta americani hanno una lunga storia e su quelli si basa la nostra democrazia. Ciò che sembrava diverso era il *modo in cui* protestavamo o, in altre parole, il tipo di veleno che ho visto sui miei social. Le persone non erano solo in disaccordo, ma attaccavano direttamente l'umanità altrui. L'anonimato di Internet ha fatto in modo che le espressioni crudeli siano ancora più facili da mettere in circolazione.

Prima di finire in galera, mi ero schierata sulle questioni razziali, inginocchiandomi prima di ogni match come hanno fatto molti giocatori. Gli omicidi di Breonna Taylor e George Floyd hanno aperto una ferita vecchia come la nostra patria. La protesta alla quale aderivo era in atto da decenni. Mi sono inginocchiata per gli Scottsboro Boys, gli adolescenti accusati ingiustamente di aver violentato due donne bianche e condannati a morte nel 1931. Mi sono inginocchiata per le migliaia di persone linciate durante l'epoca Jim Crow. Mi sono inginocchiata per James Byrd Jr., Amadou Diallo, Sandra Bland, Ahmaud Arbery. Mi sono inginocchiata perché i valori rappresentati dalla nostra bandiera non erano coerenti con il modo in cui venivano trattate le persone di colore. Insieme alle mie compagne di squadra, ho dedicato la stagione 2020 alla giustizia sociale. Black Lives Matter era il nostro obiettivo. Inginocchiarmi è stato il modo in cui ho scelto di partecipare. A quei tempi, sono stata criticata per non essere rimasta in piedi durante l'inno nazionale. Le critiche si sono intensificate dopo che ho riacquistato la libertà. Alcuni mi chiesero come avessi potuto «mancare di rispetto» alla nazione che mi aveva riportato a casa.

Il mio inginocchiarmi è stato un segno di quanto ami il nostro Paese. I miei antenati hanno contribuito a costruire questa nazione. Mio padre ha passato tutta una vita a difenderla. Sono fiera di essere americana, soprattutto dopo essere stata imprigionata in un Paese in cui manifestare il proprio dissenso può ucciderti. Da noi, la libertà di parola è un diritto, ed esercitarlo mi rende più americana, non meno patriottica. Stai seduta, o in piedi, o inginocchiati. Protesta. Il bello della nostra patria è che possiamo scegliere cosa fare.

* * *

I primi mesi di libertà furono una fatica per Relle. Ero sempre stata la sua àncora, ma con me che vacillavo doveva appoggiarsi da qualche altra parte. Il suo ritornello divenne «Non mi sento bene». Aveva bisogno di interrompere tutto: niente cucina e pulizie, niente bucato, niente moglie premurosa o superdonna. Oltre a prendersi cura di me, si trovava anche a un bivio professionale. Mentre aspettava i risultati dell'Esame di Stato, iniziò a cercare lavoro presso qualche studio legale. Rispettava il mio bisogno di ritirarmi e allo stesso modo aveva bisogno di uno spazio per la propria guarigione, ovvero poter piangere senza avere la sensazione di deprimermi. A gennaio, è andata a Phoenix per tre giorni, per sottoporsi a una terapia di *brainspotting*, un trattamento specifico per guarire dai traumi. Oltre alle sessioni quotidiane di terapia, si è concessa anche delle sedute di massaggi. Quando è tornata, sembrava tornata su di morale, tanto che ha iniziato una terapia cognitivo-comportamentale con un terapeuta locale.

Non c'era nulla di strano che Relle non stesse bene ma, almeno nel primo periodo, non potevo ammettere la stessa cosa per me. Lo scorrere delle mie giornate ne era una prova lampante: ero esausta perché dormivo poco, e soprattutto mi sentivo senza uno scopo. In prigione mi ero concentrata su un obiettivo: la lotta per la libertà. A casa mi sentivo alla deriva, senza alcun motivo per vestirmi. Ero depressa ma mi rifiutavo di usare questa parola. Ammetterlo mi avrebbe fatto sentire come se fossi stata sconfitta. *Riprenditi, BG*, mi sono detta. *Sei a casa, quindi dovresti essere felice.* Ero ancora in contatto con gli psicologi di San Antonio, ma sapevo di aver bisogno di un aiuto in zona. Così ho cercato una terapeuta con cui avevo lavorato anni prima. Avevo perso il suo numero, quindi ho compilato il modulo di iscrizione online del suo studio. La prima domanda è stata «Perché stai cercando una terapeuta?». Ci pensai un attimo primo di rispondere e scrissi: «Sono appena stata oggetto di uno scambio di prigionieri con la Russia. Penso che dovrei parlarne». Cinque minuti dopo aver inviato il modulo, la terapeuta mi chiamò. Aveva seguito la mia storia e aveva pensato di contattarmi, ma non voleva andare troppo veloce.

Durante la nostra prima seduta ho pianto, le ho detto che avevo deluso tante persone. Relle mi aveva perdonato. Anche la mia famiglia. Ma anche se avevo firmato i documenti per la grazia e lasciato la Russia nel mio passato, mi portavo dietro un senso di colpa. «Perdonati» mi incoraggiò la psicologa, ma era una cosa difficile da fare quando si viveva ancora in compagnia dei propri errori e delle loro conseguenze. Ciononostante, continuai a parlare e lei continuò a farmi da specchio.

Io e Relle abbiamo affrontato la nostra prima uscita durante il weekend del MLK, un evento annuale sull'eredità politica e simbolica di Martin Luther King. Una volta a casa, volevo solo fare qualcosa di normale, qualunque cosa significasse questa parola. Appena ci hanno individuato, siamo state bombardate da centinaia di persone. La folla era così fitta che non riuscivamo a muovere un passo. Gli organizzatori del festival ci hanno gentilmente prestato un golf cart. Hanno interrotto l'evento e mi hanno accolto sul palco. Ho detto che ero grata di essere a casa e stavo per andarmene quando l'organizzatore ha posto la domanda che tutti avevano in mente: «Puoi raccontarci qualcosa di quanto è stata dura in Russia?». Dal pubblico Relle urlò: «Non può rispondere!». Lasciai il palco in fretta e furia. Mia moglie sapeva che quello non era il momento o il luogo in cui avrei iniziato a raccontare la mia storia. Mi stava proteggendo. Quando sono tornata tra il pubblico, molti hanno gridato: «BG, siamo felici che tu sia a casa!» e «Sei un miracolo!». Decine di persone ci hanno avvicinato con gli occhi che trasudavano commozione e ci hanno detto che per loro eravamo un esempio. Ci siamo fatte tanti selfie col pubblico e abbiamo fatto così tanti autografi che avevamo le mani intorpidite. Relle ricorda quella giornata come «meravigliosa e travolgente» e lo è stata anche per me. Che privilegio essere considerati una fonte di ispirazione. Al tempo stesso, abbiamo fatto un grosso sforzo per adattarci a una situazione in cui avevamo a che fare con così tante persone; è stato davvero surreale.

Quel fine settimana fu un'altra dimostrazione di come le nostre vite erano cambiate in modo radicale. Prima della mia prigionia, ero conosciuta nell'ambiente di ESPN e poco oltre. Durante e dopo la mia odissea, tutti i principali network hanno mandato in onda la mia storia. Nell'agosto del 2022, ero sulla copertina di «Time» con il titolo «Brittney Griner e la lotta per la libertà». La primavera successiva, la rivista mi ha nominato una delle 100 persone più influenti del 2023. *È stato davvero umiliante.* La mia storia ha messo sulla ribalta questioni importanti: la disparità di retribuzione per le atlete, la situazione degli ostaggi americani nel mondo, la realtà di essere neri e gay in una nazione in cui entrambi i gruppi sono emarginati. La mia presenza è stata un messaggio di speranza. L'accoglienza calorosa della folla in quel fine settimana ha attenuato il trauma dei messaggi negativi che avevo ricevuto. L'esperienza ha rafforzato in Relle ciò che lei stessa definisce un nuovo modo di essere: una rinascita. Nel corso degli anni mi ero abituata a farmi notare, nello sport e per la mia statura. Ma per lei essere oggetto di attenzione è stata un'esperienza nuova e spiacevole. «Devo lasciar andare la vecchia me» mi disse. «Non c'è una "normalità" a cui tornare.» Il problema era come accettare la nostra nuova realtà. Stiamo ancora imparando a farlo e in alcuni giorni ci riusciamo meglio che in altri.

Sapevo che Relle aveva ragione. Tuttavia, continuavo a sperare che mi sarei svegliata nella mia vita di *prima*. Tutte le relazioni che ho avuto una volta tornata a casa mi hanno fatto abbandonare quella fantasia. La gente aveva buone intenzioni. «Sono così felice che tu sia a casa» me l'hanno detto spesso, e mi ha fatto piacere sentirmelo dire. Era un sentimento che apprezzavo davvero. Ma un attimo dopo pensavo *Perché diavolo non ero a casa? Ah, giusto: ero in prigione.* Oppure qualcuno diceva: «Posso solo immaginare quanto sia stata dura». Quelle frasi innocenti mi riportavano a ciò che avevo passato e quando capitava che me le dicessero poi facevo molta fatica a dormire. Una delle cose più difficili da affrontare era il *non detto*. La gente diceva: «Bentornata a casa» e poi rimaneva lì come se avesse una domanda sulla punta della lingua: «Che diavolo è successo laggiù?». Dentro di me pensavo *Che cazzo, chiedetemelo e basta.* Preferivo la schiettezza all'imbarazzo, ma allo stesso tempo la schiettezza era anche un fattore scatenante del mio rimuginare. Dal punto di vista emotivo, ero molto incasinata.

In parte ero confusa perché mi sentivo inutile. La mia squadra diceva di prendermi tutto il tempo necessario. Ma la verità è che avevo troppo tempo. Non ero in grado di stare calma e staccare. Nella primavera del 2023, tornai là dove mi ero sempre sentita più profondamente me stessa. Dovevo tornare in campo.

25
Una stagione di crescita

Sapevo di voler riprendere a giocare dopo la schiacciata di San Antonio. La mossa mi aveva scardinato la schiena ma aveva anche alimentato le mie speranze. *Sono ancora in grado di farlo*, mi dicevo. Non ne ero così sicura dopo dieci mesi di salame e sigarette. «Quando potrò tornare ad allenarmi?» avevo chiesto a Lindz a San Antonio. Eravamo d'accordo che avrei dovuto rimandare gli allenamenti fino a quando non fossi stata a casa per un po'. Qualunque fosse la tempistica, ero sicura di voler rimanere con la Mercury. Riconoscevo alla mia squadra e alla lega la passione con cui si erano battute per la mia libertà. Se la Mercury mi avesse ancora voluta – e questo era un *se*, dato che nessuno sapeva ancora esattamente in che condizioni fossi – avrei indossato la maglia viola e arancione con orgoglio.

Il *quando* del mio ritorno era in realtà un «vediamo-come-si-mette». E ho capito che se non fossi tornata a giocare sarei diventata un rottame. Ho trascorso dicembre e la prima metà di gennaio in una casa sicura: ecco come mi sentivo in quell'Airbnb. Certo, avevo la libertà di muovermi, ma mi mancava una forte motivazione per farlo. A fine gennaio me ne sono data una. Mi sono presentata al centro di training della mia squadra per una sessione di allenamento in grado di valutare la mia situazione fisica. Prima della detenzione, ero in grado di fare tre serie di sollevamenti per bicipiti, venti ripetizioni per serie, con un manubrio da 22 chili per mano. Ho preso i manubri da 15 chili, pensando che fosse una passeggiata. Dopo aver faticato per due ripetizioni, ho pensato: *Non ce la posso fare*. Sono dovuta passare a quelli da 9 chili, ma anche quelli sono stati una vera e propria sfida. Ho anche provato a fare il plank, che di solito riuscivo a tenere per quarantacinque secondi. Dopo dieci tremavo tutta. Avevo perso forza e muscoli, ma se fossi tornata sul divano avrei perso ancora di più.

Mi sono sentita sconfitta da quell'allenamento, ma anche determinata. Il senso di fallimento mi ha spinto verso ciò che volevo, trovare una forte motivazione per andare avanti. La strada verso il campo di gioco sarebbe stata difficile, ma l'alternativa era rimanere impantanata nella depressione. Avere un obiettivo da raggiungere mi avrebbe impedito di pensare continuamente al passato. Ne parlai con Relle, Lindz, il direttore generale e gli allenatori. Conoscevano la mia condizione e sapevano anche che avrei lavorato come una matta per migliorare la situazione in modo significativo. Erano assolutamente favorevoli al mio ritorno in campo e insistettero sul fatto che avrei dovuto pensarci bene. Il 21 febbraio ci avevo pensato abbastanza: firmai con le Mercury per la stagione 2023. Io e la squadra abbiamo pianificato un piano di allenamento di cento giorni fino a un allenamento palla in mano previsto per il 30 aprile.

Mentre mi rimettevo in forma, ho fatto un passo avanti nel mondo reale. Poche settimane dopo l'evento del Martin Luter King day, io e Relle siamo andate a giocare a golf al WM Phoenix Open (sono impazzita quando ho incontrato Tony Finau). Il giorno dopo abbiamo fatto il tifo per i Philadelphia Eagles al Super Bowl nella nostra città. Poco dopo abbiamo partecipato ai NAACP Image Awards, dove mi sono sentita onorata dall'ovazione del pubblico. «Voglio ringraziare tutti» ho detto in quell'occasione «e continuiamo a lottare per riportare a casa tutti gli americani ancora in carcere all'estero.» Quest'ultima parte è stata una delle ragioni principali per cui mi sono avventurata in pubblico: tenere alta la tensione sulla liberazione di Paul Whelan e degli altri ostaggi. Un'altra ragione è stata quella di ritrovare un po' di allegria. Nel periodo precedente la stagione, mi sono anche sottoposta a un intervento di chirurgia oculare LASIK, per ridurre la miopia con il laser. Per anni ho giocato quasi mezza cieca. Ho sempre avuto paura a sottopormi all'intervento, ma sapevo di averne bisogno per giocare al meglio. Ho tardato a programmarlo, ma Relle è riuscita a portarmi dal medico con un sorrisone e stuzzicando il mio ego. «Dopo tutto quello che hai passato, vuoi farti spaventare da un piccolo intervento?» mi disse in tono canzonatorio. *No di certo*. L'intervento è stato indolore e ha richiesto solo dieci minuti per occhio. Dopo, sono andata a casa e ho dormito. Mi sono svegliata a mezzanotte con una visione perfetta, rimpiangendo di non aver fatto l'intervento anni prima. Il mondo, che prima era sempre un po' sfocato, adesso era vivido.

Con una vista chiara e del tutto nuova mi sono buttata a capofitto negli allenamenti in palestra. La prima cosa da fare era ricostruire la massa muscolare e l'efficienza cardiocircolatoria. Mi allenavo cinque giorni a settimana, per trenta-quarantacinque minuti a sessione, con il nostro istruttore specializzato nell'incremento della forza. Le mie compagne di squadra Dee, Soph e Shey Peddy erano spesso in palestra e i nostri allenamenti si sovrapponevano. Durante l'off-season, solo noi quattro eravamo a Phoenix. Molte giocatrici della WNBA vivono nella città dove ha sede la squadra solo durante il campionato (in alloggi modesti messi a disposizione dal club) per poi tornare nelle loro città d'origine durante l'off-season. Altre giocano all'estero, come me, per arrotondare lo stipendio. Soph e Shey mi accolsero con lo stesso calore con cui Dee mi aveva accolto a San Antonio, con abbracci e commozione.

Nelle prime settimane, l'istruttore ha alternato vari esercizi cardio. Alcuni giorni erano in sella alla bicicletta, altri in piscina (su un tapis roulant sommerso, correvo, saltavo e pompavo le braccia, usando l'acqua come resistenza per aumentare la capacità cardio). E in ogni sessione facevo sollevamento pesi, iniziando con i pesi da 9 chili e arrivando a quelli da 15 e 18 chili. (Mi ci volle tutta la stagione per tornare a usare quelli da 22 chili). Se le mie compagne di squadra erano in sala pesi, mandavamo la musica a palla mentre facevamo leg press con i pezzi di Beyoncé, Guns N' Roses o Dre. Ci scambiavamo il cinque durante i sollevamenti più duri. Il dolore era da non crederci, i miglioramenti lenti. Ogni due settimane mentre sollevavo pesi pensavo: *Non mi fa più male come prima.* Tuttavia, tornavo a casa strisciando tutta dolorante: mani, fianchi, collo, ginocchia. Avevo un nuovo rispetto per l'atleta che ero stata prima della mia odissea, per come avevo lavorato diligentemente per mantenermi in piena forma. Non ti rendi conto di quanto sei in forma finché... non lo sei più.

Dopo gli allenamenti, sono scesa in campo. Quella schiacciata a San Antonio mi aveva quasi messo fuori gioco. Così pure i miei primi tiri a canestro a Phoenix. Il solo prendere la palla e alzare le braccia per tirare era un supplizio. Il mio corpo ricordava il movimento del tiro (memoria muscolare), ma la mira era completamente sbagliata, anche se almeno ora riuscivo a *vedere* il cerchio. Uno degli allenatori mi sottopose a un esercizio particolare: fare cinquecento tiri (saltati, sottomano, ganci, tiri da metà campo, tiri da tre punti) da varie posizioni sul campo. Dopo i primi cinquanta tiri ero esausta. Per i successivi cento e più mi ci è voluta tutta la resistenza che avevo solo per alzare la palla. La *resistenza* è fondamentale per gli atleti e soprattutto per chi fa sport con la palla. Quando sei stanco morto, la prima cosa che si affievolisce è la lucidità. E se questo livello di stanchezza arriva durante una partita, rallenta la tua capacità di reazione. Vedi la tua avversaria che cerca di superarti, ma sei troppo sfinita per metterti tra lei e il canestro. Stai usando tutte le tue energie solo per rimanere in piedi. Alla fine, ho fatto i miei cinquecento tiri, ma ci sono voluti il doppio dei tentativi che avrei fatto prima della prigione e anche il doppio del tempo, un'ora. Per tutta quella sessione le mie braccia urlavano di dolore.

La diminuzione della massa muscolare era il motivo principale per cui mi allenavo così intensamente. Finalmente capii cosa avevano dovuto affrontare, per tornare in campo, le mie compagne di squadra che avevano perso massa muscolare dopo un intervento chirurgico. Anch'io ho avuto la mia dose di infortuni gravi; mi hanno ingessata e messo su una sedia a rotelle, ma sono stato fortunata a non aver mai avuto bisogno di un intervento chirurgico ricostruttivo. Ho visto molti giocatori lottare per tornare a giocare dopo, per esempio, la ricostruzione del tendine d'Achille. Erano stati così tanto tempo senza muovere i piedi dopo l'intervento che i muscoli si erano atrofizzati. Dovevano letteralmente reimparare a camminare. Nel mio caso è successo qualcosa di simile. Sentivo che avevo dei movimenti limitati. Non riuscivo a stare leggera sui piedi. La testa sapeva cosa fare in campo, ma il corpo non riusciva a stargli dietro: una frustrante disconnessione. L'unica soluzione era muoversi: lentamente, con costanza e nonostante il dolore.

Miglioravo così lentamente che ho preso in considerazione l'idea di non darmi una data precisa per rientrare in squadra. Sentivo che le mie prestazioni erano insufficienti e che avrebbero potuto essere un danno per la squadra. Dal ritiro di aprile avevo fatto molta strada, ma giocavo ancora decisamente al di sotto delle mie notevoli aspettative. Negli allenamenti di squadra sbagliavo un tiro dopo l'altro e imprecavo. Le mie compagne di squadra erano super incoraggianti. «Va tutto bene» mi urlavano. «Continua a tirare.» In seguito, l'allenatore e il direttore generale mi hanno presa da parte: «Non pensavamo nemmeno che saresti stata qui con noi e guarda quanti progressi hai fatto» mi dicevano. «La maggior parte dei giocatori non avrebbe nemmeno provato a tornare sul campo così presto. Ti sei fatta il culo. È un miracolo che tu sia qui oggi.» Annuii e li ringraziai mentre due parole mi frullavano in testa: *Faccio schifo*. Tornavo a casa zoppicando dall'allenamento e dicevo a Relle, consapevole di tutti i miei acciacchi: «Non riesco a fare quello che facevo di solito. Forse non dovrei giocare in questa stagione». Mi dicevo che potevo reagire ed ero in grado di resistere a tutto ma le schiacciate... quelle potevano veramente uccidermi. Scherzo spesso nei momenti difficili e più le cose sono difficili, più dico cose sciocche e divertenti. «Tesoro, andrà tutto bene» mi assicurava Relle, ma sarebbe stata la stagione a decidere il mio destino con un'ultima risata.

* * *

Nelle settimane precedenti l'inizio del campionato, mi sentivo come se stessi facendo il «viaggio della libertà», con soste molto particolari per tutti gli Stati Uniti. Per quanto stessi ancora lottando contro l'insonnia e altri sintomi del disturbo da stress post-traumatico, la profonda depressione dei primi di gennaio se n'era in gran parte andata. Ero molto contenta di partecipare ad alcuni eventi che capitano una sola volta nella vita, di avere un motivo per vestirmi bene dopo mesi di vestiti sportivi e felpe con il cappuccio.

Quell'aprile, in occasione della cena dei corrispondenti della Casa Bianca, io e Relle sfilammo sul red carpet. Il mio ultimo grande ingresso è stato all'inizio del processo. Allora ero terrorizzata e sola. Dieci mesi dopo, con Relle al mio fianco, quando siamo entrate avevo un sorriso raggiante, tra applausi e abbracci. Siamo state invitate al tavolo di Gayle King e dal suo gruppo della CBS; Gayle ci ha messo subito a nostro agio con il suo calore e il suo humor. Durante la detenzione, aveva sostenuto Relle sia con le trasmissioni sia privatamente. Decine di persone sono accorse al nostro tavolo per parlare con Gayle, la boss di *Who's Who*. Anche Al Sharpton si è fermato al tavolo e finalmente ho avuto modo di ringraziarlo per il suo appoggio. Mi è piaciuto anche incontrare la star della NBA Kyle Kuzma, e Winnie Harlow, la supermodella con la vitiligine che per me è stata fonte di ispirazione. E per la prima volta ho incontrato il presidente Biden e gli ho espresso la mia profonda gratitudine per il suo impegno nel riportarmi a casa. «Questa qui ha fatto un lavoro fantastico» ha detto, facendo un cenno a Relle. «Sono orgoglioso di lei.»

Qualche giorno dopo ho partecipato al Met Gala come ospite di Anna Wintour in persona. Calvin Klein ha vestito me e Relle con abiti su misura. Ci siamo godute tutte quelle esperienze, a partire dalla camminata su quegli iconici gradini ricoperti dal tappeto rosso. I fotografi si assiepavano ai lati della scalinata, scattavano e gridavano i nomi delle star. Avevamo visto quell'ingresso un milione di volte sui social media e non potevamo credere di essere lì. Lil Nas X era vicino a noi all'ingresso. «Bentornata a casa, BG» ha detto insieme ad altri. Non riuscivo a capacitarmi che la gente mi avesse riconosciuto. Avevo appena fatto un salto da Dwyane Wade quando mi ha mostrato il suo telefono per un FaceTime. «Dovevo solo mostrare a mia figlia com'è il Met Gala... Un giorno potrebbe essere qui.» Un papà fantastico, un momento strappalacrime e io ero proprio lì con lui. Relle è quasi svenuta quando ha visto Idris Elba. «Tesoro, digli qualcosa» mi ha sussurrato mentre mi stringeva il braccio. Gli ho stretto la mano e poi gli ho presentato Relle. Era così imbarazzata che riusciva a malapena a dire ciao. «Ma fai sul serio?» la presi in giro quando ci allontanammo. Ora abbiamo una battuta tutta nostra. «Quando entro in una stanza» le dico «è meglio che tu svenga come se fossi Idris».

Tornate a Phoenix e in vista della stagione, ho tenuto una conferenza stampa: era la prima volta che parlavo pubblicamente da quando ero tornata a casa. Ho camminato un po' per scaricare la tensione, ero molto nervosa all'idea di parlare chiaramente di me stessa piuttosto che della pallacanestro. La sala stampa del Footprint Center era gremita come non l'avevo mai vista e mi ha fatto desiderare che il campionato avesse una copertura stampa altrettanto ampia e regolare. È stato necessario che diventassi un ostaggio perché il basket femminile avesse la considerazione che merita. Una volta seduta, ho pensato *Sto bene... non piangerò*. Pochi istanti dopo mi sono venute le lacrime agli occhi. «Come sei riuscita a resistere al punto da essere oggi qui con noi?» ha chiesto Holly Rowe della ESPN. «Non sono nuova ai momenti difficili» ho risposto con un'incrinatura nella voce. «Ho solo scavato in profondità in me stessa, onestamente. Sai che dovrai affrontare delle difficoltà nel corso della vita. Questa è stata piuttosto importante, ma mi sono affidata alla mia capacità di saper lavorare sodo per superarla.»

Quella scarica di emozioni mi ha colto alla sprovvista. Per mesi ho affrontato le mie angosce da sola, nella mia testa, in una cella, al buio. Mi sentivo vulnerabile a doverla condividere con il mondo. Fa male dover fare personalmente i conti con il proprio dolore. E ti colpisce ancor più profondamente quando senti l'angoscia nella tua voce. Quel giorno, una parte di me aveva voglia di battere in ritirata, mentre un'altra parte, più grande, si sentiva sollevata per aver finalmente potuto alzare il sipario. La mia emozione in diretta ha fatto notizia. Così come la dichiarazione che non avrei mai più giocato all'estero se non in rappresentanza degli Stati Uniti, cosa che sono onorata di aver fatto in occasione delle Olimpiadi di Parigi del 2024. E non avrei avuto paura di viaggiare all'estero. Sapevo che lo stesso Paese che mi aveva riportato a casa avrebbe protetto i suoi atleti olimpici.

La stagione è iniziata il 19 maggio, in trasferta contro le Los Angeles Sparks. Negli spogliatoi, prima della partita, la vicepresidente Kamala Harris mi ha accolta a braccia aperte e poi ha parlato con entrambe le squadre riunite. «Grazie per tutto quello che avete fatto per sostenere Brittney» ha detto. «Una squadra è una squadra, è una famiglia.» Billie Jean King e Magic Johnson hanno assistito dalla tribuna, insieme agli oltre diecimila tifosi presenti nel palazzetto e ai milioni di persone che vedevano la partita su ESPN International. Quando sono entrata in campo, la folla ha ruggito. Molti indossavano maglie 42 e sventolavano cartelli «We Are BG». Sono rimasta in piedi per l'inno nazionale, ho pianto per il nuovo significato che ora aveva per me, sono rimasta in piedi con orgoglio per lo stesso motivo per cui una volta mi inginocchiavo, perché ho a cuore la mia patria. Sono sinceramente grata per il sostegno che mi è stato dato. Quando ti liberano dal tuo incubo più grande, vivi in uno stato di riconoscenza e hai poco spazio per esprimere altre emozioni. A volte ci si sente sopraffatti, come è successo a me quella sera. Ero lì per gareggiare ma anche per festeggiare, e non mi sembrava giusto mescolare le due cose. Con tutto il cuore volevo immergermi in un clima di affetto e l'ho fatto. L'impulso era quello di ritirarmi, ma non ci sono riuscita. Hanno preso forma due desideri contrastanti, sconvolgendo in questo modo l'equilibrio delle mie emozioni.

Ho portato questi sentimenti con me per tutta la stagione. Pap, mamma e tutta la mia famiglia di Houston sono venuti in aereo per la mia prima partita in casa il 21 maggio. Era la prima volta che io e Relle ospitavamo la tribù al completo e mi è piaciuto molto vederli tutti insieme. Dopo l'isolamento in Russia, anche un semplice abbraccio non mi sarà mai indifferente. Perdemmo quella partita, proprio come la prima, ma la presenza della mia famiglia, così come quella dei tifosi che erano venuti fin lì anche da lontano per vedermi, attenuò il mio disappunto. In seguito, per tutta la stagione, sono arrivati tifosi anche da molto lontano, dall'Europa, e una perfino dall'Alaska: tutti a farmi gli auguri e a salutarmi, spesso lungo il tunnel che porta dagli spogliatoi al campo. Questa ondata di solidarietà mi diceva che stavo cambiando ruolo, da giocatrice di pallacanestro a ex ostaggio, da atleta a portavoce. Nei miei momenti di tranquillità ho ringraziato Dio per avermi aiutato a usare il mio dolore per uno scopo più grande.

Le prime sconfitte hanno dato il tono alla stagione, che è rapidamente passata da scoraggiante a catastrofica. Stavo giocando da schifo e lo sapevo. È difficile accontentarsi di giocare «abbastanza bene» se sai di essere capace di fare molto meglio, soprattutto quando sei sotto gli occhi di tutti. Il mondo mi guardava, c'erano molti più spettatori per la WNBA anche a causa del mio ritorno e questa era una cosa positiva. Ma è dura sentirsi esaminata quando si è al minimo della forma.

Nell'intervallo dagli spogliatoi mandavo messaggi a Relle, che era a bordo campo. «Mi vedi stanca?» le chiedevo. No, mi assicurava. Strano, visto che mi sentivo morire, braccia e gambe pesanti come macigni e io che ansimavo perché ero a corto di fiato. A bordo campo i miei allenatori mi incoraggiavano, ma ero veramente scossa per tutti gli errori che facevo. La gentilezza che mi riservavano era molto apprezzata, ma volevo anche la franchezza: era il modo in cui parlavo con me stessa. Facevo schifo, ma in realtà non era così, me ne sarei resa conto più in là, guardando le statistiche. Infatti, anche durante una stagione di cui non andavo certo fiera, ero in testa alla squadra per quanto riguarda la media dei punti a partita, i blocchi, la percentuale dei canestri andati a punto rispetto ai tiri fatti e altri parametri. Sono stata anche scelta per partecipare all'All-Star Game annuale. Le statistiche non mentivano, anche se il mio spirito le contraddiceva. Ero ancora alle prese con un profondo senso di vergogna.

La stagione è stata una continua girandola di emozioni. La nostra lega è molto affiatata: molte di noi hanno giocato insieme in diverse squadre sia in patria sia all'estero. A ogni tappa ci univano delusioni e abbracci stretti. In Indiana, mi ha fatto molto piacere vedere Emma Cannon. Siamo diventate amiche quando giocava a Phoenix. L'allenatrice delle New York Liberty, Sandy Brondello, allenava le Mercury. Una volta era stata anche l'assistente allenatrice della mia squadra di Ekat in Russia. A New York, Sandy e io, così come le mie tante amiche delle Liberty, ci siamo trattenute a bordo campo per raccontarci le ultime notizie. Ero in costante modalità «ritorno a casa»,* adoravo i coriandoli e allo stesso tempo cercavo di evitarli. Questo valeva anche per le gare. Prima di ogni partita, sul maxischermo veniva trasmesso un filmato sul tema «We Are BG»: la campagna, il cameratismo della WNBA, l'impegno epocale per riportare a casa me e altri. Le prime volte che ho visto il video, ho capito le buone intenzioni che c'erano alla base. Ma con l'avanzare della sta-

* Paul Whelan è stato scambiato il 1° agosto 2024, insieme ad altri ostaggi americani detenuti ingiustamente in Russia. (N.d.R.)

gione, ovvero quaranta partite, e con l'allungarsi della nostra serie di sconfitte, la continua riproposizione della mia vicenda mi rendeva difficile concentrarmi su ogni partita. Prima dell'inizio delle partite, ascoltavo musica per caricarmi in vista della battaglia in campo, con Moneybagg Yo che pompava nelle cuffie. Poco dopo entravo nell'arena e, boom, i tormenti del passato mi sbattevano sulla faccia, e perdevo la concentrazione. Il video era un necessario promemoria per gli ostaggi americani ancora detenuti. Non mi darò pace finché Paul Whelan e gli altri non saranno a casa, ricorderò sempre il dolore di sentirmi dimenticata. Ecco perché non ho mai detto a nessuno che quel filmato mi disturbava, però il mio spirito lo sentiva.

Per tutta la stagione abbiamo dovuto affrontare un infortunio dopo l'altro. Soph si è gravemente infortunata alla mascella, Dee si è schiacciata il dito del piede sinistro e si è lesionata il tendine del ginocchio, mentre Shey ha subito una commozione cerebrale ed è stata trasportata fuori dal campo in barella, cosa che ci ha spaventato parecchio. Poi a giugno, durante una partita contro le Seattle Storm, mi sono fatta male all'anca. Poco dopo, anche l'altra anca ha iniziato a fare i capricci, le ginocchia mi stavano uccidendo e avevo problemi di sovraccarico ai polpacci. Tutto ciò ha ridimensionato la mia speranza di poter dare una svolta alla stagione. Sono stata in panchina per il secondo quarto di quella partita e per le tre successive, che sono state tutte sconfitte pesanti. I miei lividi non erano solo in campo. In privato ero alle prese con l'ansia e un incubo ricorrente: che la mia grazia fosse stata annullata e che avrei dovuto tornare nell'inferno russo. Le sconfitte hanno amplificato la mia angoscia. Il mio personale senso di fallimento ha creato ulteriori problemi. Poi, in quel periodo, prese forma una paura profonda: ero a casa ma non mi sentivo ancora al sicuro.

Il 10 giugno io e le mie compagne di squadra stavamo attraversando l'aeroporto di Dallas per imbarcarci su un volo per Indianapolis. Relle viaggiava con me, ma aveva fatto il check-in separatamente e contava di raggiungerci a bordo. Scendemmo una lunga scala mobile, girammo a destra e dal nulla un imbecille mi si parò davanti urlando. «È stato uno scambio equo quello con il Mercante di Morte? È vero che hai fatto sesso con Vladimir Putin?» La vigilanza intervenne subito e allontanò l'uomo. Quelli intorno a noi ci fissavano mentre noi eravamo sbalorditi. La mia security ha chiamato la polizia e ci siamo nascoste dietro un muro fino al loro arrivo. Mentre ci stringevamo, sentivo la mascella serrarsi mentre l'ansia mi invadeva: *Dov'è Relle?* L'ho chiamata. Non rispondeva. Ho provato di nuovo. Nessuna risposta. Temevo che, dopo essersi scagliato contro di me, questo tizio potesse trovare mia moglie e aggredirla. Quando finalmente Relle ha risposto, ho tirato un sospiro di sollievo e le ho detto di stare in guardia. La polizia è arrivata e abbiamo sporto denuncia. In seguito, abbiamo scoperto che l'uomo, una celebrità della destra su YouTube, era sempre a caccia di filmati provocatori. La polizia ci ha scortato fino al nostro volo. Ma mentre le acque si calmavano, il danno era ormai fatto: ero scossa. Lo eravamo tutte. La mia compagna di squadra Brianna Turner viene spesso scambiata per me in pubblico. Cosa sarebbe successo se qualcun altro ci avesse attaccate? Ci voleva che qualcuna di noi morisse prima che la lega prendesse sul serio le nostre richieste di volare su aerei privati?

«La sicurezza di Brittney Griner e di tutte le giocatrici della WNBA è la nostra massima priorità» ha dichiarato la lega in un comunicato dopo l'incidente. Non sembrava così. Per anni abbiamo insistito sui voli a noleggio, come è stato concesso ai giocatori dell'NBA. Se ti chiami LeBron non puoi arrivare in aeroporto come una persona qualsiasi. Lo stesso dovrebbe valere per le giocatrici della WNBA. Dopo che siamo tornate a casa, la mia squadra ha chiesto che almeno io volassi su un aereo privato per motivi di sicurezza. La lega ha capito le nostre preoccupazioni, ma inizialmente ha detto che i voli privati mi avrebbero dato un privilegio non equo, un vantaggio che credo ogni atleta donna debba avere. Nel corso della mia carriera, vi sarà capitato di vedermi sui voli commerciali, con il mio enorme sedere schiacciato in un sedile centrale. Succedeva spesso. A volte pagavo l'upgrade solo per avere spazio per le gambe, ma anche in quello ci stavo a malapena. Invece di arrivare pronta per la gara, mi sentivo dolorante e ingobbita. Un anno la lega mi portò all'All-Star Game in un posto centrale, in pullman. Invece di sentirmi una star, mi sono sentita una di secondo piano. Sono grata che la WNBA mi abbia permesso di volare in un aereo privato per il resto della stagione. Le Mercury si sono fatte carico dei costi. Ma non c'è alcuna garanzia che io o le mie compagne di squadra voleremo con voli privati nella stagione 2024 e in quelle successive. Ci hanno detto che è una questione di soldi. Ma a me sembra che si tratti di non voler valorizzare le donne, e soprattutto le donne di colore. Circa il 70 per cento delle giocatrici della WNBA sono nere.

A luglio la mia frustrazione è arrivata al culmine. In una partita in trasferta contro le Washington Mystics, le nostre avversarie non dovevano batterci. Ci siamo sconfitte da sole con un errore dopo l'altro, fino ad arrivare a un bruciante 84-69. Ho giocato al meglio delle mie possibilità, ma non sono riuscita a ribaltare la situazione. Dopo, nello spogliatoio, ho dato un pugno contro il muro per la frustrazione. Una delle mie allenatrici si è precipitata da me. «Stai bene?» mi ha chiesto. *No,* ma ho dato la mia risposta standard del cazzo: «Sto bene». «Fammi vedere la mano» disse, mentre cercava di capire se mi fossi fatta male. Avevo le nocche arrossate e contuse. «Dài, BG» disse comprensiva, come per dire *Non peggiorare le cose.* Aveva ragione: stavo soffrendo. Il mio sfogo non riguardava solo quella partita. Riguardava una stagione che sembrava spacciata, sulla scia di un'altra che mi stava ancora tormentando.

Il tracollo mi ha spinto a fare un passo indietro per due partite per concentrarmi sulla mia salute mentale. A quel punto avevo abbandonato la terapeuta con cui mi ero rimessa in contatto a gennaio. Dopo alcune sedute ho sentito che avevo bisogno di qualcosa di diverso, anche se non ero sicura di cosa. Ho trovato un'altra terapeuta che mi ha guidato con delicatezza verso un nuovo livello di coscienza. Un giorno sono arrivata per una seduta e ho snocciolato una serie di motivi per cui ero arrabbiata con me stessa, dal fatto di essermi persa la laurea di mia moglie al sentirmi un peso per la mia squadra. Il mio essere distratta mi stava ancora costando caro.

«Ha altre emozioni oltre alla rabbia?» mi chiese.

Feci una pausa. «A volte sono molto triste» dissi.

«Per cosa è triste?» chiese a bassa voce.

«Quel che ho passato è un vero casino» le ho detto.

Lei annuì mentre mi sentivo soffocare. «Ha commesso un errore» mi disse «ma questo non significa che le conseguenze se le sia meritate. Ha sbagliato di proposito?»

«No» borbottai mentre una lacrima mi scendeva sulla guancia.

«Se un amico commettesse un errore che ha delle conseguenze sulla sua vita» disse «come reagirebbe?»

«All'inizio potrei sentirmi arrabbiata» ho detto «ma poi lascerei perdere. Capirei che non è stato intenzionale.»

«È proprio questo che spero che riesca a fare per sé stessa, BG» mi disse. «Si perdoni.»

Fu un punto di svolta. Dal momento in cui rientrai a casa, iniziai a ripetere fra me e me: «Abbi compassione di te stessa». Ho fatto fatica ad assimilare la lezione. La sofferenza che provavo si scontrava con la compassione che cercavo di provare verso me stessa. Ma quando la terapeuta mi aiutò a uscire da quella situazione e a vederla come avrebbe fatto un amico, qualcosa scattò. La mia è stata la più grande cazzata della vita e ha comportato una dura punizione. Eppure, mi sono permessa di essere furiosa per come sono stata umiliata, per l'orrore assoluto di ciò che ho subito. La Russia mi ha privato della mia umanità. Invece di darmi il permesso di ammettere questo stato di sofferenza, imprecavo dopo i canestri mancati. Ho iniziato a capire che più che arrabbiata ero triste.

Questa presa di coscienza è stata così illuminante che ho voluto – e dovuto – andare più a fondo. Perché il solo fatto di avere conquistato questa consapevolezza non mi aveva impedito di prendere a pugni il muro; la mia tristezza si stava manifestando in ogni aspetto della mia vita. Ho visto *Le pagine della nostra vita* un film romantico, migliaia di volte. Non avevo mai pianto. L'ho guardato durante quella stagione e ho pianto a dirotto, liberando lacrime che avevo represso per mesi. Mi sono chiesta *Che diavolo mi sta succedendo?* Trauma. Ho detto alla mia terapeuta che volevo fare una terapia intensiva in un centro per il recupero dalla sindrome post-traumatica. Lei mi ha incoraggiato. Così, dopo quello scatto d'ira negli spogliatoi, ho prenotato un posto in un programma terapeutico residenziale di tre giorni a Tucson, anche se avrei preferito avere la possibilità di andare più a fondo della faccenda.

Dal momento del check-in, mi è sembrato di essere tornata in prigione. La piccola stanza che mi avevano assegnato mi ricordava quella in cui ero stata durante la detenzione. Non erano ammessi dispositivi elettronici, quindi mi hanno preso il telefono e mi hanno detto che avrei avuto il permesso di usare il loro. Mi sequestrarono anche gli snack e le caramelle, non so perché. Il mio primo incontro con il terapeuta è stato un evidentissimo segnale di allarme: ero nel posto sbagliato.

Il terapeuta, in forma e sulla quarantina, aveva in mano una cartellina con il mio modulo di ammissione. «Allora, cosa le è successo in Russia?» mi chiese. Gli raccontai un po' di quello a cui ero sopravvissuta e i suoi occhi si spalancavano a ogni frase. «Non posso crederci» continuava a ripetere mentre prendeva appunti. «Allora, cos'altro le hanno fatto i russi?» Raccontai un'altra storia e lui continuò a chiederne altre. Quando mise da parte la cartellina e si piegò in avanti sulla sedia, pensai: *Questo tizio non sta cercando di aiutarmi. Sta cercando di ottenere un cazzo di scoop.*

Le cose sono scivolate ulteriormente verso il basso. Il programma era pubblicizzato come specializzato nel recupero del PTSD, ma sembrava centrato su droghe e alcol: ottimo, ma non era quello per cui pensavo di essermi iscritta. Speravo di trovarmi con altri sopravvissuti a un trauma e di poter parlare delle loro esperienze e di come le stavano affrontando. Invece, lo staff ha cercato di convincermi a partecipare a una riunione dei Tossicodipendenti Anonimi: si condividevano esperienze, certo, ma tutte centrate sull'abuso di sostanze stupefacenti. Ho incontrato un paio di reduci militari che lottavano contro il PTSD, ma erano lì per la dipendenza da droghe. Sapevo che il trauma e la dipendenza spesso vanno di pari passo, ma sapevo anche che dovevo assolutamente andarmene da lì.

Ero arrivata di mattina. Al tramonto chiesi di poter chiamare Relle. Il personale mi disse che avrei potuto farlo se avessi usato una scheda telefonica, che ricordava la prigione che avevo appena lasciato. Ho pensato che la linea fosse registrata, così sono andata dritta al punto con Relle. «Ehi, ehi, ehi... ascoltami bene» sussurrai, il triplo *ehi* era il mio segnale di pericolo. «Chiama il nostro tizio della sicurezza e digli di venire subito a prendermi.» Quando arrivò quella sera, le guardie al cancello non lo fecero entrare. Ha insistito perché gli fosse permesso di vedermi e loro hanno minacciato di chiamare la polizia per violazione di domicilio. Fece un tale casino che alla fine cedettero, mandandomi un consulente. «Hai chiamato per tornare a casa?» mi chiese. «Sì» risposi, e gli spiegai il perché, a partire dalla stanza claustrofobica. «Vuoi dormire sul divano nell'area comune?» mi chiese. «Sono alta due metri e sei e sono cresciuta parecchio: non ho intenzione di sdraiarmi su un divano orrendo che mi distruggerebbe la schiena.» Lo capì e io me ne andai. Giorni dopo tornai in campo per la partita del 5 agosto contro le Seattle Storm. Segnai ventidue punti. Perdemmo lo stesso.

Sollievo: ecco cosa ho provato quando la peggiore stagione di basket della mia carriera si concluse zoppicando. E intendo davvero zoppicando. Nella partita dell'8 settembre contro le Las Vegas Aces, sono inciampata durante una corsa a canestro mentre stavamo facendo una marcatura doppia; sono caduta goffamente e mi sono slogata la caviglia durante il secondo tempo. Il dolore era così acuto che ho fatto fatica ad alzarmi. Mi sono rimessa lentamente in piedi e ho barcollato fino a bordo campo, dove sono rimasta per il resto della partita. Ho assistito alla nostra decima sconfitta consecutiva, in una stagione in cui ne avremmo incassate trentuno. Con quella sconfitta, abbiamo anche interrotto la più lunga sequenza di partecipazioni ai playoff della lega, dieci di fila. È stata la prima volta da quando sono arrivata alla Mercury nel 2013 che non abbiamo raggiunto i playoff. Ero tanto stanca fisicamente quanto fragile emotivamente. «Non sono soddisfatta del mio rendimento complessivo in questa stagione, a prescindere da quello che è successo e da quello che ho passato» ho detto alla stampa dopo la partita. «L'anno prossimo sarà sicuramente diverso» o almeno me lo auguravo. Il mio gioco in campo sarebbe stato direttamente collegato a quello mentale.

26
A casa da me

Anche se non vedevo l'ora che finisse la stagione 2023, temevo allo stesso tempo la pausa successiva. Avevo paura di ricadere in una spirale di depressione, con lunghi periodi di silenzio e di malessere. La pausa si rivelò invece un dono. Per la prima volta in dieci anni, non sono passata da un campo della WNBA a uno dall'altra parte del mondo. Niente Cina. Niente Russia. Niente valigie sbagliate. Solo io e Relle nella nostra nuova casa mentre facevamo ordine: emotivo e spirituale, professionale e personale.

Ad agosto, quando la stagione si concluse, ci trasferimmo nella casa che avevamo acquistato. Era esattamente il rifugio in cui avevamo sperato, nascosto tra le montagne del deserto e circondato da cactus e tranquillità. Tutto faceva pensare al *freddo*, dal posto per il falò all'aperto sul retro alla vista di tramonti mozzafiato. E adoravo quel garage enorme. Mi ero presa tutto il tempo necessario per allestirlo al meglio, mettendo gli armadietti e i gancetti al muro per appendere le cose. Anche se, come me, era un work in progress, quello spazio non doveva essere finito completamente perché diventasse il mio luogo-rifugio.

Il nostro cambio di indirizzo coincise con un temporaneo cambiamento di ruoli. Relle aveva trovato lavoro in uno studio legale; io le davo una mano badando alla casa. Ero così orgogliosa del fatto che mia moglie aveva superato l'Esame di Stato la primavera precedente. Sapevo già che era brillante, ma ha dimostrato di essere anche tenace, superando una prova importante nel mezzo del nostro più grande incubo.

Il suo nuovo studio legale era specializzato in diritto di famiglia. Io ero specializzata nelle pulizie di casa. Mentre Relle era in servizio, rifacevo i letti, spazzavo i pavimenti e facevo commissioni. Adoro le grigliate ma non so cucinare decentemente, quindi avevo già il take away pronto quando Relle tornava a casa. A cena, tutta fiera di me, le raccontavo le cose che avevo fatto, mentre lei mi sorrideva e mi prendeva in giro: «Mi sembra di avere un marito casalingo». Quello che aveva era una partner con un obiettivo. Quando ero tornata dalla Russia, lei faceva quasi tutto in casa, come sempre. Nell'andare incontro alle sue necessità – per lei e per noi – ho superato il senso di inutilità che mi perseguitava in quelle prime settimane a casa.

Carlo, il mio fratellone, mi ha tenuto compagnia. Ha abbracciato la vita YOLO (You Only Live Once) «si vive una volta sola» e ha preso un aereo da Houston solo per stare con me. Non aveva nemmeno prenotato un volo di ritorno: voleva solo starmi vicino per tutto il tempo di cui avevo bisogno. Mi piaceva averlo accanto. Non riuscivo a ricordare l'ultima volta che eravamo stati insieme per così tanti giorni, solo per fare due chiacchiere a pranzo e ridere a più non posso. La sua presenza era come una rete di sicurezza, un argine contro la depressione. Si è fermato una settimana, ma la sua presenza benefica è rimasta nel tempo. Così come i ricordi che io e Relle abbiamo raccolto durante quell'autunno. Per il mio compleanno, in ottobre, ho festeggiato trentatré anni di vita e più di trecento giorni di libertà. Io e Relle andammo in vacanza in un golf resort con una splendida vista sulla costa di Newport Beach, in California. Ho fatto il percorso di diciotto buche mentre mi immergevo nell'orizzonte illuminato dal sole, una bella differenza rispetto alle ombre che avevano accompagnato il mio compleanno l'anno prima. Andammo anche a pescare in mare aperto, circondati da acque blu a perdita d'occhio. Prendemmo enormi dorados e tonni pinna gialla, con Relle che mi passava la canna per tirare su i pesci più grandi.

Il mese successivo tornammo a casa, e ci isolammo nel nostro nido. Durante il Giorno del Ringraziamento ordinammo una pizza e io e la mia amata compagna giocammo fino alle prime ore del mattino a *Uno*. Nel ripostiglio c'era uno scaffale pieno di giochi vintage, da *L'allegro chirurgo* a *Candy Land* da *Monopoly* a *Life*. Era una specie di ritorno a come si giocava da ragazzine, e un modo di divertirsi e rigenerarsi che funzionava sempre bene. Poco dopo, l'8 dicembre, arrivò l'anniversario della mia scarcerazione. «Non riesco a credere che sia passato un anno» dissi a Relle. Per certi versi il tempo era volato in mezzo al vortice del campionato. Per altri aspetti è strisciato quatto quatto attraverso incubi consumati su cuscini intrisi di sudore e ricordi della gabbia dell'aula del tribunale. Ero ben cosciente della mia infelicità. Eppure, ora mi sembrava un'esperienza ultraterrena, come se fosse accaduta a un'altra ragazza in un'altra vita, su un pianeta molto lontano. Il giorno in cui mia madre entrò in travaglio per me, sua madre disse: «Quella bambina sarà famosa in tutto il mondo». Mia nonna Irene non l'aveva detto in modo presuntuoso, ma stava solo riprendendo ciò che lo Spirito le aveva sussurrato. Non aveva idea di quanto sarei diventata alta o che avrei giocato a basket o che sarei stata la prima donna americana a essere sbattuta nell'IK-2. Purtroppo, è morta, ma la sua profezia mi fa rabbrividire. Sarò inserita in un capitolo spaventoso della storia geopolitica, in un libro che vorrei poter chiudere definitivamente. Quando l'ho detto a Relle, lei ha annuito e mi ha abbracciato. Il momento rispecchiava il mio nuovo modo di elaborare il lutto, ovvero esprimere ciò che sentivo invece di imbottigliarlo dentro di me e rimuginare.

Il periodo di pausa dal campionato è stato per me rigenerante sia dal punto di vista emotivo che da quello fisico. Tra le pulizie di casa, gli ospiti e i viaggi, mi sono riposata molto. È stato più facile farlo rispetto a quando ero appena tornata a casa, soprattutto perché ero talmente esausta dalla stagione e mi stavo ancora riprendendo dagli infortuni. Ma c'era una ragione più grande: il mio rilassarmi era legato alla riconnessione. Con Relle. Con mio fratello. Con la natura e l'ambiente che mi circondava. Questo legame era già presente quando sono tornata dalla Russia, ma mi ci è voluto del tempo per essere pronta ad accoglierlo. Il tempo può non guarire, ma fa passare le cose: lentamente o velocemente, ma sempre con un senso di compiutezza. Per me, il tempo che fluiva è stato una fonte di sollievo. Ha messo alla giusta distanza il mio calvario e ne ha attenuato la sofferenza. Più mi sono allontanata dal terrore a cui sono sopravvissuta, meno mi è sembrato angosciante. Ho ancora dei flashback della colonia penale, ma ora sono meno frequenti. Mi viene ancora da colpevolizzarmi e lotto con la rabbia contro questo sentimento, ma ora le crisi sono più distanti tra loro. Non sono ancora guarita del tutto, *voilà*, come per magia. Il recupero da un trauma non è un processo veloce o costante. È fatto di passi in avanti e di passi indietro. La guarigione di solito si misura in anni. Durante quella stagione di pausa, i miei progressi consistevano nell'aprire il mio cuore, ai miei cari e a ciò che mi circondava. Il passare del tempo aveva liberato il mio spirito quanto bastava per iniziare ad accettare il loro sostegno.

Il mio viaggio emotivo è continuato con la terapia. Durante la stagione, mi sono rivolta a diversi terapeuti e ho raccolto idee per affrontare i traumi. Ho avuto un paio di sessioni con una terapeuta specializzata in PTSD. «Il trauma cambia il cervello» mi ha spiegato, e tutto questo l'ho avvertito: ora vivo il mondo in modo diverso dopo essere sopravvissuta a tutte le cose che mi sono successe. Quando qualcuno mi tagliava la strada in macchina, per esempio, mi faceva sempre arrabbiare. Prima del carcere, il mio misuratore di rabbia avrebbe registrato un 6 su 10. Dopo, invece, schizzava sopra a 12. Avrei superato quell'automobilista mentre imprecavo come una pazza: una reazione esagerata dovuta alle mie nuove connessioni cerebrali.

Sebbene apprezzassi l'analisi di quella psicologa, alla fine sono tornata dalla terapeuta che mi aveva aiutata a capire quanto fossi triste. Ci incontriamo circa tre volte al mese, e so che la cura continuerà ancora per molto tempo. Non è una persona insistente, e questo è uno dei motivi per cui mi piace. Mi spiega cosa c'è da fare nel campo del recupero da PTSD e poi fa un passo indietro. Mi ha suggerito di dare un'occhiata all'EMDR (Desensibilizzazione e rielaborazione attraverso i movimenti oculari), un trattamento conosciuto per alleviare le sofferenze di alcuni sopravvissuti agli eventi traumatici. Mi affascina e forse lo proverò. Mi ha anche prescritto dei farmaci per dormire, che mi hanno aiutato a riposare profondamente. Quando sono tornata a casa per la prima volta, li ho usati nelle notti in cui mi agitavo mentre tornavo con la mente all'IK-2, ma col tempo ne ho avuto meno bisogno. Ora li prendo solo quando sono in viaggio, quando le situazioni sconosciute mi provocano ansia. Questo va bene ed è normale, mi dice lei. «Quando si tratta di recupero da un trauma» dice «non ci sono "doveri" o tempistiche prescritte.» Ci sono solo io, che mi faccio strada in un processo lento ma sicuro, alla ricerca di una calma che duri nel tempo.

Quando è finita la stagione di basket 2023, ho iniziato a pensare a quella successiva. Per anni ho usato gli ingaggi all'estero come allenamento per il campionato WNBA. Con la Russia ormai nello specchietto retrovisore, avevo bisogno di un altro modo per tenermi in forma. L'ho trovato con l'aiuto del nuovo allenatore della Mercury, Nate Tibbetts, assunto nell'ottobre del 2023. In precedenza, Nate è stato assistente allenatore dell'Orlando Magic. È stato assunto dall'investitore miliardario Mathew Ishbia, che ha acquistato sia la squadra della Mercury che quella dei Suns nello stesso mese in cui sono tornata dalla Russia. Sotto la guida di Mathew e Nate, tutto sembrava nuovo, compresi gli allenamenti per la stagione 2024.

Dee, Soph e io abbiamo iniziato l'allenamento nel periodo off-season prima del solito. Non eravamo obbligate a farlo e sono contenta di aver iniziato prima, visto il disastro della stagione precedente. Gli allenamenti sono partiti con calma. A ottobre, quando eravamo ancora in vacanza, abbiamo iniziato a lavorare con i pesi per quattro giorni consecutivi, seguiti da tre giorni di recupero. Poi, a dicembre, siamo passati ai sollevamenti e al campo da gioco cinque giorni a settimana. Questo programma è continuato anche nel nuovo anno. Così come gli incontri e le gare di qualificazione della nazionale femminile di pallacanestro degli Stati Uniti, in vista delle Olimpiadi di Parigi. La squadra olimpica è stata selezionata ufficialmente nel luglio del 2024. Quando indossi la maglia del Team USA, devi giocare con tutto il cuore. È quello che ho fatto ai Giochi del 2016 e del 2020, a Rio e a Tokyo. Ed è quello che ho fatto anche a Parigi. Gli Stati Uniti hanno vinto sette ori consecutivi. La Francia è stata l'occasione per l'ottavo.

Durante la mia preparazione, io e Relle abbiamo iniziato a consolidare le nostre basi finanziarie. Ero in

Russia per lo stesso motivo per cui quasi la metà delle giocatrici della WNBA gioca ancora in Paesi come l'Australia, la Turchia, l'Italia e appunto la Russia: per incrementare i nostri stipendi, che sono drasticamente più bassi di quelli dei giocatori dell'NBA e con una percentuale minore sui profitti della lega. So di essere fortunata ad aver guadagnato quello che ho guadagnato all'estero. So anche che la maggior parte delle persone rimarrebbe scioccata se circa l'80 per cento del loro reddito andasse improvvisamente in fumo, come è successo al mio. Io e Relle siamo sempre state investitrici attente, quindi siamo fortunate ad avere una base solida. Eppure, per quanto siamo contente di questa stabilità, stiamo lavorando per consolidarla ulteriormente, esplorando iniziative imprenditoriali. Vedremo cosa ci riserva il futuro confidando nell'Onnipotente.

* * *

Prima che partissi per la Russia, io e Relle avevamo deciso di cercare una chiesa da frequentare. L'abbiamo trovata poco dopo il mio ritorno. Il posto è proprio adatto a noi: vestiti casual ben accetti, nessun moralismo, possibilità di usufruire di seminari online e di persona. Adoriamo. L'insegnamento chiave mi risuona: sono più imperfetta di quanto possa pensare e più amata di quanto possa sperare. Ci piace anche lo stile del culto. Assomiglia a quello dei Maverick City Music, il gruppo gospel contemporaneo che io e Relle abbiamo nelle nostre playlist. La musica ispirata ci ha coinvolto. I sermoni edificanti ci stimolano a continuare e a riflettere.

Una domenica il pastore ha raccontato la storia biblica di Giobbe, con un messaggio che mi ha molto colpita. Giobbe aveva avuto la fortuna di essere ricco, di avere una famiglia, di avere delle amicizie e di godere del favore di Dio. Quando alla sua fede fu richiesta una prova, Giobbe perse tutto, compresi i figli. Tuttavia, non volle voltare le spalle all'Onnipotente, nemmeno quando gli si aprirono delle piaghe. Eppure, chiese al Creatore perché gli stesse accadendo tutto questo. Il Signore rispose con una domanda retorica: «Quando ponevo le fondamenta della terra, tu dov'eri?». (Giobbe 38:4) Dio stava ricordando a Giobbe che era Lui ad aver costruito l'universo. Non solo comprendeva le condizioni di Giobbe, ma aveva anche progettato il mondo in cui esistevano. Forte di questa consapevolezza, Giobbe poté trovare pace.

Mentre ero in prigione e ora che sono a casa, mi sono spesso chiesta perché sia successo tutto questo casino, al di là del semplice fatto che ho fatto le valigie in fretta e furia. Nel complesso, perché il mio percorso personale ha preso questa piega? Forse non avrò mai una risposta, ma ho ben chiaro ciò che Dio disse a Giobbe: posso affidarmi alla Sua sovranità e ai Suoi tempi. Quando arrivano delle prove, come quella grande che ho affrontato, è difficile aspettare pazientemente che Dio ci aiuti. Non ero paziente in Russia. Per natura, forse non lo sarò mai. Ma avere bene in mente che il Padre ha creato il tempo mi solleva dall'ansia. È opera sua. E io gli appartengo.

Una domanda migliore di *perché è successo?* è *come posso trarne degli insegnamenti?* Oggi il mio obiettivo, rispetto a questi aspetti del mio incubo, è il seguente: non posso far finta di ignorare ciò che ho visto e vissuto in Russia, non posso riavvolgere il tempo fino al mio personale *prima*. Ma posso servirmi dell'esperienza dei miei momenti peggiori per gettare una luce sulla questione degli ostaggi americani in tutto il mondo. Sulla disparità di retribuzione tra atlete e atleti e su come comprendere le persone LGBTQ+. Sulle esperienze delle donne di colore, le cui espressioni di rabbia, pur non essendo diverse da quelle di chiunque altro, ci etichettano come soggetti costantemente irascibili. Non ho scelto di nascere con le caratteristiche che mi definiscono; non ho avuto voce in capitolo sul mio aspetto. Ma vado a testa alta in questo corpo e su questo palcoscenico. Soffro ancora quando sento dire: «Ma è un uomo o una donna? Ha il cazzo?». Ho la speranza che si possa essere più gentili gli uni con gli altri, che si possa immaginare cosa si prova a sentirsi sempre fuori posto.

Sono tornata a casa con questa speranza e con alcune considerazioni nuove. Prima credevo di essere grata per la vita che avevo. Ma non era così. Mi sono fatta prendere da pensieri tipo «odio andare in palestra», e di lamentarmi perché un esercizio sembrava che mi potesse distruggere. In prigione ho pensato molto spesso a quanto mi lamentassi costantemente. Stavo in quella cella, con la paura dell'ignoto, in compagnia di pensieri suicidi e con i polmoni in fiamme per le sigarette. Altre volte sognavo di godermi un tramonto senza sbarre. Mi mancava l'acqua pulita del rubinetto. Mi mancava potermi guardare in uno specchio abbastanza grande da vedermi almeno tutta la faccia. E più di ogni altro bene materiale o cose che non potevo fare, mi mancavano le persone che amavo. Sapevo di amarli. Li avrei abbracciati più forte se avessi saputo che magari, molto presto, non avrei più potuto farlo.

Questa presa di coscienza mi ha fatto ripensare a un giorno, anni fa, in cui io e Relle andammo ad acquistare dei mobili. Avevamo appena comprato la nostra prima casa. Nel negozio, Relle scelse una candela che le piaceva; io insistetti per un'altra. Lei preferiva lampade da tavolo di altezza media; io volevo quelle alte. Sinceramente non me ne importava nulla, l'arredamento non era mai stato una mia passione. Il mio dissenso aveva a che fare con il controllo ed era una cosa gretta. Feci arrabbiare Relle solo perché ne avevo il potere, senza rendermi conto che in questo modo ci stavo privando della felicità. Ecco cosa fa un conflitto non necessario: si sostituisce al piacere che avrebbe potuto essere scegliere una lampada insieme. Invece di condividere una risata, alzi gli occhi al cielo e alzi la tensione. Mi sono ricordata di quando abbiamo comprato di recente i mobili per la nuova casa. È stata un'esperienza completamente diversa. Non ho espresso alcun giudizio sui colori dei cuscini, sullo stile dei divani e sull'altezza delle lampade. Relle era felice di scegliere ciò che voleva e io ero felice di guardarla mentre si godeva quel momento.

In questi giorni risolvo rapidamente i dissapori e per arrivare a questa dimensione ci ho messo molto meno tempo di quanto temessi. Voglio che il tempo libero dal lavoro sia un tempo felice.

***

Ora che sono tornata negli Stati Uniti, penso molto a cosa voglia dire «casa». In Russia, conoscevo il concetto attraverso la sua assenza: l'isolamento, la paura, la tristezza, la reclusione. Il mio profondo senso di disconnessione ha portato chiarezza su ciò che più desidero e voglio creare. Casa è amore. Casa è riposo. Casa è stabilità. Casa è libertà e connessione, l'opposto di *whoosh*, una grande espirazione dopo 293 giorni di reclusione. Casa è tenere Relle vicino mentre guardiamo un film sdolcinato. Casa è scegliere di non brontolare e dire sempre grazie. Una volta misuravo il tempo con lo sferragliare del treno di Mosca, un suono che sentivo ogni mattina quando mi svegliavo nel buio più totale. Ora le mie giornate si misurano con le risate fatte insieme, con le persone care che abbraccio spesso. Sto in queste piccole cose molto più a lungo di quanto non facessi prima.

Io e Relle stiamo allargando il nostro senso di «casa». Prima che partissi per la Russia per l'ultima volta, avevamo deciso che avremmo messo su famiglia subito dopo che Relle avesse terminato la scuola di legge nel 2022. La mia prigionia ha ritardato quel piano, ma non l'ha cambiato. Anzi, dopo quell'incubo, eravamo ancora più convinte di voler dare il benvenuto a un bambino. Il tempo non si ferma, e nemmeno noi. Poco dopo la mia ultima partita del 2023, abbiamo fatto il nostro primo ciclo di fecondazione assistita. È stato un successo. Relle è incinta e noi siamo estasiate. Preghiamo che nella nostra famiglia si sia presto in tre.

In questa stagione di speranze, sto molto di più all'aria aperta. Tra poco potrei cullare un piccolo per farlo dormire, quindi è meglio andare in giro adesso. La natura è sempre stata la mia casa, senza pareti o soffitti, solo un cielo sconfinato e sempre diverso. Mi sento più libera quando sono sulla mia Jeep, su una pista nel Bulldog Canyon, un'ora a est di Phoenix, con la radio a tutto volume, felice di essere nel deserto di Sonora. Adoro allontanarmi per brevi tratti, sapendo che la civiltà è a portata di mano. A volte mi fermo e cammino a piedi nudi nella polvere. Altre volte rifletto in silenzio e ringrazio Dio per avermi riportato da Relle. Poco dopo, risalgo sulla Jeep per infilarmi tra le rocce e tra gli alberi. Guidare mi calma. Il creato mi fa sentire sul mio baricentro. Quando torno a casa, accendo un fuoco in giardino e metto a tacere i cani mentre guardo il sole che tramonta. Lo faccio ogni volta che posso, guardo con stupore l'immenso cielo arancione, punteggiato di rosa e di viola. Posso stare seduta lì per ore, ricordando tutto ciò che mi è stato donato. Questo è per me «casa», se mai ce n'è veramente una: io accanto al fuoco e in pace.

Epilogo

Riportare a casa le nostre famiglie

Ero fuori di testa per la commozione quando ho saputo che dieci ostaggi americani erano stati liberati dal Venezuela nel 2023. Un anno prima, quasi nello stesso giorno, ero atterrata sul suolo americano, proprio come loro. Siccome conoscevo bene le cose orribili che avevo passato nei miei dieci mesi, potevo solo immaginare le torture che avevano subito durante gli anni di prigionia. Ho pianto perché ricordavo esattamente come ci si sente a uscire da un incubo apparentemente senza fine. Tornare a casa era la prova che il mondo non mi aveva dimenticato.

Ci sono ancora 42 americani disperati come lo ero io. Questo è il numero ufficiale di ostaggi all'agosto del 2024, secondo la James W. Foley Legacy Foundation (JWFLF). Questa organizzazione e uno dei suoi partner principali – la Bring Our Families Home Campaign (BOFH) – sono nate in seguito a uno dei fatti più orribili che si possa immaginare. Quando James W. Foley è stato rapito e ucciso dall'ISIS nel 2014, la sua famiglia ha trasformato il proprio dolore in qualcosa che avesse una finalità, quella di sostenere i prigionieri americani all'estero. Nel 2022, la campagna BOFH prese forma quando i familiari degli ostaggi statunitensi unirono le forze per mandare un messaggio commovente al presidente Biden: «Usi tutti gli strumenti disponibili per #riportarliacasa (#BringThemHome)».

Le famiglie chiedevano sì un'udienza con il presidente, ma chiedevano anche di non diventare *invisibili.* La loro paura era di essere dimenticate dal mondo, la stessa paura che ho avuto anch'io.

Prima della mia esperienza in Russia, ero praticamente inconsapevole del profondo dolore degli ostaggi e delle loro famiglie. Sentivo parlare molto di rado dei detenuti americani all'estero e non avevo idea che ce ne fossero decine in almeno quindici Paesi. Le poche volte che se ne accennava a un telegiornale, l'impressione che mi faceva la notizia si dissolveva alla stessa velocità con cui mi era arrivata. Gli ostaggi erano in un generico *laggiù*, e una simile faccenda doveva essere la preoccupazione di qualcun altro. E poi, un giorno di febbraio, quel *laggiù* è diventato il mio qui e ora. I miei cari mi hanno promesso che non sarei stata dimenticata.

La campagna BOFH li ha aiutati a mantenere questa promessa. Tre mesi dopo l'inizio della mia odissea, i familiari dei detenuti hanno lanciato il loro movimento con una manifestazione di fronte alla Casa Bianca. Quel raduno non riguardava solo la mia prigionia. Si trattava di far passare i casi dei loro cari da un problema generico a una priorità per il presidente. Si trattava di unire gli appelli individuali in un unico, rumoroso urlo. Si trattava di far capire al mondo che la diplomazia degli ostaggi non fa discriminazioni. Quando si trova all'estero, qualsiasi americano, indipendentemente dalla razza, dalla religione o dall'orientamento politico, può essere trascinato in prigione con la forza. Il fatto stesso di essere cittadini americani è sufficiente a renderci un bersaglio.

Neda Sharghi, che ha contribuito a lanciare la campagna BOFH, lo sa fin troppo bene. Suo fratello Emad, un cittadino americano, era in visita in Iran, il suo Paese di origine, quando è stato arrestato nel 2018. Emad è stato sbattuto in prigione e dichiarato detenuto ingiustamente dal governo degli Stati Uniti. Nel tentativo di liberarlo, Neda si è mobilitata a fianco dei familiari di altri ostaggi. Una di questi è Elizabeth Whelan, la sorella di Paul Whelan, il marine detenuto ingiustamente dal 2018. Mentre Paul e io eravamo ancora nelle mani dei russi, Neda ha supplicato il presidente Biden a nome dei detenuti statunitensi. «Siamo stanchi. Siamo spaventati. Siamo arrabbiati» ha scritto su X. «Vogliamo che i nostri cari, e innocenti, tornino a casa.»*

Neda e altre famiglie della campagna BOFH sono state molto tenaci. Lo hanno fatto, in parte, realizzando un grande murale che rappresentava diciotto ostaggi americani, un modo per mantenere vivo quell'orrore nei titoli delle news. Nel luglio del 2022, mentre soffrivo in una gabbia durante il processo, la campagna ha inaugurato un murale alto quattro metri e mezzo, che si estendeva per tutta la lunghezza di un vicolo di

* Emad Sharghi è stato liberato nel settembre del 2023.

Georgetown a Washington. Il murale in bianco e nero, disegnato dall'artista Isaac Campbell, è stato realizzato mescolando farina, acqua e zucchero per formare una pittura atossica e biodegradabile. Il murale si sarebbe deteriorato con il tempo, come le condizioni dei detenuti. Il mio volto era su quel murale, insieme a quelli di Kai Li e Mark Swidan in Cina, Shahab Dalili in Iran e Majd Kamalmaz in Siria.

Majd, un terapeuta della Virginia, è stato preso in ostaggio mentre visitava un parente malato: un marito, un padre e un attivista per le cause umanitarie è dato per disperso in Siria dal 2017. Il murale di Washington è stato solo il primo. Altri tre dipinti sono stati realizzati in città in cui gli ostaggi sono molto legati alla comunità: a Houston, a Denver e nella mia città, a Phoenix, presso il Footprint Center. Le giocatrici della WNBA hanno aiutato a realizzarlo e molte lo hanno visitato e hanno postato le loro foto accanto al murale per tutta la stagione 2023. Il murale è stato inaugurato nell'aprile successivo al mio ritorno a casa. I murales fanno parte di un movimento più ampio che spero veramente che continui.

Sono stata così motivata dalla campagna BOFH che, una volta tornata a casa, mi sono unita alla partnership avviata da Relle, Lindz, il mio team, la Mercury, e altre giocatrici della WNBA. Abbiamo unito gli sforzi nella crociata per fare in modo che si continuasse a parlare dei detenuti statunitensi. Per tutta la stagione 2023, il logo della campagna è stato messo sul nostro campo di gioco. Prima delle partite sono stati trasmessi dei filmati che illustravano il lavoro della campagna e presentavano le famiglie degli ostaggi. La Mercury ha anche ospitato una postazione per scrivere lettere con le quali i tifosi potevano spedire incoraggiamenti agli ostaggi o che esortavano i funzionari di riferimento a darsi da fare per la loro liberazione. Infine, abbiamo portato il nostro sostegno alla campagna di sensibilizzazione accogliendo le famiglie degli ostaggi durante le nostre partite in trasferta. Ne ho abbracciati veramente tanti a bordo campo.

Le nostre esortazioni ad agire hanno acceso la miccia. Nel 2023, il presidente Biden ha ufficializzato la Giornata nazionale degli ostaggi e dei detenuti ingiustamente, che si celebra ogni anno il 9 marzo. La legislazione bipartisan prevedeva la creazione della Bandiera degli Ostaggi e dei Detenuti Ingiustamente, un luminoso faro giallo in mezzo all'oscurità in cui si trovano gli ostaggi. Per me ogni giorno è il giorno degli ostaggi, ogni ora che passa mi ricorda che i detenuti non possono riavere mai più quel tempo sottratto allo stare insieme alle proprie famiglie. Quando ti rubano la vita, smetti di contare i mesi che passano per iniziare invece a contare i ricordi che non potrai mai avere. Il tuo legame con il tempo arriva con la posta, con le storie di coloro la cui vita sta andando avanti.

Durante i momenti più difficili della prigionia, le lettere mi hanno sostenuto. In particolare, le lettere della mia famiglia mi hanno aiutato a superare quei terribili momenti. E per quanto quelle lettere mi rincuorassero, non erano mai così piene di frasi incoraggianti come quelle che arrivavano da parte di sconosciuti. Ecco perché ricevere lettere da persone che non conoscevo ha significato tanto.

Mi soffermavo su quelle delle mamme del Midwest e dei veterani dell'esercito, degli atleti delle scuole superiori e dei fan della WNBA. Ho ricevuto incoraggiamenti anche da parte di alcuni russi. Altri hanno offerto denaro da mettere sul conto in modo che potessi comprare cose al Market in prigione. Altri ancora mi hanno fatto morire dal ridere, come un tizio, una sorta di Don Chisciotte, che mi scriveva regolarmente. Oltre alle sue poesie, mi ha inviato una sua foto con i baffi a manubrio. Nella foto, era a torso nudo su uno stallone che si reggeva sulle zampe posteriori. Non è la tipica lettera di sostegno, ma mi ha regalato una risata di cui avevo bisogno.

Un collegamento con il mondo esterno: questo è ciò che desideravo durante i miei dieci mesi di isolamento. Ed è per questo che dico, a chi vuole aiutare gli ostaggi statunitensi, di iniziare a prendere in mano una penna, di scrivere ai loro concittadini e di fargli sapere che sei con loro. E tieni a portata di mano quella penna anche per contattare i loro familiari che aderiscono alla campagna BOFH. La battaglia per riportare a casa una persona cara è spesso una battaglia solitaria. Sapere che qualcuno, *chiunque*, è al tuo fianco la rende meno faticosa, come è successo a mia moglie Relle. La lettera in sé non ha nulla di magico; è l'essere consapevoli che un ostaggio è un essere umano e ha la capacità di ridare speranza.

Prima del mio calvario, se qualcuno mi avesse detto di scrivere al Congresso per un detenuto americano, avrei pensato *Questa stronzata non funziona*. Invece funziona. Quando invadiamo le caselle di posta dei funzionari pubblici, questi sono costretti a dedicarci attenzione. Nessuna tattica, da sola, potrà far tornare a casa gli ostaggi, ma diverse insieme potrebbero riuscirci: una valanga di lettere, petizioni firmate da milioni di persone, continue telefonate ai nostri politici. Sappiamo che il patrocinio fa la differenza: tredici dei diciotto detenuti raffigurati sul murale della campagna BOFH a Washington sono ora a casa, compreso il fratello di Neda, Emad. Dopo più di cinque anni strazianti di detenzione illegale, Emad è stato liberato dall'Iran nel settembre 2023.

Ogni volta che un ostaggio torna a casa, provo un'immensa gioia e un senso di sollievo. Mi sento anche più determinata a impegnarmi perché tutti i detenuti statunitensi si riuniscano alle loro famiglie. I miei cari hanno portato il mio caso sotto i riflettori dei media, ma ho avuto la fortuna che alcuni mi conoscessero già grazie al basket. Di ostaggi come Zack Shahin si parla troppo poco. È stato imprigionato e torturato per quindici anni a Dubai. Durante la mia prima stagione a casa, la sua famiglia mi ha incontrato alla partita dei Wings a Dallas. Mi hanno detto che Zack si sentiva talmente abbandonato dalla sua patria da essere sull'orlo del suicidio. Sono la prova vivente che quando alziamo la voce, Zack e gli altri possono ottenere l'attenzione di cui hanno bisogno. Supplico il nostro presidente di incontrare la famiglia di Zack e le famiglie di tutti i detenuti. Ma soprattutto, esorto i nostri leader a riportare a casa tutti gli ostaggi americani con ogni mezzo possibile. Ognuno di loro è un americano che merita ciò a cui ora mi aggrappo: la libertà.

Mi tengo stretti anche i piccoli piaceri. Docce calde. Lunghe passeggiate. Il sole sul viso e il vento che mi accarezza le spalle. Ora che sono a casa, le cose più semplici sono diventate le più importanti: le persone a cui tengo, il lavoro che amo e una nuova stagione che mi riempie di speranza.

* * *

Per saperne di più sulla campagna BOFH visita il sito BringOurFamiliesHome.org e seguila su X e Instagram: @bofhcampaign e #BringThemHome.

Questi detenuti americani della Campagna BOFH e non solo, continuano a lottare per ottenere la libertà:

David Lin, della California, detenuto in Cina dal 2006;

Zack Shahin, del Texas, detenuto negli Emirati Arabi Uniti dal 2008;

Austin Tice, del Texas, detenuto in Siria dal 2012;

Mark Swidan, del Texas, detenuto in Cina dal 2012;

Shahab Dalili, della Virginia, detenuto in Iran dal 2016;

Kai Li, di New York, detenuto in Cina dal 2016;

Majd Kamalmaz, del Texas, detenuto in Siria dal 2017;

Andre Khachatoorian, della California, detenuto in Russia dal 2021;

Evan Gershkovich, del New Jersey, detenuto in Russia dal marzo 2023.*

* Evan Gershkovich è stato liberato nell'agosto 2024.

Ringraziamenti

Durante un momento di tenerezza in *Grey's Anatomy*, Cristina dice alla sua cara amica Meredith di aver scritto il suo nome come contatto di emergenza se le capitasse un intervento medico serio. «Sei la persona a cui tengo di più» dice Cristina alla sua amica. Queste parole sanciscono un legame indissolubile che le due amiche hanno condiviso ma non hanno mai espresso.

Prima della Russia, sapevo che Relle era la persona che avevo scelto. Durante la mia prigionia, ho scoperto di appartenere anche a un grande villaggio. Centinaia di persone si sono unite per aiutarmi a superare quell'orrore. I miei amici e la mia famiglia mi hanno aiutato dall'altra parte del mondo. Così come decine di altre persone che non mi avevano mai incontrato. Mi viene da piangere quando penso alle tante mani che mi hanno aiutato a tornare a casa. È commovente. Per certi versi è più facile dare che ricevere. Quando offri aiuto, sei un contributo prezioso. Quando accetti, sei vulnerabile. Eppure, quella vulnerabilità crea una connessione che ti allarga il cuore. Il mio cuore rimane aperto in questa nuova stagione. Sono piena di riconoscenza per coloro che mi hanno dimostrato la propria gentilezza nel momento in cui ero più debole, a partire dalle persone più vicine a me.

Relle, la mia bellissima regina: ci conosciamo da più di dodici anni, sei dei quali di matrimonio. Quando sono superfelice, sei la prima persona con cui voglio condividere la mia gioia. E nei momenti di sconforto, sei l'unica persona che voglio avere accanto. Eri lì, a lottare per me, quando avresti dovuto concentrarti sulla laurea e sull'Esame di Stato. Hai fatto entrambe le cose con molta grazia, anche durante la campagna per riportarmi a casa. Ho sempre saputo che sei straordinaria e ora lo sa anche il mondo intero. Non ce l'avrei mai fatta a superare questa prova senza te come luce che mi guidava. Durante i nostri anni insieme, ti ho detto spesso che mi hai salvato mostrandomi un modo migliore di vivere. Durante i nostri dieci mesi di lontananza, mi hai salvato ancora una volta, pregandomi di tornare tra le tue braccia. Ti voglio bene, piccola, per sempre.

Papà, il mio omone, il mio Superman: ti ringrazio. Mentre scrivo queste righe, mi sento soffocare per tutto quello che significhi per me. Grazie per avermi detto che non ho disonorato la nostra famiglia. Grazie per essere la solida roccia che sei stato quando stavo crescendo. Sei forte, stabile, vai avanti anche quando le cose si fanno difficili. Grazie per avermi mostrato come fare lo stesso senza rinunciare alla mia dignità. Avrei potuto star lì a tenere il broncio in Russia, tutta presa dal pensiero che «Tutto questo è un'enorme ingiustizia».

Il fatto che ce l'abbia fatta ad andare avanti è merito tuo, papà. Grazie per il tuo esempio.

Mamma, non conosco nessuno più comprensiva di te. Indipendentemente da ciò che qualcuno ti ha fatto, hai sempre risposto con gentilezza. Grazie per avermi insegnato ad amare le persone anche quando non sono certo le più gentili. Grazie per aver offerto agli altri la grazia in un mondo che ne avrebbe bisogno in misura maggiore. Mentre ero in Russia ero così preoccupata per te. La nostra famiglia ha spesso scherzato sul fatto che sei tenera come un marshmallow, ma ho scoperto che sei una autentica guerriera. Ti sono grata per la tua tenerezza e per la tua forza: entrambe mi hanno riportato a casa.

DeCarlo, grazie per essere sempre stato assolutamente sincero con me. Sei stato più che un grande fratello maggiore e un caro amico. Dio mi ha benedetto con un padre fantastico e poi mi ha dato anche te, un secondo papà. Mentre stavo diventando grande, mi raccontavi sempre dei momenti difficili che avevi passato. Le tue esperienze mi hanno aiutato a sopravvivere quando ero in prigione. Tutti e due soffrivamo durante quei mesi in cui non potevamo parlarci. Ma ogni volta che leggevo una tua lettera, mi sembrava che fossi lì accanto a me. Grazie per aver badato a tutti mentre ero via. E grazie per essere stato pronto con il telefono durante le chiamate con la famiglia. Sei stato il primo a chiamarmi quella sera e sei sempre stato lì a mostrarmi la strada migliore da seguire. Ti ringrazio.

Mia sorella SheKera, detta KK, ha avuto il difficile compito di assicurarsi che Pap non cercasse di prendere un aereo per la Russia con l'idea di riportarmi a casa. Grazie per esserti assicurata che Pap e tutti gli altri stessero bene. La tua presenza è stata molto utile per dare stabilità alla nostra famiglia e apprezzo il fatto che ti sia spesa così tanto. Inoltre, so che è stato difficile stare davanti a una telecamera e chiedere aiuto per riportarmi a casa. Grazie per averlo fatto e per aver mantenuto integra la nostra tribù di Houston. E alla mia nipotina, Niyah: ti voglio tanto bene e ho adorato ogni disegno di me che hai fatto.

Pier, ti chiamo la mia sorellina anche se sei più vecchia di me perché io sono sempre stata più grossa. Crescendo ci siamo prese per il collo, ma allora sapevo quello che so ancora: ci proteggiamo l'un l'altra. Ti voglio bene, sorellina. Grazie per avermi scritto così spesso mentre ero in Russia. Le tue lettere erano le migliori. Mi hai davvero scioccato, lol... Non sapevo che fossi una scrittrice così brava. Mi hai tenuto aggiornata su tutto quello che succedeva e ti ringrazio per questo. Grazie anche per esserti presa cura della mamma e di E.J. E a mio nipote E.J.: sono orgogliosa di te per esserti fatto avanti come uomo di casa per tua madre e per Nana, tua nonna.

Janell Roy, grazie per essere stata un'amica fedele fin dai tempi in cui eravamo ragazzine a Houston. Ti chiamo amica, ma ti considero una di famiglia. Sono fortunata ad averti nella mia vita.

Mentre molti si sono impegnati per la mia libertà, alcuni hanno guidato le iniziative. Al timone, insieme a mia moglie Relle, c'era la mia agente Lindsay Kagawa Colas, vicepresidente esecutivo di Talent and The Collective presso la Wasserman. Lindz, nel 2013 scegliere un agente è stata una decisione difficile. Ricordo che mi hai detto: «Ti starò vicino nei momenti belli e in quelli brutti». Ora so di aver preso la decisione giusta, perché sei stata una presenza costante. Ti ringrazio per tutte le ore che hai dedicato a riportarmi a casa e per il tempo che hai investito su di me durante la mia carriera. Mi hai sostenuto in modo straordinario. E un grazie anche a tuo marito e ai tuoi figli per averti prestato alla mia causa, ben oltre il normale orario di lavoro.

Durante la battaglia di Lindsay e Relle per riportarmi a casa, c'era al loro fianco una potente comunità. Sono grata a tutto il team della Wasserman per aver investito infinite risorse nella campagna per la mia liberazione e per essere diventata la mia seconda famiglia. Sotto la guida esperta di Casey Wasserman, il team principale di We Are BG ha passato molte ore a supervisionare l'evolversi dell'iniziative. Tracy Hughes, Annie Takahashi, Mike Pickles, Laura Waters-Brown e Calder Hynes: siete stati il cuore pulsante di questa crociata. Grazie per tutte le mattine e le notti in bianco. Un sentito ringraziamento anche per il fenomenale impegno di altri collaboratori della Wasserman e non solo: Rica Rodman, Carmen Dittoe, Molly Oretsky, Topher Hengi, Mary Pryor, Sky Dickinson, Maverick Carter e il team di Uninterrupted, Luke Bonner, Devin Lars e Joy Oladokun. La semplice parola *grazie* non è abbastanza per trasmettere tutta la mia gratitudine più sincera.

Sono grata ai miei avvocati russi, Alex Boykov e Maria Blagovolina. Avete lavorato instancabilmente al mio caso e avete fatto tutto il possibile per riportarmi dalla mia famiglia. Alex, sei stato molto più che il mio avvocato: sei diventato un amico. Anche se la mia famiglia mi dava molto affetto, ero sola in Russia e tu mi hai fatto sentire meno sola. Mi sono piaciute le nostre divertenti conversazioni sul rock'n'roll e sul blues, e sono ancora scioccata dal fatto che tu abbia sentito parlare del Chitlin' Circuit! Grazie per essere rimasto con me per ore. Quando ti ho incontrato, non sapevo cosa aspettarmi, ma alla fine sei stato preziosissimo e una vera benedizione.

Maria, grazie per avermi difeso così bene. Mi hai ascoltato con pazienza e sei stata una sorta di luogo protetto quando ho avuto bisogno di parlare di cose che potevo discutere, sentendomi a mio agio, solo con una donna. La tua calma presenza mi ha rassicurato sul fatto che tutto sarebbe andato bene. Quando ero malata, eri affettuosa e mi incoraggiavi. A volte mi dicevi: «Mia figlia ti saluta». Quella piccola frase significava molto, perché mi ricordava che non ero solo una prigioniera, ma una persona. Grazie per questo dono e per molti altri.

Sono sopravvissuta alla prigione con l'aiuto degli amici. Alena, mi hai tenuta sana di mente nei miei momenti difficili, anche se tu stavi affrontando i tuoi. Grazie per aver fatto in modo che non cadessi in una profonda depressione, o almeno che non ci rimanessi. E soprattutto, grazie per avermi dato il senso di avere una casa quando ero a migliaia di chilometri di distanza dalla mia. Ringrazio anche tuo padre per avermi regalato quel biglietto d'auguri e per aver passato dei messaggi ai miei avvocati. Ti auguro ogni bene e spero di vederti in un posto migliore quando finalmente sarai libera.

Ann e Kate, mi avete aiutato molto durante il mio periodo nella colonia penale. Grazie per avermi insegnato ciò che era necessario conoscere per stare fuori dai guai. Non siete state solo le mie traduttrici, siete state i miei angeli custodi. Grazie per tutte le nostre piccole festicciole con gli snack che Ann portava per noi. E quando mi sono ammalata, vi siete prese cura di me. Avete fatto in modo che l'esperienza più difficile della mia vita fosse molto più sostenibile.

La mia comunità è cresciuta durante il mio lavoro su questo libro. Kim Witherspoon: non avrei potuto chiedere un'agente letterario più in gamba. Grazie per esserti fatta paladina della mia storia e per le tue lunghe ore di lavoro e le notti in bianco. Mi sono affidata alla tua esperienza editoriale e ammiro la tua forte leadership. Sono grata anche al tuo team di InkWell Management, in particolare alla tua socia Maria Whelan. Grazie anche a Jon Liebman, presidente e CEO di Brillstein Entertainment Partners. La sua consulenza è inestimabile.

Al team di Knopf: grazie per avermi dato la possibilità di condividere la mia storia con il mondo e per la vostra comprensione quando ho avuto bisogno di tempo e spazio durante il mio primo anno a casa. Sono particolarmente grata all'editor Reagan Arthur, a Maya Mavjee, presidente e publisher, e a Todd Doughty, vicepresidente senior per l'ufficio stampa e le relazioni esterne: il vostro impegno per raggiungere l'eccellenza è noto in tutto il mondo. Sono grata di averlo sperimentato in prima persona.

Jordan Pavlin, grazie per aver dato fiducia alla mia storia. Il tuo attento lavoro di editing ha reso *questo* libro più forte e la tua cordialità ha reso questo viaggio una vera e propria delizia. Grazie per essere stata la prima lettrice del libro e una sua entusiasta sostenitrice. Sono grata anche alla tua assistente di redazione, Isabel Yao Meyers, e a tutti coloro che, dietro le quinte, hanno contribuito a dare vita a questo racconto.

Michelle Burford, la mia co-scrittrice: hai individuato una direzione chiara per questo libro fin dall'inizio: ti sei così appassionata alla mia storia da fare in modo che la mia voce e i miei ricordi non cedessero mai ai compromessi. Hai detto che mi avresti condotto passo passo durante le nostre conversazioni e che ci sarebbero state lunghe notti a discutere. Be', considerami il tuo cavallo da tiro attaccato al tuo aratro, lol! Grazie per avermi ascoltato e incoraggiato. Nessun altro avrebbe potuto fare quello che hai fatto tu. È stata la tua creatività a far sbocciare questo *libro*.

La famiglia del basket è tanto vasta quanto solidale. Ringrazio Cathy Engelbert, commissario della WNBA, e Adam Silver, commissario della NBA, per essere stati al mio fianco durante il mio periodo di crisi. Ringrazio anche Nneka Ogwumike, presidente della WNBPA; Terri Jackson e tutto lo staff della WNBPA; Travis Murphy, che supervisiona i rapporti della NBA con il Dipartimento di Stato; Vince Kozar, presidente delle Phoenix Mercury; Jim Pitman, ex direttore generale delle Mercury; le mie compagne di squadra della Mercury, così come l'intera comunità della WNBA e della NBA; Jim Tooley, CEO di USA Basketball; e Carol Callan, direttrice della nazionale femminile di USA Basketball. Sono particolarmente grata a Dawn Staley, mia ex allenatrice alle Olimpiadi di Tokyo e capo allenatore dei South Carolina Gamecocks. Mentre ero in Russia, la mia paura più grande era quella di essere dimenticata. Grazie per aver ricordato al mondo che esistevo, ogni giorno, sui social media. Hai fatto il mio nome a chiunque volesse ascoltarti. Hai anche rinunciato alla tua visita alla Casa Bianca per far incontrare mia moglie con il presidente Biden. Sei una forza della natura e un'amica.

Inoltre, un sentito ringraziamento a Tara VanDerveer, allenatrice della squadra di basket femminile dell'Università di Stanford, e a Nicki Collen, allenatrice delle Baylor Bears. Grazie per aver continuato a parlare della mia storia alla stampa e averla così mantenuta viva.

Sono sinceramente grata per il sostegno della mia ex squadra in Russia, la UMMC Ekaterinburg. Al direttore generale dell'UMMC, Max Rybakov, detto Maximilian: grazie per avermi portato in squadra e per avermi dato la possibilità di dimostrare il mio valore in campo. Durante il mio difficile periodo, sei andato oltre il tuo lavoro di direttore generale e hai persino testimoniato al mio processo. Ti apprezzo più di quanto tu possa immaginare. Grazie per avermi accolto nella tua famiglia e per essere diventato parte della mia.

A Evgeniya «Jenya» Belyakova, il mio capitano della squadra UMMC: insieme a Max, hai testimoniato al processo. Il modo in cui hai difeso la mia reputazione ha significato molto per me. Inoltre, non avrei potuto chiedere un capitano e una compagna di squadra migliore. Ti sei assicurata che gli arbitri mi trattassero equamente durante le gare. La tua amicizia è molto importante per me. Inoltre, congratulazioni per il tuo matrimonio; ti auguro ogni bene per la tua nuova avventura.

La mia comunità fa parte di un Paese che ora apprezzo più che mai e inondo di gratitudine i leader della mia patria. Presidente Joe Biden e vicepresidente Kamala Harris, grazie per aver negoziato per la mia libertà. Avete promesso di fare tutto il possibile per riportarmi a casa e avete mantenuto la promessa. Apprezzo anche i vostri continui sforzi per riunire tutti gli ostaggi americani alle loro famiglie. Ringrazio anche la vostra amministrazione, compreso il segretario di Stato Antony Blinken e Joshua Geltzer e David Cotter del Consiglio di Sicurezza Nazionale. Inoltre, sono grata ai molti funzionari pubblici che si sono espressi a mio favore: il deputato Greg Stanton, la deputata Sheila Jackson Lee e il deputato Colin Allred; i senatori Mark Kelly e Ron Wyden e il governatore Katie Hobbs.

All'ambasciatore Roger Carstens, capo dell'Ufficio dell'Inviato speciale della presidenza per gli ostaggi (SPEHA): la mia libertà è stata resa possibile grazie ai suoi incessanti sforzi dietro le quinte. Grazie per i suoi mesi di sostegno alla mia causa e per essere stato un'àncora di salvezza per mia moglie e la famiglia a Houston. Grazie anche per la sua gentilezza e la sua calma durante lo scambio di prigionieri e durante il volo di ritorno. Sono anche grata per l'enorme impegno di tutto il team SPEHA, compresi Fletcher R. Schoen, Carolee B. Walker e Ken Kosakowski.

Un ringraziamento speciale al governatore Bill Richardson, che ha trascorso i suoi ultimi mesi a lottare per riportarmi a casa. Gli sarò sempre grata per il suo lavoro e per quello che ci ha lasciato; che possa riposare in pace. Ringrazio anche Mickey Bergman, vicepresidente e direttore esecutivo del Richardson Center for Global Engagement. La sua collaborazione è stata fondamentale per la mia liberazione.

Alla mia famiglia Disney, grazie per aver creduto nella mia storia fin dall'inizio. Sono particolarmente grata a Dana Walden, Debra O'Connell, Brian Lockhart, Marsha Cooke, Burke Magnus, Tara Nadolny e Chantre Camack.

Il team di We Are BG si è avvalso del supporto di molti stimati pensatori, leader e leggende dei diritti civili. Tra questi: il reverendo Jesse L. Jackson, fondatore della Rainbow PUSH Coalition; il reverendo Al Sharpton, fondatore del National Action Network; Rachel Noerdlinger, consulente per la comunicazione del National Action Network; la stratega politica Karen Finney; i leader delle quarantaquattro organizzazioni per i diritti civili che hanno firmato una lettera per chiedere alla Casa Bianca il mio rilascio; Fiona Hill, storica russa e senior fellow presso la Brookings Institution; la dottoressa Danielle Gilbert, docente di Scienze politiche ed esperta di diplomazia degli ostaggi; e Rhea Triñanes e Mike de la Rocha di Revolve Impact.

Grazie ai membri dei media che hanno dato risalto al mio caso e in particolare alle donne nere dei media che si sono organizzate intorno a me e hanno generosamente sostenuto mia moglie sia davanti alle telecamere sia fuori. Sono grata ad Angela Rye, Gayle King, Robin Roberts, April Ryan, Joy-Ann Reid, Abby Phillip, Roxane Gay, Jotaka Eaddy, Tiffany Cross, T. J. Quinn, e alle donne di «The View» – Whoopi Goldberg, Joy Behar, Sunny Hostin, Sara Haines e Alyssa Farah Griffin. Grazie anche a «Glamour» e al suo team per i Women of the Year Awards.

Nessuno meglio di chi ama le persone tenute in ostaggio può comprendere la lotta per riportarle a casa. Mia moglie e io abbiamo contato sul sostegno della campagna Bring Our Families Home e di tutte le famiglie che rappresenta, di Neda Sharghi, del team della James W. Foley Legacy Foundation (JWFLF) e delle famiglie di Trevor Reed e Paul Whelan. Grazie per essere rimaste al nostro fianco mentre continuiamo a essere al fianco di tutti gli americani detenuti ingiustamente.

Grazie alle centinaia di persone che mi hanno inviato lettere durante la mia prigionia e alle migliaia di persone che mi hanno sostenuto nel corso degli anni. Forse non conosco il vostro nome, ma vi considero parte della mia comunità. L'amore non ha confini, la luce non ha confini. Facciamo in modo che siano condivise di più.

Indice

Prologo. *Prima* 11

PARTE I
Ostaggio 19

1. Un volo per l'inferno 22
2. Aurora 37
3. In gabbia 50
4. Pap 64
5. Nella zona grigia 77

PARTE II
Lockdown 91

6. Il manuale della prigione 95
7. La pedina di Putin 115
8. Giustizia rinviata 129

9. Sana di mente 145
10. Primavera 164

PARTE III
Processo farsa 179

11. Detenuta ingiustamente 183
12. Voci di corridoio 199
13. Al telefono 208
14. Disturbi dell'udito 222
15. Sotto esame 239
16. Nove morti 252
17. Transizioni 266

PARTE IV
Colonia penale 281

18. Lontana da tutto 285
19. Alienata 299
20. Congelata 310
21. Presa 322
22. Lo scambio 340

PARTE V
Casa 351

23. Grandi cambiamenti 354
24. Una casa divisa 369

25. Una stagione di crescita 379
26. A casa da me 401

Epilogo. *Riportare a casa le nostre famiglie* 415

Ringraziamenti 423

Questo libro è stampato fabbricato da Grafica Veneta S.p.A.
con un processo di stampa e rilegatura certificato 100% carbon neutral
in accordo con PAS 2060 BSI

Finito di stampare nel mese di agosto 2024
per conto di RCS MediaGroup S.p.A.
da Grafica Veneta S.p.A., Via Malcanton 2, Trebaseleghe (PD)
Printed in Italy